LES MŒURS ET LES FEMMES

DE L'EXTRÊME ORIENT

———

VOYAGE

AU PAYS

DES BAYADÈRES

LIBRAIRIE E. DENTU

DU MÊME AUTEUR

PARIS. — IMPRIMERIE DE E. MARTINET, RUE MIGNON, 2.

Les bazars indigènes sont de chétive apparence... (Suez, page 12.)

IMP. E. MARTINET.

LES MŒURS ET LES FEMMES

DE L'EXTRÊME ORIENT

VOYAGE

AU PAYS

DES BAYADÈRES

PAR

LOUIS JACOLLIOT

ILLUSTRATIONS DE RIOU

QUATRIÈME ÉDITION

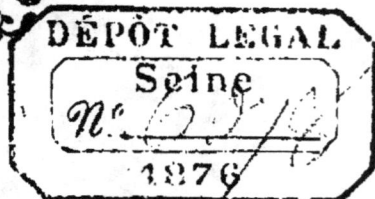

PARIS

E. DENTU, ÉDITEUR

LIBRAIRE DE LA SOCIÉTÉ DES GENS DE LETTRES

PALAIS-ROYAL, 17 ET 19, GALERIE D'ORLÉANS

1876

VOYAGE

AU

PAYS DES BAYADÈRES

PREMIÈRE PARTIE.

SUEZ. — ADEN. — MOKA

En dépit des récits des voyageurs qui n'ont pas quitté leur cabinet, un voyage en mer, de longue ou de courte durée, est une triste chose.

Je crois avoir le droit de dire cela, car depuis plus de dix années que je sillonne le monde, de France en Arabie, de l'Inde au Japon, du Japon en Amérique, et dans les îles les plus reculées de l'Océanie, je n'ai pas encore trouvé un marin aimant sincèrement son état, et persistant à naviguer en dehors de toute nécessité de devoir ou de gagne pain.

La vie de mer, c'est l'oisiveté, la négation de soi-même, l'abrutissement de l'intelligence, et, au bout de peu d'années, l'incapacité complète en dehors des choses du métier.

J'ai toujours vu les voyageurs soupirer après l'arrivée, le lendemain même du départ. Que voulez-vous... malgré le luxe et le confort des paquebots, rien n'est monotone comme ces heures qui s'écoulent, lentes, uniformes, au bruit des coups de piston de la machine et du clapotis des flots contre les murailles du navire.

C'est toujours le même lever et le même coucher de soleil, le même horizon borné aussi vide qu'une plaine de sable, et pour toute distraction vingt-cinq à trente mètres de promenade à l'arrière, qu'on est bientôt las de parcourir.

Ajoutez à cela les mêmes visages à table, au salon, sur la dunette, partout, d'autant plus agaçants qu'ils vous sont inconnus : deux ou trois Anglais qui font du trapèze sur les échelles du bord, ou lèvent des barres d'anspec à bras tendu pour continuer à « s'entraîner » les muscles ; un mélomane qui, sous prétexte de vous distraire, vous fait prendre le piano, Schubert, Mozart, Beethoven en horreur ; quelques loustics avec un bagage de plaisanteries de commis voyageur qu'on aimerait à jeter par-dessus le bord dès le second jour de l'embarquement, et vous comprendrez les unanimes cris de joie qui ne manquent jamais de signaler l'apparition de la terre.

Partis de Marseille un samedi, sur le *Péluse*, des Messageries maritimes, commandant Jorret, cinq jours après nous étions à Alexandrie. La Méditerranée est aujourd'hui mieux connue que le lac de Genève, je me dispenserai donc de rien dire en son honneur, et de faire appel à l'invention pour donner un peu d'intérêt à une traversée qui n'a d'autre mérite à mes yeux que celui d'être courte.

A peine avions-nous jeté l'ancre dans le port, que le navire fut entouré d'une foule de petits canots montés par des Maltais, qui venaient s'offrir aux voyageurs pour les transporter à terre; d'autres étaient conduits par des Égyptiens musulmans, qui ne dédaignaient pas de se mettre au service des infidèles pour gagner quelques piastres.

A partir de ce moment, le voyageur qui met le pied en Égypte pour la première fois doit employer toutes ses facultés à la défense de sa bourse, les sujets de sa très-gracieuse vice-majesté le pacha étant passés maîtres dans l'art de rançonner le voyageur que Mahomet leur envoie. Partout et pour tout : que vous louiez une embarcation ou une voiture, que vous preniez un guide, que vous alliez au bain, à l'hôtel ou au restaurant, faites votre prix d'avance, si vous ne voulez vous exposer à payer deux ou trois fois la valeur de tout ce que vous louerez, achèterez ou consommerez.

Ne vous fiez pas plus au magasin européen qu'au bazar : nos compatriotes d'Alexandrie sont charmants, d'une politesse exquise.... ils vous parlent, la larme à l'œil, de cette patrie qu'ils iront revoir quand ils auront fait *leur petite affaire!*... mais faites votre prix d'avance.

Mon intention n'étant point de séjourner dans cette ville, que j'avais eu l'occasion de visiter plusieurs fois déjà, le soir même de mon arrivée je partais pour Suez par le Caire, sans m'arrêter aux excursions obligées du lac Mœris et des Pyramides.

J'avais hâte de me trouver hors du *déjà vu*, et loin des caravanes cosmopolites, qui se surchargent de briques concassées et de morceaux de granit, pour l'ornement de tous les vieux châteaux de la vieille Angleterre.

Le percement de l'isthme de Suez n'était point encore achevé, je pris le chemin de fer... Seul de Français dans mon wagon, entouré de gens de toutes les nations, Espagnols se rendant à Manille, Hollandais à destination de Batavia, et Anglais pour tous pays; n'ayant personne avec qui je pusse faire échange d'idées, la rêverie, supprimant le temps écoulé, m'emporta aux époques anciennes des premiers dominateurs de l'Égypte, et je ne pus me défendre d'une émotion profonde en voyant la vapeur sillonner le pays des Pharaons.

Je me pris à songer au passé mystérieux de cette contrée, à toutes ces générations éteintes qui mêlent maintenant leurs cendres à la poussière de leurs monuments; à cette antique civilisation qui produisit Thèbes aux cent portes, et Memphis, et les Pyramides;... et, par une association d'idées facile à comprendre, je me demandai, sondant l'avenir, combien de siècles encore les nations modernes, si lières de leur intelligence, de leurs progrès, résisteraient à cette loi fatale qui détruit constamment *ici* pour construire *là;* qui emporte les croyances et les peuples pour faire place à des croyances, à des peuples plus jeunes; à cette loi enfin de la mort fécondant la vie, qui semble être, aussi bien dans l'ordre moral que dans le règne matériel, le premier et le dernier mot de la destinée humaine.

Nous traversâmes le Caire à une heure du matin.
La vieille cité des kalifs fatimites offrait en ce moment un singulier spectacle : sa masse entière dormait dans l'obscurité la plus profonde, tandis que le
sommet des coupoles, dômes, minarets, flèches,
croissant des palais, citadelles et mosquées, étince-
laient dans la nuit, vivement éclairés par les rayons
de la lune, qui allait disparaître derrière le mont
Mogathan.

Le soleil levant nous surprit au milieu du désert.
Rien de monotone comme ces vastes plaines, qui,
formées d'un sable ténu et pour ainsi dire impal-
pable, sont soumises à l'action du vent qui tord et
contourne leur surface comme la nappe d'eau d'un
lac.

Nous marchions avec une vitesse à donner le
vertige. Çà et là quelques fellahs, gardes du chemin de fer, interrompaient la prière et les ablutions
du matin pour nous tendre un oripeau au bout d'un
bâton ; d'autres, accroupis auprès de leurs maisonnettes en terre sèche, détournaient à peine la tête
pour nous regarder passer ; tandis que leurs femmes,
repoussantes de laideur et de saleté, à peine couvertes d'un lambeau d'étoffe, préparaient au dehors
le premier repas de la famille.

Bientôt la plaine désolée sembla s'animer. Nous
aperçûmes de longues files de chameaux et de petits
ânes d'Egypte, chargés de provisions, se dirigeant
vers la mer ; et à six heures nous étions en gare de
Suez, si toutefois on peut décorer de ce nom un
mauvais abri en planches, que la munificence du
vice-roi met à la disposition des voyageurs qui dési-

rent surveiller leurs bagages, sans avoir à craindre une insolation.

Malheur à vous si vous n'avez pris soin de vous munir de solides et fortes malles à l'abri du couteau de MM. les préposés aux bagages le long du trajet; vous risquez fort de vous trouver à Suez sans linge et sans vêtements : tout sac, toute valise en peau reçoit de nombreuses visites, et l'hospitalité est tellement de tradition dans ce pays, qu'on l'exerce à votre préjudice, en vous empruntant vos foulards et vos nécessaires de flanelle ; deux choses sur lesquelles l'Égyptien ne reconnaît pas plus votre propriété que l'Amérique ne respecte la propriété littéraire !

Et cela en vertu des mêmes principes.

L'Égypte ne produit ni foulards ni flanelle.

L'Amérique produit fort peu d'œuvres d'esprit.

Ces deux pays empruntent aux autres contrées ce qui leur manque.

Si le vol, cependant, a été trop audacieux, si votre garde-robe entière y a passé, vous vous rendez chez votre consul, qui, généralement, en vous voyant entrer et sans attendre vos explications, vous adresse la question suivante :

— Vous veniez me déposer une plainte en vol contre les employés subalternes du chemin de fer ?

— Oui, monsieur le consul.

— Vous a-t-on laissé quelque chose ?

— Oh! mes malles sont intactes, seulement ma valise, où se trouvaient tous mes effets d'un usage journalier, est vide.

— Vous êtes bien heureux; moi, à mon premier voyage dans ce pays, je suis arrivé en chemise.

— Et alors, monsieur le consul ?

— Il n'y a rien à faire.

— Comment, rien ?

— Absolument rien !

J'ai connu un consul, homme d'esprit, qui ajoutait avec un fin sourire :

— Le jour où vous retrouverez en Égypte un foulard qu'on vous aura dérobé, vous aurez dénoué la question d'Orient.

Je fus témoin, en descendant de wagon, d'une petite scène qui égaya fort l'assistance : ce fut, comme toujours, un de nos bons amis les Anglais, qui prit soin de nous offrir cette distraction. MM. les employés subalternes du chemin de fer égyptien ont une manière de procéder tout à fait commode. Pour opérer le déchargement des colis, ils se placent trois ou quatre dans les voitures à bagages, et, de là, lancent sur le sable tout ce qui leur tombe sous la main ; c'est une vraie pluie de malles, de caisses et de paquets. Je laisse à penser si les objets fragiles doivent bien se trouver de ce traitement.

Un de nos compagnons, Anglais comme je viens de le dire, ne trouvant pas de son goût ces façons d'agir, intima aux agents du train l'ordre de ne point toucher aux objets qui lui appartenaient ; ceux-ci ignorant sans doute le langage du gentleman lui envoyèrent sa valise entre les jambes.

Nouvelles réclamations énergiques, immédiatement suivies d'une caisse qui vint rebondir à côté des autres.

A bout d'arguments, et ne se possédant plus, notre homme tomba à coups redoublés sur les employés récalcitrants et les chassa du wagon. La police indigène intervint, et cela menaçait de prendre la tournure d'une affaire, lorsque fort heureusement, quelques voyageurs, qui connaissaient l'esprit du pays, terminèrent le tout avec quelques pièces de monnaie.

L'or, voilà le seul dieu adoré dans tout l'Orient; pour celui qui possède une quantité suffisante de ce métal, il n'y a ni loi, ni justice, ni frein, ni impossibilités aux caprices les plus insensés.

Pas un pacha, pas un cadi, par un cheik qui ne puisse s'acheter. La somme est proportionnée au rang du fonctionnaire, au service que l'on demande, à l'injustice que l'on veut faire commettre; et ces marchés se traitent effrontément de gré à gré avec tant d'impudeur, que la plupart du temps le public en connaît les moindres clauses.

Que de fois n'ai-je pas entendu un malheureux, lésé par une sentence administrative ou judiciaire, s'en consoler philosophiquement par cette parole : « Je n'ai pas assez donné. »

Il ne saurait en être autrement dans un pays où tout appartient au *maître*, où le fellah n'est qu'usufruitier du sol qu'il féconde par son travail, où le peuple n'est qu'une machine à produire, destinée à pourvoir aux prodigalités les plus scandaleuses, à satisfaire à tous les rêves, à toutes les folies de l'autorité la plus despotique qui soit au monde, autorité qui est elle-même exploitée à son tour par tout ce qu'il y a de faiseurs et de déclassés en Europe.

Triste civilisation que celle de ces pays du soleil, et ce qu'il y a de plus curieux, c'est de voir avec quel touchant ensemble les écrivains qui s'occupent de ces contrées s'efforcent à les poétiser, à fuir, de parti pris, la réalité... Une excursion en Orient, c'est convenu d'avance, ne doit être qu'un perpétuel enchantement,.... et chacun de broyer du bleu à la suite de Lamartine et des écrivains de l'école romantique :

La femme arabe en guenilles qui porte une cruche d'eau? c'est Rébecca à la fontaine... c'est le type ardent et passionné qui... et le reste de la période. Un fellah rongé par la vermine et accroupi sur un chameau? c'est l'enfant indompté du désert au regard de feu, etc. Allons donc, cette femme n'est qu'un être dégradé, avili par l'esclavage et les plaisirs du maître... Quant à l'enfant indompté du désert, on le mène à coups de fouet... Il vous suivra deux heures pour vous demander l'aumône, et finira par vous offrir sa femme ou sa fille.

Je ne sais également qui a mis à la mode la jalousie des Orientaux. Sans doute, les hauts pachas, les beys, les riches marchands renferment leurs femmes dans des harems; mais ils n'y tiennent qu'en raison de la somme qu'elles leur ont coûtée; ils les possèdent comme leurs armes, leurs bijoux, leurs chevaux, et se hâtent de les vendre dès qu'elles vieillissent... Quant au menu peuple, il en fait un trafic infâme,... la venue de plusieurs filles est une richesse pour la famille!

Je regrette d'être obligé, dans ce cadre, de traverser l'Égypte au saut de vapeur, il y aurait à faire sur ce pays une étude intime, pleine de révélations piquantes, des faits inconnus à raconter... L'Égypte

véritable est encore à révéler ; et ce travail ne peut
être entrepris qu'à condition d'avoir puisé aux sources et vécu de longues années sur les rives du Nil...
Peut-être aurons-nous le temps de le tenter en re-
venant de l'extrême Orient.

A peine arrivé à Suez, mon premier soin fut de
m'informer du départ le plus prochain pour Aden,
et j'appris avec une véritable satisfaction, que
le *Cambodje*, magnifique navire qui faisait le service de l'Indo-Chine, prenait la mer le lendemain
soir à six heures, sous la direction du commandant
Jehenne, qui, quatre ans auparavant, m'avait déjà
conduit à Pondichéry, et avec lequel j'étais très-lié.

Malgré ce départ plus rapproché que je ne l'es-
pérais, il me restait encore trente-six heures à dépenser dans une ville où il n'y a rien à voir, rien
à étudier, si ce n'est la débauche la plus éhontée.
L'Europe y rivalise d'impudeur avec l'Afrique et
l'Asie.

Ici, des Mauresques, des Nubiennes, des femmes
de la côte d'Arabie, de tout âge, de toutes couleurs,
à peine couvertes d'un lambeau de gaze transpa-
rente, vous offrent leurs charmes au rabais.

Là, des Moldaves, des Valaques, des Italiennes
qui chantent le soir dans des cafés borgnes, vous
convient le jour à venir entendre leur répertoire *in patito*... et tout cela sans retenue, sans
voile ; c'est le vice dans ce qu'il a de plus dégra-
dant... A côté de cela, il est un genre de licence
hypocrite qu'il n'est pas sans intérêt de démasquer.

A Suez, comme dans toutes les villes de prostitution cosmopolite, les Allemandes du Nord forment

presque toujours les deux tiers de cette population
de filles de joie. Elles émigrent spécialement pour
ce métier, qui semble n'avoir rien de déshonorant
pour elles, et qui ne les empêche pas de rêver
à Fritz, à Karl, à Hans, auxquels elles rapporte-
ront, au bout de quelques années, *un cœur resté
pur, puisqu'elles auront toujours su métaphysique-
ment l'isoler des souillures de leur corps*,... et un
petit magot que Fritz, Karl et Hans acceptent généralement sans réclamer de certificat d'origine.

Rien n'est étrange comme de voir l'impudeur de
ces blondes filles de la Germanie (1). Alors que les
femmes d'autre provenance ne supportent que
difficilement toute conversation sur leur passé, leur
enfance, leur famille, que souvent elles cachent
avec soin leur nationalité; Gretchen, au contraire,
conserve précieusement tous ses sentiments, elle
correspond avec sa famille, s'extasie sur les portraits
de ses petits frères qu'on vient de lui envoyer,
montre à qui veut les voir les vénérables images de
ses vieux parents, qu'elle ira bientôt rejoindre à
force d'économie... Elle attend une de ses cousines
ou une jeune sœur qui viendra la remplacer. Le
coin est bon, bien achalandé. On peut s'y faire rapidement une petite dot. Nulle honte ne leur monte
du cœur aux lèvres, à ces Brandebourgeoises, Pomé-
raniennes et autres. Ce sont de grossières natures,
dépourvues de sens moral; nulle douleur, nulle
grande chute ne les a poussées là; elles ignorent,
la plupart, les grandes passions des sens, et ne font

(1) Cette page a été écrite en 1868.

ce hideux métier que poussées par l'appât d'un gain immonde, mais facile...

Les bazars indigènes sont de chétive apparence; on n'y débite guère que du tabac, de petits gâteaux au miel, des dattes, et quelques misérables provisions de bouche, dont les Arabes de la côte africaine, qui viennent à Suez vendre des poules et de menus grains, sont extrêmement friands.

En voyant ces pauvres échoppes, on songe involontairement aux splendides bazars de Beyrouth et de Damas, à ceux de Bombay et de Calcutta, où l'ambre, l'or, la soie et le cachemire s'étalent en monceaux sous les yeux des visiteurs.

A côté du vieux Suez s'élève la ville nouvelle. Je lui souhaite toute la prospérité qu'on a bien voulu lui prédire... Village arabe perdu dans les sables, ou rivale de Marseille, quelle sera sa destinée?

Las de parcourir ces rues étroites dont le soleil faisait de véritables étuves, je vis arriver l'heure de l'embarquement avec le plus vif plaisir. Il me tardait d'être en mer, et de renouveler connaissance avec l'aimable et brillant officier dont j'avais déjà été l'hôte.

Cinq jours et quelques heures de navigation nous conduisirent à Aden, aux portes de l'océan Indien.

Je ne sais rien de terrible comme cette traversée de la mer Rouge pendant la saison chaude. Aussi bien de nuit que de jour, on manque littéralement d'air, et il n'est pas rare d'avoir quelquefois à déplorer la mort d'un ou deux de ses compagnons de voyage, emportés par une insolation ou la dysenterie. Fort heureusement nous franchîmes sans encombre cette mer sinistre qui, le voyage précédent, avait reçu dans son sein le docteur du bord et une jeune Hollandaise mariée depuis six semaines, qui se rendait à Java. Tous deux étaient morts en quelques heures, d'un transport au cerveau. Les mesures préventives les plus habiles et les mieux entendues sont prises à bord contre de pareils accidents ; aussi, la plupart du temps, ces sinistres catastrophes ne sont dues qu'à l'imprudence des voyageurs qui affrontent sans parasols et sans chapeaux *solas* un soleil qui tue en quelques minutes.

En quittant Suez, on salue à gauche trois palmiers qui sont de l'autre côté du bras étroit que forme la mer Rouge en cet endroit, et qui indiquent la place où se trouvent les fontaines de Moïse... C'est là, suivant la fable biblique, qu'avec une simple verge il fit jaillir de l'eau d'un rocher, etc... Sans vouloir en rien déflorer ce tour de force, qui procurerait un honnête gagne-pain à celui qui pourrait le renouveler aujourd'hui, disons que les fontaines de Moïse sont trois puits au milieu d'une petite oasis. Il faut croire que chaque coup de baguette a dû en creuser un...

La navigation de cette mer étroite, capricieuse, est des plus pénibles pour les officiers qui commandent les paquebots ; il faut se défier constamment des récifs et des bancs de coraux qui se cachent sournoisement à quelques pieds sous les flots. Le moindre écart dans la route peut amener une catastrophe : aussi est-il de tradition qu'un bon officier ne doit se reposer que de jour pendant cette dangereuse traversée.

Chaque année, les compagnies anglaises y laissent quelques-uns de leurs navires... Certaines habitudes britanniques, après le repas du soir, n'y doivent pas peu contribuer.

Ce fut avec un sentiment de mystérieuse curiosité que je mis le pied sur la terre d'Aden. On nous avait raconté de terribles histoires, pendant la traversée, sur les sauvages habitants de cette ville, et il ne nous était point permis de les croire inventées par les officiers, à l'usage des passagères nerveuses, en songeant à l'assassinat de M. Lambert, notre consul, accompli dans les circonstances les plus sinistres. De plus, M. de Conil, le consul actuel, nous apprit que, quinze jours avant notre arrivée, deux officiers de la frégate de guerre la *Junon* avaient été ramenés de la ville à moitié assommés. L'incident diplomatique auquel cela avait donné lieu n'était pas encore terminé.

Ces récits refroidirent beaucoup les idées d'exploration qui s'étaient, de prime abord, emparées des passagers; beaucoup renoncèrent même complétement à ce projet, sur les conseils des officiers anglais de la station.

Pour moi, qui m'étais donné la mission de visiter Aden et une partie de la côte d'Arabie, j'étais bien décidé à ne reculer que devant des difficultés bien constatées.

La ville d'Aden n'est soumise que de nom à l'autorité anglaise, qui n'a pas encore osé y mettre une garnison. La police, si toutefois ce mot peut être employé, n'y est faite que par des indigènes dont la principale occupation est de se réunir aux habitants pour rançonner et souvent tuer les étrangers à la moindre discussion.

L'éloignement de la ville arabe, située à plus de deux lieues dans l'intérieur, ne contribue pas peu à augmenter le danger d'une excursion faite sans précautions sérieuses.

Les Anglais n'habitent ou plutôt ne stationnent que sur le bord de la mer. Ils ont établi là l'hôtel du gouvernement, l'hôpital et les casernes qui, avec l'hôtel du consulat de France et des Messageries maritimes, sont à peu près les seules constructions du pays. Derrière ces habitations se trouve une demi-lune de rochers très-élevés, dont chacune des pointes du croissant vient aboutir à la mer, isolant complétement de l'intérieur, par des escarpements infranchissables, toute la partie du rivage comprise dans cet arc de cercle.

C'est au delà de ces rochers, dans une vaste plaine de sable, que se trouve Aden; et dès lors on comprend qu'il soit à peu près impossible de recevoir aucun secours de l'autorité militaire, peu respectée des Arabes, et qui au surplus ne s'inquiète guère que de la garde de ces monticules de roc, dont elle a fait autant de forteresses imprenables. Les canons ne sont dirigés gueule béante que du côté de la mer.

Du reste, les Anglais sont francs sur ce point. — Nous occupons ce rivage, disent-ils, parce que cette station est de la dernière importance pour nous : c'est la clef des Indes. Mais au delà des rochers que vous voyez s'arrête notre puissance. Allez à Aden,

si vous le désirez, c'est à vos risques et périls,
nous ne répondons pas de vous.

Nous étions à l'époque des pèlerinages à la
Mecque, et la ville était, disait-on, pleine de musulmans nègres de la grande terre africaine, fanatiques bien plus à craindre que les Arabes. Tout
se réunissait donc pour nous conseiller la prudence.
Mais l'esprit d'aventures, le désir de voir par nous-
mêmes, ces peuplades barbares l'emportèrent, et
six d'entre nous décidèrent que nous tenterions
l'expédition; les autres passagers ne voulurent ou
n'osèrent nous suivre.

— Hâtez-vous, nous dit le commandant du fort,
qui était venu sur le rivage recevoir quelques amis;
car, après six heures du soir, c'est-à-dire au coucher du soleil, nous ne permettons plus le passage
de la tranchée faite au milieu des roches qui nous
séparent d'Aden. Cette précaution est prise dans
l'intérêt des visiteurs, et même, si vous m'en
croyiez, vous remettriez cette excursion à demain;
de jour, elle offrirait moins de danger; tout au
moins n'auriez-vous pas de surprise à redouter.

Le bateau levait l'ancre le lendemain à dix
heures, pour continuer sa route sur Ceylan : ce
conseil, pour mes cinq compagnons qui ne débar-
quaient pas à Aden, équivalait à l'abandon complet
de leur projet..... Partons! dirent-ils sans hésiter.
Je compris à cette promptitude de décision, que
j'aurais en eux de solides appuis en cas de fâcheuse
aventure.

Nous nous mîmes en route à cinq heures du soir,

montés sur de petits mulets du pays, et armés chacun d'une carabine et d'un revolver.

Un nègre, chauffeur à bord, né à Aden, était chargé de nous conduire, et au besoin d'user de son influence sur ses compatriotes, pour nous éviter toute mauvaise affaire.

Par plaisanterie, les officiers du *Cambodje* 'avaient orné d'une ceinture rouge et d'un sabre rouillé; je n'ai jamais vu enfant à qui l'on donne son premier jouet, plus heureux que lui. Au moment du départ, je lui fis cadeau d'une espèce de pistolet tromblon à canon de cuivre. Son orgueil ne connut alors plus de bornes, et il prit la tête du cortége en me disant :

— Maintenant, capitaine, (tous les blancs sont capitaines pour les indigènes de ces côtes), si le Moulah n'est pas bon, je lui ferai sentir la poudre.

Lui ayant répondu que je ne connaissais pas le personnage dont il me parlait, j'appris que ce Moulah était un prêtre musulman qui jouissait d'une grande popularité à Aden, et que la rumeur publique accusait d'avoir joué un rôle important, mais occulte dans l'assassinat de M. Lambert.

Au bout d'une demi-heure de marche à travers les sables, nous atteignîmes les forts anglais. Une tranchée à pic de trente à quarante mètres de hauteur, sur cinq à six de largeur seulement, toute hérissée à l'intérieur de bouches à feu disposées dans des casemates et par étage, est le seul passage praticable pour traverser la montagne.

Arrivés au bout de ce défilé, nous jetâmes avidement un regard dans la vaste plaine qui s'étendait

à nos pieds, et voici l'étrange spectacle qui s'offrit
à nous. Le soleil allait se coucher au loin derrière
les montagnes de l'Hedjaz, lançant presque horizontalement ses rayons sur les sables, qui paraissaient embrasés et d'un rouge sang; aussi loin que
la vue pouvait s'étendre, pas un arbre, pas un brin
d'herbe, et çà et là, au milieu de la plaine, vaste,
nue, désolée, apparaissaient, se mouvant en tous
sens et grattant la terre, des bandes de chacals et
de hyènes, dont les hurlements lugubres arrivaient
parfois jusqu'à nous dans une bouffée de vent.

A une heure de marche environ, on apercevait
quelques centaines de maisons arabes serrées les
unes contre les autres, qui, vues à distance, avec
leurs toits plats uniformes et blanchis à la chaux,
ressemblaient à des tombeaux au milieu du désert :
c'était Aden !

En réfléchissant que nous n'avions de secours
à attendre que de notre seule énergie en cas de
mésaventure, je ne pus m'empêcher de ressentir
quelques appréhensions. Nous suivions en ce moment un étroit sentier taillé dans le roc, et tellement chauffé par les ardeurs du jour, que nos
mules malgré la corne de leurs sabots, semblaient
mal à l'aise, et prêtes à se débarrasser de leurs
cavaliers pour se dérober à la souffrance qu'elles
éprouvaient.

A mesure que nous avancions, mes compagnons
de voyage devenaient plus soucieux, et j'en surpris
plusieurs visitant avec soin la batterie de leur revolver.

Qu'eussions-nous fait tous en ce moment, s'il nous

eût été donné de prévoir que cette excursion, entreprise au hasard et malgré de sages conseils, devait être fatale à deux d'entre nous...

Il n'était plus temps de reculer !

Le soleil baissait rapidement, et quand même nous eussions voulu retourner sur nos pas, cela n'eût rien changé à notre situation, car la consigne expresse de ne laisser traverser les fortifications à personne après le coucher du soleil, est aussi bien pour ceux qui se présentent au delà qu'en deçà de la passe. Et il serait plus facile de bâtir, comme Amphion de la fable antique, une ville au son de la lyre, que d'attendrir un soldat anglais qui a reçu une consigne; il vous verrait, à deux pas de son poste, assassiner par des maraudeurs arabes, ou dévorer par des hyènes, que sa promenade n'en serait ni plus accélérée, ni moins calme...

Nous n'étions plus qu'à cinq cents mètres de la ville, lorsque nous entendîmes de vagues murmures monter jusqu'à nous, qui devenant plus distincts à mesure que la distance diminuait, se changèrent bientôt en cris rauques et gutturaux, entre-mêlés de son de tam-tam et de tebounis.

— L'arack a beaucoup coulé, nous dit Amoudou notre conducteur, beaucoup coulé, le Prophète est content de ses enfants d'Aden, qui sont allés en foule le visiter cette année.

— Comment se fait-il, lui demandais-je, que des musulmans qui reviennent de la Mecque transgressent ainsi en buvant de l'arack les prescriptions de leur religion?

— Oh! capitaine, répondit Amoudou, l'arack n'est

point une liqueur des blancs, c'est le jus fermenté
du cocotier qui nous est apporté par les barques
choullah de la côte indoue de Malabar.

— Oui! mais Mahomet défend en général toute
boisson fermentée.

— Je vous répète que vous n'entendez rien à
cela. Saëb, notre divin prophète Mahomet ne défend
que les liqueurs des blancs.

J'admirai cette petite distinction de casuiste en
faveur des compatriotes d'Amoudou, qui sont tous
noirs ou tout au moins très-bronzés, et je me
déclarai satisfait par ce dernier argument. Il eût été
fort inutile, en effet, de chercher à persuader au
pauvre diable que la couleur ne faisait rien à la
chose, et que les musulmans de Constantinople
étaient aussi blancs que nous, qu'il considérait
comme infidèles.

Pendant ce colloque nous avions franchi la faible
distance qui nous séparait encore de la ville, et
nous arrivions sur une petite place garnie d'Arabes,
de nomades, de noirs d'origine gallas, et d'Africains
de toutes provenances, gesticulant et criant à tue-
tête comme s'ils allaient en venir aux mains.

Il n'en était rien, ces éclats de voix et ces grands
gestes ne dépassaient pas les limites d'une amicale
conversation. Encore une opinion toute faite qu'il
faut sacrifier... Le calme est la dernière des qualités
de ces peuples.

Peintres et poëtes représentent à l'envi l'Oriental comme un type de gravité et de dignité... Il
faut en passer par là. Chacun a peint ou décrit son
tableau avec un ciel bleu de Prusse, du sable rouge,

un chameau broutillant deci, delà, et un Arabe accroupi, qui fume son chibouck en regardant ce ciel bleu, ce sable rouge, et ce chameau avec étonnement.

D'habitude, les poëtes, plus insatiables que leurs confrères en couleurs, y ajoutent un puits avec une Aïcha quelconque en train de faire sa provision d'eau, la conversation s'engage; Aïcha parle le langage des vierges de la Bible (qui n'ont, elles, jamais parlé que par la bouche des prophètes, ces poëtes d'un autre âge), les réponses sont sur le même ton, et d'ordinaire le bon poëte finit son chapitre en insinuant que la brune fille de l'Orient n'a pas été insensible, et que son interlocuteur emportera d'elle un éternel souvenir.

Je ne sais, en vérité, ce qui force tous ces gens à se pressurer le cerveau, pour créer des types qui n'ont jamais existé ailleurs que dans leur imagination. J'ai habité de longues années l'Orient et l'extrême Orient, et non-seulement je n'en ai jamais rencontré de semblables, mais encore ai-je vu trop souvent, que l'homme y était encore plus mauvais que partout ailleurs; que, lâche, paresseux et dépravé, il n'avait d'autres soucis que le service de ses passions les plus honteuses et les plus contre nature. Digne! majestueux! l'Oriental..., allons donc! Quand vous le voyez drapé et immobile sous les colonnes du bazar, sur le divan d'un café maure, ou accroupi au coin de la muraille blanche d'une mosquée, vous pouvez hardiment dire, sans émettre une opinion exagérée : Voilà une brute qui sommeille ou qui digère.....

Le premier farceur qui passe, et à qui il faut de la poésie à tout prix, s'extasie devant cette gravité, sans vouloir jamais se douter des absurdités de convention, dont la plupart des voyageurs lui ont farci la tête, et dont il se sert à son tour pour écrire, à un point de vue absolument faux sur une civilisation qu'il ne comprend pas.

Est-ce que la grande masse des hommes de l'Orient compte aujourd'hui dans la famille humaine? Quelle est sa valeur? quel est son rôle? où sont ses inventions? qu'a-t-elle produit? Fouillez à fond toutes ces contrées qui se nomment l'Égypte, la Turquie d'Asie, l'Arabie, la Perse, et je vous mets au défi d'y trouver autre chose que des peuples atteints d'enfance sénile, et arrivés au dernier degré de la décrépitude. Vous ne rencontrerez même pas en germe, ou à titre de souvenir d'époques plus brillantes, la plus petite de ces idées sociales et philosophiques, qui font que l'homme est homme, et le différencient d'avec la brute.

Certes ce ciel toujours bleu de l'Orient, ses fleurs, ses parfums, sa végétation splendide, appellent les rêves de la poésie; mais ses productions les plus enchanteresses ne parviendront pas à voiler les hideuses plaies morales de ces contrées... :

. . . .

Nous passâmes sans encombre au milieu des groupes dont je viens de parler, et dans lesquels Amoudou me parut compter de nombreux amis; de tous côtés, en effet, nous entendions crier :

— Hé! Amoudou, tu n'es pas venu à la Mecque, cette année?

— Amoudou préfère les roupies des blancs.

— Quel beau sabre tu as, Amoudou!

— Tu ne réponds pas!

— Vous ne voyez donc pas qu'il est devenu capitaine?

Notre guide, tout en nous traduisant ces interpellations, souriait à tous, distribuant à droite et à gauche des *salam* de bienvenue.

A l'extrémité de la place se trouvait une sorte de caravansérail, dans lequel un Parsis de Bombay, attiré par l'appât du gain, débitait à des prix audacieux, aux rares visiteurs, de la bière anglaise et quelques gâteaux secs. Nous nous y rendîmes pour nous reposer quelques instants.

A peine fûmes-nous installés sous la modeste vérandah de l'établissement, que nous fûmes assaillis de demandes et d'offres de services. — L'un nous proposait de nous conduire dans un café arabe pour nous y faire goûter la liqueur de Moka. Un autre voulait nous faire visiter les citernes. — Un troisième nous offrait l'hospitalité dans sa tribu; et au milieu de cette foule, composée pour la plus grande partie de nomades reconnaissables à leur teint fortement basané, à leur costume primitif, soutenu autour des reins et de la tête par des cordes en poil de chameau, on distinguait, craintifs et n'osant s'avancer, quelques marchands de plumes d'autruche et de menus objets de curiosité, ayant conservé dans toute sa pureté le type des enfants d'Israël. Désirant savoir si je ne me trompais point, je m'informai de leur nationalité.

— Ce sont des juifs, me répondit notre guide, ne

vous occupez pas de ces gens-là, Saëb, ils vendraient toute leur famille pour quelques piastres... Allons, vous autres, dit-il aux Arabes qui nous entouraient, chassez-moi ces chiens d'ici.

Avant même que nous ayons pu nous y opposer, une dizaine de gamins s'élancèrent sur les pauvres diables et les chassèrent à coups de corde de la place, au bruit des rires unanimes de l'assemblée.

La condition des juifs en Arabie est plus misérable encore qu'elle ne l'était chez nous au moyen âge ; il n'est pas, dans toute cette contrée, un cheik, fût-ce l'iman de Mascate, qui osât poursuivre le meurtrier d'un de ces proscrits. Les israélites sont littéralement hors la loi, et il faut toute leur patience, toute leur obstination, toute leur souplesse d'échine, pour rester dans un pays où il vaut mieux, aux yeux du cadi, massacrer dix d'entre eux que voler un mouton.

La nuit était complétement venue, et rien ne saurait rendre le spectacle bizarre qu'offrait à nos yeux la foule bigarrée qui nous entourait, sous les lueurs vagues d'une grosse lampe en terre rouge, garnie avec de la graisse de mouton, et suspendue entre deux colonnes de la vérandah !

Après avoir fait préparer des flambeaux pour nous conduire aux citernes, Amoudou nous demanda combien nous désirions de guides pour nous accompagner.

Cette question ne laissa pas que de nous étonner ; et je fis la remarque à Amoudou que nous n'avions besoin de personne, puisque lui-même, étant né à

Aden, devait connaître aussi bien que qui que ce fût les localités qu'il désirait nous faire visiter.

Nous étions en ce moment entourés d'une centaine d'individus, dont la mine n'était rien moins que rassurante.

Amoudou ne l'entendait point ainsi sans doute, car sans s'inquiéter de nos observations, il arrêta et fit prix avec une dizaine d'entre eux pour jusqu'au lendemain matin.

— Voilà, nous dit-il, la meilleure manière de s'y prendre. J'ai choisi ceux qui au moindre tapage sont les plus enragés, les plus dangereux : et maintenant vous n'avez rien à craindre d'eux; ils sont intéressés d'honneur à ce que rien ne vous arrive; ils sont vos guides, et eux qui, il n'y a qu'un instant, eussent volontiers aidé à vous dévaliser, se feraient maintenant hacher pour vous défendre.

Nous nous mîmes en route, suivis de nos gardes du corps, et d'une foule d'enfants qui piaillaient et dansaient devant nous à qui mieux mieux. Une grosse lanterne de navire à la main, notre guide nous éclairait et dirigeait la marche.

Au détour d'une ruelle, les sons bruyants du caoudah arabe, sorte de tambour fabriqué avec une calebasse et une peau de chameau, nous attirèrent près d'un hangar éclairé par quelques lampes fumeuses. Là, nous aperçûmes une nombreuse compagnie de noirs des deux sexes, à peu près nus, se livrant avec des hurlements gutturaux et sauvages à ces danses bizarres pleines de soubresauts et de contorsions, qui sont l'accompagnement obligé des jours de gala.

Il y avait fête générale à Aden, et l'arack devait
avoir, en effet, beaucoup coulé, comme disait
Amoudou.

De toutes les rues adjacentes partaient des cris et
des bruits identiques.

Nous comprîmes qu'au milieu de cette population
exaltée par la danse, la chaleur et les boissons alcooliques, notre sauvegarde serait plutôt dans une
conduite prudente et réservée que dans nos armes,
qui, tout en contribuant à nous faire respecter, ne
pouvaient être, en cas de conflit, que d'un bien
mince secours au milieu d'une population si nombreuse et surtout si féroce.

Poussés par le désir de contempler un aussi singulier spectacle, nous entrâmes résolûment dans
l'enceinte réservée à la foule qui regardait les danseurs se tordre et se trémousser.

Immédiatement et comme par enchantement, les
instruments cessèrent leurs rauques mélodies, les
noirs s'arrêtèrent, l'assistance se mit à hurler, ses
gestes semblaient nous accuser de venir troubler ses
plaisirs... Nous eûmes quelques minutes de crainte
réelle, mais elle se dissipa vite.

Amoudou, monté sur un banc, haranguait ses
compatriotes et leur expliquait que pleins d'admiration pour leur courage, la beauté de leur teint
et la perfection de leurs danses... nous étions
venus leur rendre une petite visite d'amitié, et que
nous leur laisserions certainement de généreuses
marques de notre passage. Il termina le tout en an-
nonçant que les *capitaines* offraient du café à discrétion à toute l'assemblée.

A ces dernières paroles, des cris d'enthousiasme éclatèrent de toute part; et nos guides, faisant écarter la foule à coups de pied, nous conduisirent solennellement auprès d'un banc, que pour la circonstance le maître du lieu prit soin de recouvrir d'une pièce de calicot rouge.

Le café circula bientôt avec une profusion inouïe; et la musique infernale et les danses recommencèrent de plus belle. Tout le monde buvait, excepté nous, et nous commencions à trouver cela d'un sans-gêne assez inexplicable de la part de gens qui étaient nos invités, lorsqu'on nous apporta une petite jarre en cuivre pleine du liquide odorant, avec des tasses du même métal.

Mes compagnons se hâtèrent de goûter au breuvage, et, résultat que je prévoyais, rejetèrent ce qu'ils avaient pris plus vivement encore.

— Pouah! s'écria l'un d'eux, mais c'est une infusion de poussière de charbon!

— C'est du moka, répondis-je en souriant.

— Cela du moka! vous plaisantez.

— Nullement, il n'y en a pas d'autre à Aden. La ville de Moka est, du reste, à deux petites journées de marche d'ici.

— Comment donc s'y prennent ces sauvages pour le rendre si mauvais?

— Rien n'est plus simple à vous expliquer. Dans tout l'Orient le sucre est rare, et surtout hors de la portée des petites bourses : conclusion logique, les habitants de ces contrées prennent leur café sans sucre.

— Mais cette bouillie?

— Écoutez-moi deux secondes. Comme ces peuples n'ont ni moulin, ni machines perfectionnées pour réduire en poudre, infuser et passer leur café, ils ont pris l'habitude de broyer le noyau de Moka entre deux pierres ou de le piler dans un mortier, et de jeter simplement dans l'eau bouillante le produit qu'ils obtiennent ainsi.

— Quoi ! c'est là cette fameuse méthode de préparer le café à l'orientale que préconisent Dumas, Gautier et *tutti quanti?*

— Parfaitement. Ces messieurs déclarent même qu'ils ne le peuvent supporter quand il est préparé autrement...

— Ainsi, vous croyez que chez eux ils ingurgitent cette atroce mixture ?

— Non; je suis même persuadé que ces grands visiteurs *en chambre* de l'Orient eussent mis leur cuisinier à la porte s'il se fût avisé de leur en servir de pareil.

— Croyez ce que je vous dis : les Orientaux ont l'habitude de boire leur café grossièrement préparé et sans sucre, comme nos malheureux mangent du pain noir au lieu de pain de froment. J'ai habité longtemps ces contrées, et j'ai toujours vu, quel que soit le lieu où j'aie planté ma tente, que mes domestiques se servaient de mes ustensiles et me volaient du sucre pour faire leur café. A deux pas de l'Arabie, dans l'Inde, où la canne à sucre donne de la cassonade à vil prix pour le pauvre, le plus infime coolie rejetterait cette boue que les nomades, les caravanes et le bas peuple ne prennent que faute de mieux.

Donc, en Égypte, sur la côte d'Arabie et dans tout l'Orient, le café est excellent, à condition d'être préparé à la mode européenne.

Grâce à nos libéralités et à notre respect pour leurs usages, ces noirs, qu'on nous avait dépeints comme si terribles, furent, pendant les deux heures que nous passâmes au milieu d'eux, les gens les plus doux qui se puissent voir. Lorsque nous eûmes à solder le montant de nos générosités, la note que nous présenta Amoudou, à qui on l'avait remise, s'élevait à huit roupies, c'est-à-dire vingt francs; pour cette faible somme, nous avions régalé tout le monde,... et encore est-il certain qu'on nous avait appliqué le tarif des étrangers.

Comme nous allions continuer nos pérégrinations, un Arabe, ayant pour tout vêtement cet éternel baudrier rouge qui est le signe distinctif de la police dans presque toutes les colonies anglaises, vint nous dire que, passé huit heures, il était défendu de parcourir la ville avec des armes, et qu'il fallait nous retirer au bengalow du Parsis.

La foule accueillit ces paroles par des éclats de rire bruyants et moqueurs, et une grêle de quolibets tomba bientôt de tous côtés sur le pauvre constable improvisé.

Nous comprîmes que ce simulacre d'autorité, placé par les Anglais à Aden comme un mannequin destiné à constater simplement leur possession, n'était point pris au sérieux par les habitants.

Nous jetâmes au pauvre diable une pièce de monnaie, il la reçut avec l'avidité d'un chien qui happe un os, et pour nous prouver sa reconnais-

sance, il s'empara d'une lanterne et voulut à toute
force se joindre à nos guides : nous le laissâmes
faire avec plaisir, tout fiers d'avoir à notre solde le
représentant de l'autorité anglaise.

Ce n'est rien, n'est-ce pas, que ce pauvre hère
qui reçoit quelques pennys pour promener à Aden
son bâton de constable?... Dans quinze ou vingt
ans d'ici, avec de nouvelles générations, ce sera une
autorité... Et voilà comment les Anglais, sans excursions militaires, sans faire tuer chaque année
des milliers de soldats, font accepter peu à peu leur
autorité aux peuplades les plus féroces.

Nous nous dirigions du côté des citernes, quand
tout à coup notre cortège s'arrêta brusquement, et
Amoudou, se repliant en arrière, nous jeta rapidement ces mots :

— Voici le Moulah!

Nous vîmes s'avancer gravement à notre rencontre
un vieillard mis avec une certaine recherche, qui,
après nous avoir salués suivant le mode oriental, en
mettant la main sur son front, nous convia à une
collation qu'il avait fait préparer à notre intention
dans sa demeure.

C'était un homme grand et vigoureusement bâti,
et qui malgré ses cheveux blancs paraissait dans la
force de l'âge. A voir les marques de respect que
lui prodiguait notre entourage, il devait exercer
une réelle influence dans le pays. Les Anglais le
payent grassement et se servent de lui sans l'avouer.
On prétend même à Aden, sans que rien de plau-
sible, je le crois, vienne justifier cette assertion,
qu'il n'était pas loin du théâtre du crime le jour de

l'assassinat de notre infortuné consul M. Lambert.

On connaît mal en Europe l'odieuse politique que ce peuple marchand poursuit dans la mer des Indes et dans l'extrême Orient.

Depuis que l'Angleterre règne sans partage sur les immenses contrées de l'Indoustan, elle met tous ses soins, avec une prévoyance et une opiniâtreté que rien ne lasse, à empêcher qu'aucune influence européenne, et surtout celle de la France, puisse s'établir sur un point quelconque des côtes qui baignent la mer Rouge et l'océan Indien.

Rien n'échappe à son investigation inquiète. Qu'un navire de guerre français vienne à stationner sur tel ou tel point des lieux que nous venons d'indiquer, à peine est-il parti, qu'un navire anglais vient jeter l'ancre au même endroit, pour faire de l'espionnage sous prétexte d'hydrographie. L'amirauté veut savoir ce que les Français sont venus faire sur la côte, et le rapport qui est envoyé à Londres constate jusqu'à la nature des cadeaux qui peuvent avoir été faits aux cheiks, imans et autres petits souverains des côtes d'Arabie ou d'Afrique.

L'Angleterre ne recule devant rien pour assurer la domination de son pavillon. Elle a beau flétrir en plein parlement les actes d'un Waren Hastings, je ne crois pas à cette mise en scène; car, quels que soient les moyens employés, elle n'a jamais rendu et ne rendra jamais un pouce des territoires acquis par spoliation, tout en flétrissant le spoliateur.

Il faut à la grande masse de la nation anglaise, déshéritée, quoi qu'on en dise, de toute influence

politique, un vaste champ de manœuvre commer-
cial... C'est à cette condition qu'elle subit, sans
trop se plaindre, les priviléges d'un autre âge de
son aristocratie. Aussi les lords de l'amirauté
veillent-ils, avec une sollicitude que rien n'égale, à
conserver leur prépondérance maritime, qui assure
leur prépondérance commerciale...

Le hasard ou, comme auraient dit les anciens,
l'*inexorabile fatum*, a, dans ces derniers temps,
merveilleusement servi leurs intérêts... Le roi
Radama de Madagascar avait dédaigné les présents
et l'amitié de la reine pour s'attacher à la France...
Ses ministres étaient Français... Il demandait des
officiers de notre armée pour former la sienne...
Mais à peine a-t-il le temps de commencer ses
réformes, qu'il est assassiné au milieu d'une révolution de palais... malgré les efforts du missionnaire anglais Ellis pour le... sauver. Et M. Lambert,
égorgé sur les côtes de la mer Rouge ?

M. Lambert, officier d'infanterie de marine,
consul de France à Aden, avait ardemment ambi-
tionné ce poste. Comme tous ses compatriotes qui
ont voyagé dans cette partie du monde, il déplorait
amèrement l'insouciance avec laquelle notre pays
se laisse oublier dans des contrées où notre pavillon
savait autrefois se faire respecter, et la facilité avec
laquelle nous fermons les yeux sur les agissements
de nos rivaux.

Indigné de cette politique astucieuse et menson-
gère, qui consiste à présenter la France comme
une nation de troisième ordre, auprès des peuples
de l'Orient et de l'extrême Orient, M. Lambert avait

conçu l'idée de lutter dans la mesure de ses forces contre une politique si peu scrupuleuse, et de créer sur la côte d'Arabie, à quelque distance d'Aden, un comptoir français qui pût devenir un centre d'approvisionnement pour nos navires dans ces mers.

Pour arriver à ses fins, il faisait de fréquentes excursions dans les tribus; nouait des relations d'amitié avec les chefs, s'appliquant principalement à leur faire comprendre qu'il était de leur intérêt d'arrêter les empiétements de l'Angleterre, et qu'il n'y avait pas de meilleur moyen pour arriver à ce résultat que celui d'accorder à la France une vaste concession de terrain, donnant d'un côté dans la mer Rouge, et de l'autre dans la mer d'Oman au-dessous d'Aden, de façon que cette dernière ville fût pour ainsi dire enclavée dans les possessions qui deviendraient françaises.

L'idée faisait peu à peu son chemin; la défiance arabe, qui est bien la plus obstinée que je connaisse, avait fini par être complétement vaincue par notre habile consul... lorsqu'un jour, sans que rien ait pu faire prévoir un pareil événement, au retour d'une excursion, M. Lambert était assassiné dans sa propre embarcation, à quelques mètres du rivage de la côte arabe, un peu au-dessus de la station d'Aden, par une poignée de nomades fanatiques qui avaient leurs poches remplies d'or.

La douleur du commandant anglais de la station d'Aden, dont M. Lambert était l'ami intime, ne se peut comparer qu'à celle du missionnaire Ellis, qui n'a pas encore pu se consoler de la perte de son ami Radama. Aussi se hâta-t-il, dans une dépêche à son gouvernement, de flétrir comme il le méritait « ce crime stupide commis par quelques » fanatiques arabes, sans but, sans motifs autres » que la satisfaction de leurs sauvages instincts, etc. »

La punition des coupables fut demandée à l'Angleterre, qui répondit, un rapport de géomètre-arpenteur à la main, que l'assassinat avait été commis quelques pieds en dehors de la limite du territoire qu'elle occupait, et qu'elle n'y pouvait rien; mais que la France était libre, si elle le désirait; de poursuivre les coupables elle-même...

Cette plaisanterie fut acceptée; c'était au temps de l'alliance intime... et une frégate fut expédiée sur la côte. Une quinzaine d'arrestations eurent lieu sur l'indication de nos bons alliés... on n'apprit absolument rien : un marchand de dattes et un conducteur de chameaux qui n'en pouvaient mais, furent exécutés; quant aux chefs ou à ceux qu'on nous fit accepter comme tels, on les gracia au nom de l'empereur, en les priant de ne plus recommencer. On en rit encore au Foreign-Office, bureau des colonies, où nous passons pour la nation la plus facile à berner en matière coloniale...

Oui ! Mais nous ne jurerions pas qu'au ministère des affaires étrangères de France on n'ait pas compris... car depuis, *nous n'avons plus de consul à Aden;* c'est l'agent de la compagnie des Messageries maritimes qui fait fonction d'agent consulaire... et il lui est expressément défendu de soulever la moindre question.

Nous voilà bien loin du Moulah et de son invitation. J'ai pensé que quelques détails sur ce crime

mystérieux, qui fut tout politique, ne seraient pas
.dénués d'intérêt pour le lecteur.

Faut-il ajouter un mot comme conclusion . —
Je connais beaucoup un officier supérieur de la
marine, qui me disait il y a quelques mois, en me
parlant de cette affaire dont il fut un des juges :

— Pendant l'interrogatoire des prétendus coupables, nous sentions à chaque pas une main
étrangère... et nous frémissions de notre impuissance, car nous avions l'ordre formel de nous abstenir de toute recherche sur ce point délicat...

En acceptant l'invitation du Moulah, je pensais
qu'il me serait facile d'obtenir de lui quelques
renseignements, non point sur le rôle occulte qu'il
avait pu jouer dans cette affaire, mais sur les faits
publics qui avaient accompagné le crime. Mon attente fut entièrement déçue; il fut impénétrable
sur ce sujet, et se borna à nous offrir une collation
composée de dattes, figues et bananes, ainsi que de
miel des montagnes de l'Hedjaz, le plus délicieux
qui se puisse voir; puis, après quelques tasses de
l'éternelle bouillie, il nous proposa de nous accompagner dans notre visite aux citernes.

Dans cette contrée sablonneuse, où jamais brin
d'herbe n'a poussé, sous ce ciel de feu, une des plus
grandes privations vient de la rareté de l'eau : les
malheureux Arabes n'ont pour se désaltérer que
celle de la pluie, et il se passe quelquefois deux et
trois ans sans que le moindre nuage paraisse à
l'horizon.

Rien n'égale alors la souffrance de ces pauvres
gens, obligés d'aller chercher le précieux liquide

à dos de chameau, à plus de dix lieues dans l'intérieur.

Il faut voir comme on attend l'époque de la
mousson qui doit amener la fin de tous les maux :
ce ne sont partout que prières publiques, jeûnes et
pèlerinages.

Et quelle désolation, si cette mousson si désirée
s'accomplit sans les orages bienfaisants qui appor-
tent la vie ! Plus d'espoir jusqu'à l'année suivante ;
la moitié des habitants émigrent, les uns sur des
plateaux plus favorisés, les autres sur la grande
terre africaine, et ceux qui restent meurent en
silence, avec ce fanatisme musulman qui ne lutte
jamais contre la destinée.

Cependant, un jour le soleil se lève plus rouge
que de coutume, ses rayons sont plus insuppor-
tables, la plaine de sable brûle et miroite; un vent,
léger d'abord, arrive du sud par rafales et à des
intervalles inégaux, la poussière ardente se soulève,
la mer gronde et s'agite dans son sein : c'est l'oura-
gan qui s'annonce. Au bout de quelques heures,
le ciel est complétement noir. Les nuages chargés
d'électricité s'amoncellent au bruit de la foudre...
puis tout se déchaîne : la mer s'élance sur le rivage,
le vent mugit, soulevant des monticules de sable.
On ne voit plus rien, la pluie tombe à torrents; que
dis-je? ce n'est plus la pluie, ce sont les flots d'une
rivière, c'est une immense cascade qui inonde la
terre. A peine quelques minutes de répit, de calme
apparent, et cela recommence, pour durer quinze
jours, quelquefois un mois, avec la même intensité.

Les sables de la côte arabe absorbent alors de

quoi entretenir plusieurs lacs. Puis tout cesse subitement comme cela est venu : on s'est couché la veille avec la pluie et le ciel noir, on se réveille le lendemain avec le soleil et un ciel bleu sans nuage...

Mais la joie est dans le cœur de tous, car les citernes sont pleines, et les citernes d'Aden contiennent de l'eau pour trois ans...

Ces citernes sont une œuvre merveilleuse, pour laquelle il a fallu vaincre les plus grandes difficultés. Construites avec briques, moellons et ciment, entourées de tous côtés par des sables et des terrains mouvants, elles sont d'une telle solidité que, quoique datant des premiers temps de l'ère musulmane, elles paraissent n'avoir en rien souffert des siècles et semblent capables d'en braver bien d'autres encore..

En quittant les citernes, le Moulah prit congé de nous ; la nuit était fort avancée, et il désirait prendre quelques heures de repos avant le lever du soleil, qui ne doit jamais surprendre au lit un vrai sectateur du Prophète. Après les *salams* d'usage, nous prîmes de notre côté le chemin de la maison du Parsis, où l'on devait nous avoir préparé quelques nattes pour nous reposer.

Mais il était *écrit* que nous ne dormirions point de cette nuit, car à peine avions-nous fait quelques pas, qu'Amoudou, s'approchant de moi, me dit à voix basse :

— Il serait bon, Saëb, de ne point quitter la ville sans aller rendre visite aux danseuses !...

Je compris qu'il faisait allusion aux prêtresses du

culte de Cythère... J'en informai mes compagnons de route, qui, séduits comme moi par la curiosité, acceptèrent l'offre de notre guide. Nous devions certainement trouver là matière à d'intéressantes études de mœurs...

Précédés d'Amoudou, nous arrivâmes près d'une maison blanchie à la chaux, très-étroite et à toit plat, comme sont du reste toutes les habitations de ces pays, mais possédant ce que n'avaient pas les autres, plusieurs petites fenêtres sur le dehors. Ceci seul, en Orient, annonce la femme non parquée par un maître, la femme libre.

La porte s'ouvrit comme par enchantement, et il nous fut aisé de voir que nous étions attendus. Le coup d'œil qui se présenta tout d'abord à nos regards ne laissa pas que d'être plein d'un certain charme.

Nous nous trouvions dans une grande pièce au rez-de-chaussée, formant un carré long, et garnie de chaque côté de sofas arabes très-bas mais larges; une natte de bambous merveilleusement assemblés couvrait le sol, et aux quatre angles brûlaient, dans de petits réchauds suspendus, des boules de cette poussière de charbon parfumée qu'on est convenu d'appeler pastilles du sérail.

L'éclairage péchait un peu, le contraire m'eût étonné. Dans ces contrées où les nuits de lune sont plus claires que nos journées d'hiver en Europe, la dernière chose dont on s'inquiète, c'est de sa lampe, ustensile qui, pour beaucoup, est un objet de luxe. Au centre de l'appartement, une dizaine de femmes complétement noires se trouvaient accroupies, tenant sur leurs genoux différents instruments de musique du pays, parmi lesquels je distinguai le tam-tam obligé, un tebouni et une guitare, si toutefois on peut donner ce nom à un rond de bois creusé et muni de trois cordes en métal.

A notre approche elles se levèrent toutes automatiquement, et sur le signe d'un vieil Arabe qui paraissait être leur chef, firent un pas en avant et s'inclinèrent jusqu'à terre devant nous.

Pour tout vêtement, elles avaient une pièce de soie de l'Inde, bleue, rose, blanche ou jaune, qui, s'enroulant autour des hanches, remontait sur la poitrine pour cacher les seins, et se rattachait par derrière à la ceinture.

Notre étonnement fut grand, je l'avoue; nous nous attendions à trouver quelques créatures avilies par le vice et l'abus des liqueurs fortes. Je croyais, pour ma part, que j'allais saisir sur le vif un des secrets de cette vie crapuleuse et ignoble des basses classes de l'Orient, dont on n'a nulle idée en Europe. Entrés avec un certain dégoût et une appréhension bien naturelle, nous nous trouvâmes tout à coup en face de la fine fleur de la beauté arabe et africaine des deux côtes.

La plus jeune de ces femmes pouvait avoir quatorze ans, la plus âgée de seize à dix-sept au plus. Quoique noires et luisantes comme du jais, elles n'avaient aucun des types de la race nègre : leurs cheveux étaient longs et soyeux, leur nez droit et effilé, leur bouche petite, leurs lèvres fines et roses comme du corail;... leurs yeux aux longs cils et lar-

gement fendus étaient si beaux, que jamais femme
ne pourrait être laide avec ces yeux-là, les mains
et les pieds étaient petits et exquis de modelé;
quant au corps, dans son contour général, il était
à faire pâlir de jalousie les plus beaux types de la
statuaire antique.

Ce portrait n'a rien d'exagéré : notre vie étriquée
d'Europe nous a fait perdre le secret de la forme;
les privations, le travail, les veilles, le corset, la
mode, l'appauvrissement du sang, ont fait perdre
à nos femmes la force, l'ampleur unies à la grâce
et à la délicatesse dans les formes, qualités si communes dans tout l'Orient, où le corps de la femme
se développe librement et sans fatigues, suivant les
lois de la nature, que je puis affirmer sans crainte
d'un démenti sérieux, qu'il est peu de femmes de
ces contrées qui de treize à vingt et même vingt-
cinq ans, ne soient des modèles achevés de beauté
plastique.

Nous nous hâtâmes de nous asseoir ou plutôt de
nous étendre sur les sofas. Grâce à nos courses de
nuit, la fatigue commençait à nous gagner; et sur
un signe du maître la danse commença. Rien de
plus bizarre et de plus passionné en même temps.

Ce n'était plus la danse insipide des Alemeh du
Caire, ce n'était pas encore la danse des bayadères
de l'Inde. Nous étions six : six femmes se détachèrent
du groupe, et chacune d'elles vint se placer en face
de l'un de nous, en étendant gracieusement les bras
au-dessus de sa tête..., c'était le salut.

Sur un nouveau signe, les quatre musiciennes,
accroupies au milieu de la salle, se mirent à frap-

per en sourdine sur leurs instruments, de façon à
ne produire qu'un long murmure cadencé d'un
effet étrange, assez semblable à nos trémolos d'orchestre, mais d'un accord plus sauvage.

Rien ne saurait rendre l'effet de ces notes, faibles
mais rapides, s'échappant des divers instruments
comme une pluie de sons mystérieux et bizarres...
Parfois, tous ces sons réunis étaient si faibles, quoique distincts, qu'on eût dit le bourdonnement cadencé de plusieurs violons dont les grosses cordes
eussent été à peine frôlées par les archets.

Pendant cinq minutes au moins, la jeune femme
qui avait choisi sa place devant moi resta inclinée,
immobile comme une statue, dardant ses grands
yeux noirs sur les miens, sans qu'un seul mouvement
vînt déceler la vie, sans qu'un muscle de son corps
tressaillît.

Je jetai mes regards du côté de mes compagnons... les six femmes étaient dans la même posture, immobiles et nous tenant tous sous le charme.

Qu'on se figure une statue antique animée à l'âge
de quinze ans, les seins nus et palpitants, les épaules
polies comme du marbre noir, les hanches largement
développées, la taille souple et gracieuse, d'une
courbe que la civilisation et le corset n'ont point
déformée : qu'on se figure cet ensemble aussi parfait qu'un statuaire pourrait le rêver, à peine voilé
par une gaze de soie rose... debout, animée, palpitante, la bouche provoquante et demi-ouverte, les
yeux pleins de feu... et cependant aussi immobile
qu'une statue.

A ce moment, les musiciennes, frappant sur leurs

instruments, à intervalles inégaux mais toujours de plus en plus lents, semblaient leur arracher des soupirs...

Je ressentis comme une fascination magnétique qui me fatiguait le cerveau... et j'allais me lever pour échapper au charme... quand tout à coup ma danseuse se rejeta en arrière par un brusque mouvement, son beau corps se ploya alors insensiblement à la renverse, une des jambes légèrement inclinée comme pour s'agenouiller; les yeux levés au ciel, les bras légèrement arrondis et élevés au dessus de sa tête, elle sembla pendant quelques minutes implorer une grâce qu'on ne lui accordait pas... Ses cinq autres compagnes étaient dans la même posture : c'était magnifique d'ensemble, un corps de ballet n'eût pas été plus correct...

Je reportai mes yeux sur ma danseuse. Elle s'approcha de moi à petits pas, dénouant ses longs cheveux, qui, comme une nappe d'eau inondèrent ses épaules ; elle se jeta alors à mes pieds avec un air de désolation admirablement joué, joignant ses mains en suppliante et prenant les poses les plus caressantes et les plus voluptueuses.

Je commençai à comprendre la pantomime.

Après avoir essayé le pouvoir de ses charmes, après avoir essayé de vaincre d'autorité par le geste et le regard, elle se faisait douce et soumise; après avoir commandé, elle suppliait; après avoir exigé, elle avouait sa défaite et pleurait. N'ayant pu triompher en maître, elle se faisait esclave, elle redevenait femme, et essayait de séduire par la grâce et par la beauté.

Comme il connaissait bien le cœur humain, le maître qui l'avait formée, et comme ces Orientaux ont su analyser la volupté et faire parler les sens!

Ils n'ont pas de théâtre; leur vie tout entière s'écoule derrière les épaisses murailles blanchies à la chaux de leurs maisons; ils ont créé des danseuses pour eux et non pour le public.

Enivrés d'excitants et de parfums, il leur faut une femme qui ne danse que pour eux, qui réveille leur imagination assoupie, secoue le corps en faisant bouillir le sang et crisper les nerfs, et les plonge dans des rêves sans fin...

Que viendraient faire ici les ballerines de l'Opéra, avec leurs pirouettes et leurs exercices de gymnastique!... Que viendraient-elles faire sous ce ciel bleu, sous cette chaude atmosphère, au milieu de ces senteurs âcres et enivrantes!...

Restez chez vous, sur vos planches, avec vos membres grêles, vos beautés fanées et vos bouquets flétris, Paquitas, Dolores et *tutti quanti :* vous ne lutteriez pas avec la femme de la nature.

Comme les prières, les poses émouvantes et voluptueuses ne parvenaient point davantage à nous toucher, — c'est dans l'ordre, il faut rester cœur de pierre devant toutes les séductions, — les musiciennes entonnèrent une nouvelle mélodie, sur un rhythme lugubre et plaintif.

Le tam-tam roulait en sourdine, interrompu à intervalles égaux par une note plaintive que la guitariste obtenait en pinçant légèrement une des grosses cordes en métal de son instrument.

Au même instant, nos danseuses s'éloignèrent de

nous, mais à pas lents et saccadés, portant la main sur leur cœur, les yeux en larmes, les cheveux en désordre, et donnant les signes du plus violent désespoir.

Puis, tout à coup, comme pour nous laisser d'éternels regrets, par le souvenir des beautés que notre insensibilité nous faisait dédaigner... elles s'arrêtèrent subitement à un coup prolongé de tam-tam, prirent une pose digne et pleine de majesté blessée, et dénouant prestement l'écharpe de soie qui leur entourait les hanches, elles se montrèrent à nous dans toute la splendeur de leur nudité.

On eût dit six Vénus de marbre noir échappées au ciseau de Praxitèle, et descendues du fronton d'un temple, animées par le souffle de quelque moderne Prométhée !

Ce ne fut qu'un éclair !... Rattachant à la ceinture leur léger vêtement, elles s'approchèrent de nous en souriant, et s'accroupirent à nos pieds.

Les musiciennes, aussitôt la danse finie, avaient disparu.

Le café circula sur un plateau de bois, et le maître du lieu vint avec des salams et des génuflexions sans nombre nous demander son salaire.

Avec lui la poésie venait de disparaître, et je ne saurais rendre le dégoût que m'inspira ce vieil Arabe décrépit, recevant dans ses mains tremblantes de cupidité le montant de nos offrandes.

Non content de cela et sa collecte achevée, il nous fit demander par Amoudou, craignant sans doute que nous ne fissions erreur sur sa profession, si ses danseuses n'avaient point touché nos cœurs, et

On eût dit six Vénus de marbre noir échappées au ciseau de Praxitèle...
(Aden, page 44.)

IMP. E. MARTINET.

si elles ne nous paraissaient point dignes qu'on leur jetât le mouchoir.

Pourquoi cet ignoble trafiquant de chair humaine est-il venu gâter notre plaisir, et nous rappeler que nous avions devant nous des filles de bonne volonté.

Dans toutes ces contrées, les danseuses sont en même temps prêtresses du culte honoré à Cythère, et à mesure que vous vous rapprochez de l'extrême Orient, vous voyez peu à peu le mépris qui s'attache à cette profession disparaître; jusqu'à ce que vous trouviez dans l'Inde, à Trichnapoli, à Chelambrun, à Hayderabad, à Villenour, les bayadères des grandes pagodes du Sud, qui honorées et estimées offrent à Dieu, de chaque côté de l'autel où le brahme prêtre officie, leurs vœux, leurs chants et leur danse.

Nous aurons occasion, au cours de ce voyage, de soulever un des coins les plus curieux du voile qui cache à l'œil des profanes les mœurs intimes de ces vestales de l'Indoustan.

Revenons à Aden.

Le vieil Arabe ne recevant pas la réponse que sa demande avait provoquée se retira, pendant que nos danseuses attachaient sur nous leurs longs regards étonnés et provocateurs.

Je ne sais si les Orientaux ne voient là qu'un surexcitant à leurs passions : je connais assez leur caractère et leurs mœurs pour être fort disposé à le croire; quant à moi, ces belles filles aux formes si pures, dans toute la splendeur d'une jeunesse que la débauche n'avait pas encore avilie et défor-

mée, avaient au contraire chassé de mon âme toute
idée matérielle pour me reporter dans le rêve...

Tous les temps fabuleux et héroïques de l'Inde
ancienne, aïeule de l'antiquité grecque et égyp-
tienne, avec leurs déesses, héros et demi-dieux,
leurs nymphes et leurs bacchantes, se présentaient
à mes yeux; et je songeais que sans doute au siècle
du roi Viswamitra, comme à l'époque de Périclès,
les peintres et les sculpteurs s'nitiaient à leur art
et au culte du beau, en faisant défiler devant eux
les danseuses des mystères de Villenour ou d'Ellora,
d'Éphèse ou d'Éleusis...

Je songeais... et cet Arabe dégoûtant et malpro-
pre était venu me rappeler à la réalité.

Nous jetâmes quelques pièces de monnaie à ces
malheureuses, qui les reçurent presque aussi avidement que leur cornac, et nous nous dirigeâmes
vers l'hôtel du Parsis, où nous avions hâte de
prendre quelque repos, après une nuit qui avait
été si fertile en émotions de toute nature.

La plupart de nos guides improvisés nous avaient
quittés à la porte de la maison des danseuses, où,
dans leur pensée sans doute, nous devions rester
jusqu'au jour; ils étaient allés rejoindre leurs camarades et boire avec eux le produit de nos largesses.

Seuls, deux Arabes nomades, grands et solidement charpentés, à l'air passablement sauvage,
étaient restés fidèlement aux côtés d'Amoudou, prenant au sérieux, nous le supposions du moins, leur
rôle de protecteurs.

Les cris, les chants, les danses avaient cessé
partout, le jour n'avait pas tardé à paraître, et

grâce à la fraîcheur relative de cette seconde partie de la nuit, Aden pouvait prendre quelques heures de repos.

Arrivés au bengalow du Parsis, nous allions nous jeter sur des nattes étendues sous la verandah à notre intention, après avoir grassement dédommagé nos derniers compagnons; lorsque Amoudoú vint nous présenter une requête au nom des deux Arabes nomades, qui nous avaient été fidèles jusqu'à la dernière heure.

— Explique-toi promptement, dis-je à Amoudou, tu vois que nous tombons de fatigue...

— Quand les capitaines connaîtront la proposition que je suis chargé de leur faire, ils n'auront plus envie de se reposer, répondit notre guide.

— Voyons la proposition?

Amoudou nous dit alors que les deux nomades présents, qui se nommaient Ali-ben-Osmrah et Saddah-ben-Fittir, ce qui veut dire Ali fils d'Osmrah, et Saddah fils de Fittir, charmés de la manière dont nous les avions traités, nous engageaient à aller manger un mouton rôti et du couscoussou au lait de chameau, sous leur tente qui était à une heure à peine de marche, derrière quelques petites dunes de sable que nous apercevions à l'horizon. En partant tout de suite, et nos mules aidant, nous devions y être avant le lever du soleil; et Amoudou garantissait, pour ceux qui suivaient le *Cambodje* dans la mer des Indes, que nous serions de retour à onze heures du matin.

Deux de mes compagnons, Hollandais replets et lymphatiques, à bout de forces, pour toute réponse se laissèrent tomber sur leur natte, et il ne fut plus question d'eux. Les trois autres, dont deux jeunes Espagnols, un de ces Anglais cosmopolites que rien ne rebute et moi, séduits par l'étrangeté et l'imprévu de cette proposition, l'acceptèrent sous l'expresse condition qu'Amoudou se chargerait de nous ramener au bateau avant l'heure du départ.

En quelques secondes nous nous hissâmes sur le dos de nos mules, et les deux nomades prenant la tête de la petite caravane, nous nous lançâmes au galop dans la vaste plaine de sable qui se déroulait devant nous.

En quittant nos deux braves Hollandais qui dormaient bruyamment sous la verandah, une pensée rapide me traversa l'esprit : il me sembla que nous eussions aussi bien fait de les imiter... ce fut un éclair, un rien... je ne m'y arrêtai même pas. Qu'avions-nous à craindre? Je connaissais trop le respect profond que les Arabes professent pour les lois de l'hospitalité, pour que la pensée même d'un danger pût me venir à l'esprit...

A cette heure ces deux nomades galopant devant nous, qui couchés sur leurs chevaux avaient dans l'aube blanchissante des figures étranges et sauvages, auraient laissé massacrer leurs femmes, leurs filles, leur tribu entière, plutôt que de nous trahir, plutôt que de nous conduire sûrement à un danger quelconque.

... Et si par hasard ce danger venait à se présenter, ils seraient les premiers à nous faire un rempart de leur corps, à se faire tuer..... Nous étions leurs hôtes, nous nous étions fiés à leur honneur, cela suffisait pour nous rendre sacrés...

Telles sont les coutumes et la loi sanctionnées par 'e Coran, et que respectent toutes les peuplades, toutes les tribus de l'Arabie.

On peut même dire que, sans ce respect de l'hospitalité qui vous accompagne partout, l'Arabie serait aussi impossible à parcourir que le centre de l'Afrique.

Nous n'avions donc rien à redouter de cette excursion de quelques heures, au milieu d'une tribu nomade, présentés comme nous allions l'être par deux de ses enfants.

Du moins je le croyais, car pouvais-je me douter à ce moment que plus tard je devais donner à cette pensée fugitive de défiance la valeur d'un pressentiment?

Une demi-heure de galop à peine nous conduisit au campement, où nous arrivâmes avec les premiers rayons du soleil, au milieu des cris des enfants étonnés, des aboiements de quelques chiens étiques et des hennissements des chevaux arabes qui, au bout de leurs laisses en poil de chameau tressé, se mirent à bondir et à caracoler comme pour saluer notre arrivée.

Quels splendides animaux! Ils étaient là une douzaine au moins, qu'eussent enviés et payés au poids de l'or les plus riches écuries du monde.

Les deux nomades avaient, dès notre arrivée, disparu sous les tentes.

A peine avions-nous eu le temps de mettre pied à terre, qu'ils reparurent, précédant le chef du douar, vieillard de haute taille et de bonne mine, qui nous adressa les salutations d'usage dont voici exactement la formule :

— Louange à Dieu, qui vous a conduits ici.

Nous ne savions que répondre, ne comprenant pas assez l'arabe pour tenir une de ces conversations symboliques qui accompagnent la plupart des actes sérieux de la vie du désert, lorsque Amoudou nous tira d'embarras, en donnant la réplique.

— C'est lui qui nous a inspiré la pensée de venir nous reposer sous ta tente.

— Dieu a béni notre douar en lui envoyant des hôtes.

— Amoudou-ben-Rahaman et les capitaines étrangers te souhaitent mille prospérités; puisses-tu voir autour de toi la troisième génération de tes fils!

— Check Ghemal-ben-Metor, donne le salam à Amoudou-ben-Rahaman et aux capitaines étrangers, les tentes des fils d'Ali leur sont ouvertes.

En disant cela, il vint à nous, et nous donna une poignée de main, pour nous montrer sans doute qu'il connaissait nos usages; puis il nous introduisit chez lui...

Rien n'est simple comme l'habitation et l'intérieur d'un petit chef nomade : une tente en forme de cône en toile grossière, ou en étoffe de poil de chameau pour ceux qui peuvent se payer ce luxe; quelques tapis et des nattes pour la garnir; deux ou trois yatagans, quelques fusils à la crosse incrustée d'ornementations, des pipes, quelques vases de cuivre.... et un habitant des vastes plaines de l'Arabie a tout ce qu'il lui faut pour voyager rapidement, se reposer quand cela lui plaît, boire, manger, dormir, se récréer dans la société de ses femmes, et se battre parfois à l'occasion, toutes choses qui constituent sa vie.... du jour où son père lui fait cadeau d'un fusil, d'un cheval, d'une tente et d'une femme, jusqu'au jour où on l'enterre dans quelques monticules de sable, les pieds tournés vers la Mecque...

Vie de rêves et de contemplation, de paresse et de jouissances purement physiques.

... A tout prendre, peut-être vaut-elle encore mieux que la vie de club, de cercle ou de cabaret si fort en honneur parmi nous.

On ne vient point lui dire, à cet Arabe, qu'il n'est pas né pour la liberté, qu'il ne saurait marcher sans qu'une ordonnance de police fixât auparavant le lieu où il doit mettre le pied droit et le pied gauche... Il n'entend point tous les jours répéter comme nous que quarante millions d'hommes sont trop bêtes pour faire leurs propres affaires ;... il a l'immensité, il a le désert, il a les vastes plaines, les gras pâturages, de belles femmes qui lui donnent de beaux enfants, il a les plus beaux chevaux du monde... et il va droit devant lui, n'attendant rien, ne demandant rien que du soleil et de l'espace... Ses ancêtres menaient déjà cette existence il y a dix mille ans : il n'y a rien changé... et ses fils, à leur tour, se garderont bien d'y toucher.

Après avoir pris une tasse de lait de chamelle, qui, soit dit en passant, n'a rien de plus ni de moins agréable que tout autre lait, quoiqu'un peu plus écumeux cependant, je demandai la permission d'assister à la préparation du mouton et du couscous-

sou destinés à notre déjeuner. Notre guide venait
de me prévenir que le mouton était sacrifié, et prêt
à être rôti, que la pâte à couscouss était dans les
schombou de bois, et, la curiosité aidant, j'eus la
force, malgré la fatigue et l'abattement causés par
une nuit sans sommeil, d'aller m'asseoir près de
l'esclave nubien chargé de la confection du mets
national...

De la préparation du mouton, je ne dirai rien,
car elle est dés plus simples. L'animal est toujours
rôti entier, soit dans un four de pierres sèches recouvert de terre mouillée pour en boucher les interstices, soit à la broche le long d'un feu de bois,
soit à la manière des caravanes qui ne rencontrent
que des broussailles, et qui font griller le mouton
sur des pierres plates rougies au feu. Le nôtre fut
promptement vidé, retroussé et introduit dans un
petit four en pierres, que les nomades chargés de
ce soin avaient construit le jour même de l'installation du douar dans ces parages.

La préparation du couscoussou est beaucoup plus
compliquée, mais je dois dire que la récompense
est proportionnée à la peine, car ce mets, bien
réussi, est vraiment délicieux.

Je vais en donner la recette, avec toute l'aridité
du style de cuisine; car le lecteur n'y comprendrait
absolument rien si je le faisais assister à la conversation grotesque, entremêlée d'injures tout arabes,
échangée entre Amoudou et le Nubien cuisinier.

Amoudou, avec son caractère présomptueux, prétendait se connaître beaucoup mieux en cuisine que
son camarade d'occasion, et, de son côté, le Nubien

professait le plus profond mépris pour les talents d'Amoudou. Aussi est-ce à grand'peine que je parvins à extraire de notre guide une traduction passable des procédés arabes pour la confection du couscoussou.

Amoudou, profondément blessé des rires et des plaisanteries qui, de toute part, avaient assailli sa recette, n'en persista que plus fortement à la déclarer supérieure à toutes les autres; et comme je prenais des notes, il me supplia, au nom de la justice, de ne point favoriser l'un au détriment de l'autre et d'indiquer sa méthode en regard de cell du négro.

Dois-je le dire?... Ce dernier était resté classique, il préparait le couscoussou à la manière d'Abraham et d'Ismail, tandis qu'Amoudou devait à sa fréquentation des blancs d'y avoir introduit certaines améliorations qui faisaient dire à son détracteur que ce n'était point là le couscoussou de ses pères.

Mis en bonne humeur par cette dispute qui menaçait de prendre les proportions d'un événement, et dans laquelle conservateurs et progressistes se seraient fait hacher plutôt que d'abandonner une seule de leurs idées, je mis un terme aux menaces et aux provocations en leur proposant l'*essai loyal* de leur couscoussou.

— C'est cela, dirent les Arabes qui avaient pris parti pour l'un ou pour l'autre, — qu'ils fassent chacun leur plat, et nous jugerons...

Le Nubien n'y consentit qu'en rechignant : il lui semblait qu'il dérogeât en acceptant la lutte.

Amoudou, au contraire, se déclara sûr de gagner, et prédit d'avance que tous les palais délicats et distingués se rallieraient à sa méthode, plus neuve, plus conforme au goût du jour que celle du Nubien.

Chose remarquable : la base de la nourriture de tous les peuples se compose de grains. L'Europe les consomme à peu près tous plus ou moins, tout en donnant la palme au blé; l'Amérique a un faible pour le maïs; toute l'Afrique centrale emploie le millet et autres menus grains; l'extrême Orient et une partie de l'Océanie se servent exclusivement du riz. Ces grains se transforment pour la consommation, soit en pain, soit en galettes, soit en pâtes consistantes ou en bouillie; le riz seul se mange sans subir de transformation et cuit à l'eau.

Le couscoussou arabe est tantôt bouillie, tantôt pâte consistante. Je ne m'occuperai que de cette dernière préparation, connue seulement en Arabie, et réservée dans ce pays même aux jours de gala.

La veille du jour où l'on doit manger un couscoussou dans un douar, les vieilles femmes et les esclaves pilent le froment dans des troncs d'arbres creusés, pour obtenir une farine légèrement granulée, quoique cependant assez fine; cette farine blutée et séparée du son est mélangée jusqu'à consistance de pâte avec du lait de vache ou de chamelle, et battue avec une sorte de spatule de bois dans le tronc d'arbre creusé qui a servi à piler le grain.

Un vrai talent est celui de savoir au plus juste, d'après le volume de la farine, quelle est la quantité de lait qu'il faut employer, car la pâte ou trop épaisse ou trop claire ne donnerait qu'un mauvais produit.

Le fouettage de cette pâte doit durer cinq ou six heures au moins, sans trêve ni repos. Suivant l'expression arabe, *il ne faut point la laisser s'endormir.*

Ceci fait, cette pâte est divisée en petites boules arrondies avec la main, de la grosseur d'un petit pois ou d'une bille à jouer, suivant le goût ou le caprice du préparateur, et ces boules sont ensuite mises à sécher sur des planches jusqu'au lendemain matin.

Le moment venu de les employer, elles subissent une nouvelle préparation.

Au moment où le mouton est mis au four ou à la broche, les boulettes de pâte de couscoussou sont jetées dans de l'eau bouillante, où, suivant leur grosseur, on les laisse cuire une demi-heure ou une heure ; puis on les retire de là pour les placer dans un plat en terre, sur des charbons ardents où, couvertes de poivre, assaisonnées d'un peu de piment et de noix muscade, salées à point et inondées du jus du mouton qui rôtit au-dessus d'elles, ces boules délicieuses achèvent de se cuire, se gonflant à plaisir, s'imprégnant de jus et se dorant sous l'action de la chaleur, avec un tel crépitement et répandant autour d'elles un tel parfum... que, suivant le proverbe arabe, *les morts mêmes se réveillent.*

Inutile d'ajouter que le mouton presque rissolé à la surface, quoique mi-saignant à l'intérieur, est dépecé en longues lanières, à la mode orientale, et mangé avec ces succulentes boules, dont je ne veux rien dire de plus... Ce plat bien réussi est un vrai poëme culinaire... Certes, je ne l'avouerais pas à tout le monde, mais il m'est arrivé souvent, dans les jungles de l'Inde, dans les montagnes de Birmanie ou sur les rivages des îles du détroit de la Sonde, de me livrer cinq et six heures durant, avec un domestique, à ce battage de la pâte à couscouss, que nous faisions cuire suivant les lieux, dans du jus de mouton ou de gibier; et j'ai remarqué... dussiez-vous me jeter la pierre... ce sera ma dernière confidence, que le gros *canard brahme* au plumage doré, que l'on chasse dans les îles du Gange, entre Agra et Benarès, est l'animal qui communique à la boulette arabe le fumet le plus fin et le plus odorant.

Deux mots maintenant sur le mode de préparation prôné par Amoudou. Je fus bien étonné de l'âpreté de leur discussion, lorsque je vis que la méthode de notre guide ne différait de celle du Nubien que par quelques nuances inappréciables... Ainsi, Amoudou ne faisait ses boulettes que le matin, après avoir laissé la pâte se reposer toute la nuit; et, au moment de les servir après parfaite cuisson, il les arrosait d'un jus de citron, ainsi qu'il avait vu faire pour certains plats à bord des paquebots où il était chauffeur. D'un commun accord, au déjeuner offert par le chef, nous proclamâmes les deux couscoussous excellents; nous déclarâmes ensuite avec impartialité que la variante du citron, introduite par Amoudou, ne faisait que rendre le plat plus succulent encore.

Les deux parties s'attribuèrent la victoire : tel est l'idéal que devrait réaliser chaque sentence.

L'Anglais taillant à même dans le mouton, les deux Espagnols faisant de fréquents emprunts au plat de boulettes qu'ils avalaient comme du macaroni, moi partageant sagement mon admiration entre les deux, et les Arabes dévorant ce qu'ils pouvaient attraper plutôt qu'ils ne mangeaient, le déjeuner fut achevé en un instant, et nous nous rendîmes sous la tente pour prendre le café. Le temps avait marché avec rapidité, et il ne nous restait guère plus d'une heure à accorder à notre hôte.

Je priai Amoudou de ne pas oublier le moment du départ, et, me fiant à lui, je cessai de lutter contre le besoin de sommeil qui, surtout depuis le repas, s'était emparé de moi avec une telle force que je ne pouvais même plus suivre le fil de mes idées ; aussi, m'allongeant sur un des divans de la tente, je fus bientôt profondément endormi...

Au moment où mes yeux se livraient à ces derniers clignotements des paupières, qui sont comme la dernière résistance du corps avant de s'anéantir pour un instant dans le repos ; il me sembla voir mes deux compagnons espagnols, qui avaient dormi pendant tout le temps de la confection du repas, sortir de la tente leur carabine à la main. J'eus la pensée vague qu'ils allaient tirer quelques chacals dans la plaine, et je ne m'en occupai pas davantage.

. . . .

Je reposais depuis je ne sais combien de temps,

lorsque plusieurs coups de feu tirés à quelques pas
de la tente du chef, me réveillèrent en sursaut, et,
au milieu d'un tumulte effrayant, des cris, des hurlements poussés par les Arabes et des hennissements
des chevaux, j'entendis la voix d'Amoudou domi-
nant le tout et qui semblait arrivée au paroxysme
de la colère. Je sortis en toute hâte de la tente.
Vingt chevaux sellés et garnis étaient prêts à être
montés. Le vieux chef du douar, presque fou de
rage, s'apprêtait à se mettre à la tête de ses cavaliers. Que s'était-il passé?

Amoudou, qui pleurait et gesticulait, montrant
le poing à l'horizon, m'apprit en quelques mots
que mes deux compagnons, s'étant éloignés à une
distance de deux kilomètres du camp, la carabine
sur l'épaule, venaient d'être enlevés sous leurs
yeux par un parti de cavaliers nomades, qui tout
d'un coup étaient apparus derrière quelques monticules de sable et venaient de disparaître de toute
la vitesse de leurs chevaux; les Espagnols, surpris,
n'avaient pas même eu le temps de se servir de
leurs carabines. Les coups de feu que j'avais entendus venaient des cavaliers de notre douar qui,
dans leur impuissance à s'opposer à ce rapt, avaient
déchargé leur fusil dans la direction des ravisseurs.

— Que comptes-tu faire? dis-je à Check Ghemal.

— Tu le vois, mes cavaliers sont prêts...

— Êtes-vous en nombre suffisant?

— Peu importe, nous n'atteindrons point ces
hommes avant leur arrivée dans leur tribu.

— Mais alors, si tu n'es point de force pour ia
lutte?

— Il n'y aura pas de lutte, je vais aller simplement trouver le chef de la tribu des Mochtalah, à laquelle appartiennent ces brigands, je lui dirai : — Tes hommes m'ont enlevé deux de mes hôtes, et il me les rendra.

— Et s'il te les refuse ?

— Ce n'est pas possible.

— Mais encore...

— Eh bien, j'irai trouver le chef de ma tribu à moi, et je lui dirai : — « Des infidèles se sont fiés à ma parole, ils sont venus dans mon campement, ils ont mangé à ma table, ils n'ont point injurié Allah ! ils n'ont point cherché à pénétrer dans la tente des femmes, ils n'ont manqué à aucun des devoirs de celui qui est reçu la porte et la main ouvertes. Les hommes de Mochtalah m'en ont traîtreusement enlevé deux qui chassaient dans la plaine et refusent de me les rendre.

— Et que répondra le chef de la tribu ?

— Il dira : C'est bien, allons les prendre, et nous irons tous...

J'étais sous le coup d'une émotion immense, ignorant le sort réservé à nos deux compagnons. Je proposai immédiatement au chef de me faire donner un cheval pour l'accompagner; lorsque Amoudou, qui s'était un peu calmé, déclara que de cette façon nous allions faire infailliblement massacrer ceux que nous désirions sauver; les ravisseurs, s'ils se sentaient poursuivis, étaient capables, par crainte du chef de leur tribu, de tuer et de faire disparaître dans les sables les deux victimes. Et dans ce cas, il n'y avait pas à espérer de les faire punir.

Check Ghemal lui-même ne s'y hasarderait pas. Le corps d'un giaour (infidèle) tué ne valant pas, suivant l'expression mozabite, la peine qu'un chacal se donne à le manger.

Ayant demandé à Check Ghemal ce qu'il pensait de l'opinion de notre guide, le chef du douar inclina la tête en signe d'assentiment.

— Vous le voyez, dit Amoudou, il fera tout pour retrouver et vous rendre vos amis, parce que vous étiez ses hôtes, sans cela il lui serait parfaitement indifférent que l'on vous tuât, il y aiderait même !

— Mais alors comment les sauver ?

— Le Moulah ! répondit simplement notre guide.

— Comment ! le Moulah chez lequel nous nous sommes arrêtés un instant cette nuit, pourrait ?...

— Un mot de lui... envoyez le meilleur cavalier du douar sur le meilleur cheval, et après demain, au plus tard, vos compagnons vous seront rendus...

Nous en étions là de ces pourparlers, lorsque nous vîmes tout à coup sortir gravement de derrière une tente monté sur sa mule, le dernier de nos compagnons, qui, sans nous dire un mot, reprit au petit trot le chemin du bateau.

Que faisait à ce coutelier de Birmingham le sort de gens qui ne lui avaient pas été présentés ?... Il ne voulait pas pour eux manquer l'heure du départ.

Qu'on ne croie point ce trait exagéré à plaisir. S'il est une chose impossible à exagérer, c'est l'égoïsme anglais.

Nous ne tardâmes pas nous-mêmes à nous diriger de toute la vitesse de nos mules dans la direction d'Aden; le plan d'Amoudou ayant paru le meilleur au chcik lui-même, je m'étais décidé à l'adopter.

Arrivés devant la demeure du Moulah, nous mîmes pied à terre, et comme il était venu nous recevoir, nous lui présentâmes notre supplique.

Ainsi que je m'y attendais à nos premières paroles, il nous promit son appui... bien plus, après quelques minutes de réflexion, il me fit dire qu'il nous accompagnerait lui-même, car il désirait aussi fortement que nous que ces deux jeunes gens, qui avaient bu et mangé la veille dans sa maison, sortissent sains et saufs de cette aventure.

—Vous pouvez, ajouta-t-il, vous tranquilliser sur le sort de vos compagnons, nous les retrouverons facilement; le pis qui pourrait leur arriver si leurs ravisseurs parvenaient à nous faire perdre leur trace pendant deux ou trois jours, serait de piler cinq ou six heures chaque jour, dans des mortiers de bois, la farine destinée au couscoussou... à moins cependant qu'ils ne refusent, qu'ils ne se débattent... Dans ce cas, un homme est vite tué.

Il fut décidé, malgré notre impatience, que nous ne partirions qu'au coucher du soleil. Suivant l'opinion du Moulah, les nomades ne devaient chercher à regagner leur tribu que de nuit, pour mieux dépister toute recherche; et il eût parié qu'ils se trouvaient en ce moment cachés avec leurs captifs à quelques lieues de là, observant de tous côtés pour voir s'ils n'étaient point poursuivis. Je répondis à notre nouvel ami, contre lequel mes préventions s'étaient un peu dissipées en voyant

4

son empressement à nous rendre service, que je m'en rapportais à son expérience, et que je ne serais qu'un cavalier sous ses ordres dans cette expédition.

Après avoir ordonné à un de ses domestiques de me préparer un bain, et mis son divan à ma disposition, il sortit avec Check-Ghemal pour choisir et faire préparer les chevaux que nous devions monter le soir.

A ce moment, un coup de canon parti du rivage me fit tressaillir. C'était le *Cambodje* qui rappelait tous les passagers à bord une heure juste avant son départ. Je regardai le brave garçon qui depuis la veille me servait de guide et d'interprète, et j'éprouvai un véritable chagrin à la pensée que j'allais être obligé de me séparer de lui.

De son côté, il paraissait très-ému.

— Eh bien, Amoudou, lui dis-je, tu vas me quitter ! c'est à peine si tu as le temps de regagner le bord; dis-moi ce qui te revient pour ton salaire, et...

— Alors vous me renvoyez, Saëb, me répondit le pauvre diable d'un air piteux.

— Non ! mais tu vois bien que je ne puis te garder.

— Pourquoi ?

— N'es-tu pas engagé comme chauffeur à bord du *Cambodje* ?

— Amoudou ne s'engage jamais que d'un port à un autre, ce qui fait qu'il peut débarquer quand il veut...

— Alors tu resterais avec moi volontiers?

— Tant que vous ne serez pas las de mes services, Saëb. Je connais toutes les côtes de ces mers, et puisque vous voyagez, je pourrai vous être d'une très-grande utilité; je sais faire la cuisine et panser les chevaux, avec cela nous pouvons aller partout.

La question de salaire fut vite résolue, et le brave garçon me jura qu'il me suivrait jusqu'au bout du monde. Pour moi, je ne saurais dire à quel point je fus satisfait de cette acquisition.

Pour un voyageur sérieux, dont le but est l'étude et l'observation des pays qu'il visite, qui tantôt à cheval, tantôt en canot, tantôt à dos de mulet ou de chameau, tantôt à dos d'éléphant ou dans une voiture à bœufs, ne s'inquiète que médiocrement de ses aises, un bon domestique est la chose la plus précieuse que je connaisse.

Outre qu'il est chargé de veiller aux provisions, aux campements, à la couchée, il devient en peu de temps un compagnon qui rompt la monotonie des solitudes, qui vous amuse par ses réflexions toujours naïves et curieuses, et souvent même pleines d'imprévu; il fait des études de mœurs à sa manière, études dont il faut savoir faire son profit, car quand il est familier comme Amoudou avec les contrées qu'on traverse, il vous en apprend plus en vous disant juste et vrai, sans exagération, sur les mœurs intimes et les coutumes, que des mois d'observation ne pourraient vous en révéler. Puis il sert de trait d'union entre les habitants d'un village que vous traversez et vous; un quart d'heure après que votre tente est posée, que votre repas du soir, riz ou poule bouillie, commence à chanter dans le chombou de cuivre, il court partout, visite l'un et l'autre, raconte sur votre personne des histoires destinées à vous faire bien venir; et il est rare qu'il ne vous organise pas une réception pour le soir, qui vous permet d'augmenter votre moisson d'observations.

Bien que l'Anglais qui nous avait quittés le matin avec tant de sans-gêne, eût sans aucun doute donné la nouvelle à bord de l'enlèvement des deux passagers, le *Cambodje* n'en leva pas moins l'ancre à l'heure fixée pour son départ, que nul n'avait le droit de retarder, même pour les motifs les plus graves. Le coup de canon d'adieu nous apprit qu'il quittait la passe d'Aden...

A cinq heures, le Moulah nous fit servir un repas abondant, composé de volailles, de mouton rôti et de fruits, et il nous annonça que, d'après des renseignements certains qu'il venait de recevoir, la tribu des Mochtalah étant campée à deux jours de marche au plus, le moyen le plus simple de retrouver nos compagnons était d'aller droit au campement, sans se laisser distraire sur sa route par des recherches qui pourraient être infructueuses, et que là, il se faisait fort d'obtenir du check que lui-même fît rechercher ses cavaliers et les obligeât à restituer leurs captifs.

A l'heure juste où le soleil abandonne la plaine de sable que la brise de mer vient rafraîchir un peu, nous nous mîmes en selle et traversâmes les rues étroites d'Aden au petit pas et dans l'ordre

suivant : le Moulah et Check Ghemal en tête ;
Amoudou et moi en seconde ligne, et derrière nous,
deux par deux également, les vingt cavaliers du
douar de Check Ghemal.

On devine mes impressions.

J'avais hâte de voir mes deux jeunes compagnons
arrachés des mains de ces nomades, qui ne s'étaient
emparés d'eux que pour les réduire en esclavage,
et les soumettre aux travaux les plus durs et souvent les plus répugnants, car l'Arabe ne désire des
esclaves que comme un moyen de se procurer le
plus de loisir possible.

L'incertitude où je me trouvais sur leur sort
m'empêchait d'apprécier à sa valeur la situation
que le hasard m'avait faite.

J'allais traverser le désert qui s'étend du rivage
de la côte arabe aux montagnes de l'Hedjaz, pénétrer en pleine Arabie sous les tentes d'une de ces
tribus nomades qui ne reconnaissent d'autre chef
suprême qu'Allah, et qui répondent à l'Iman de Mascate, qui se prétend leur suzerain et leur réclame
l'impôt : « Nous ne pouvons t'offrir, comme nos
pères, que l'ombre de nos chevaux. »

On prétend, mais je dois avouer que je n'ai pas
été à même de le vérifier, que, pour conserver cette
apparence de droit féodal et consacrer le vasselage
des tribus les plus puissantes, chaque année un envoyé de l'Iman de Mascate parcourt les plaines de
l'Arabie Heureuse et la partie du désert nominale-
ment soumise à l'imanat, s'asseyant quelques minutes à l'ombre du cheval de chaque chef, comme
pour prendre possession de l'impôt illusoire que ces

peuplades consentent à accorder, et il doit s'asseoir
en prononçant les paroles suivantes :

— Check Ghemal-ben-Metor, je m'asseois à l'ombre de ton cheval, au nom de l'Iman de Mascate.

Et Check Ghemal-ben-Metor doit répondre :

— Qu'Allah conserve l'Iman de Mascate, descendant de Mohamed.

Ceci fait, la tribu donne une fête à l'envoyé, qui continue ensuite sa tournée, reçu partout de la même façon.

Chose curieuse à noter, il paraît que l'envoyé, fût-il mourant de soif et de faim, ne trouverait pas dans la tribu un verre de lait et une grillade de mouton, avant d'avoir prononcé les paroles consacrées par l'usage, et que le chef lui ait répondu. Comme il représente l'Iman, on croirait tout de suite à une tentative pour changer l'impôt, tout honorifique et qui ne représente qu'un hommage, en un impôt plus sérieux, consistant en une redevance de chameaux et de moutons.

Les gens ferrés sur la casuistique orientale prétendent en effet que si, avant de prononcer les paroles consacrées par l'usage, l'envoyé de l'Iman parvenait à se faire offrir du lait et du mouton grillé, et qu'il les reçût en prononçant par exemple les paroles suivantes :

— Check Ghemal-ben-Metor, j'accepte dix chamelles semblables à celle qui a produit ce lait et vingt moutons semblables à celui qui a donné cette chair, au nom de l'Iman de Mascate...

Immédiatement et par ce fait seul, la tribu serait imposée, au profit de l'Iman, d'une redevance

annuelle de dix chamelles et de vingt moutons; et
à partir de ce moment, le droit primitif ayant été
changé en un autre, il paraît que l'impôt ne ferait
qu'augmenter chaque année, et dans de telles proportions que la tribu en arriverait à émigrer plutôt
que de payer... ni plus ni moins qu'en certaines
contrées d'Europe.

Ce qui doublait pour moi le prix de cette excursion au milieu des nomades, c'est qu'elle était
exempte de tout danger, faite en compagnie d'un
prêtre musulman dont l'influence sur les habitants
du désert était certainement bien supérieure à
celle de l'Iman dont je viens de parler; et l'on
avouera que cette satisfaction que j'éprouvais était
des plus légitimes, si l'on veut bien songer au motif
de notre expédition.

A peine avions-nous dépassé les dernières maisons d'Aden, que je vis le Moulah et Check Ghemal,
avec deux ou trois tours de corde en poil de chameau, resserrer leur burnous blanc autour de leur
taille... et en me retournant, j'aperçus les cavaliers
de notre escorte faire la même manœuvre.

— Attention, me dit Amoudou, et si vous n'êtes
point fort cavalier, tenez-vous ferme avec les mains
à votre selle...

On sait que le devant des selles arabes arrive à la
poitrine du cavalier, que le dossier est encore plus
élevé, ce qui fait que l'on est comme enchâssé dans
sa selle, et qu'avec un peu d'habitude on peut dormir à toute allure.

Amoudou venait à peine de m'avertir, qu'à un
sifflement aigu et prolongé de Check Ghemal, tous

les chevaux se redressèrent, et allongeant le cou brusquement, sans transition s'élancèrent au galop. Ce fut pendant quelques minutes une course pleine de charmes et de saveur imprévue; la fraîcheur relative de la nuit augmentée par notre vitesse, venait rafraîchir nos poumons embrasés. L'allure de nos chevaux arabes, magnifiques pur-sangs, dont la généalogie se conserve d'âge en âge dans les tribus, n'avait rien de dur ni de saccadé; tout au contraire elle portait au sommeil, et j'eusse sans aucun doute cédé avec bonheur à cette invitation, si les réflexions sans nombre qui venaient m'agiter et l'étrangeté de notre situation ne m'eussent tenu éveillé malgré moi.

Amoudou, qui n'avait pas les mêmes raisons que moi pour chasser le repos, après s'être assuré contre tout accident en réunissant par deux ou trois tours de corde les deux côtés de sa selle, me demanda la permission de sommeiller quelques heures, ce qui lui fut immédiatement accordé.

Bientôt il me sembla que nos chevaux augmentaient considérablement leur vitesse. Leur première allure n'était que pour s'échauffer peu à peu. Au bout d'un instant, je fus obligé de me courber sur ma selle; la rapidité de notre course était telle, que recevant l'air de face, il me semblait à tout moment que la respiration allait me manquer.

Les deux Arabes qui couraient devant moi, et dont la silhouette blanche se détachait parfaitement dans la nuit, semblaient ne faire qu'un avec leurs montures, qui avaient atteint en ce moment l'allure d'un cheval de course.

Ils allaient devant eux sans échanger une parole, dévorant l'espace, et nous les suivions, soulevant autour de nous des nuages de poussière rou-
geâtre qui me prenait à la gorge, et dont ils ne
paraissaient point se soucier.

Combien allait durer cette course vertigineuse?
Avions-nous des relais sur la route? car il ne pouvait
me venir un instant à l'esprit que les mêmes chevaux
fussent de force à nous conduire de ce train jusqu'au lieu de destination?... Telles étaient les questions qui me préoccupaient et que je ne pouvais
résoudre, n'ayant pas encore voyagé en Arabie dans
de pareilles conditions.

La nuit entière s'écoula sans le moindre temps
d'arrêt, sans la moindre diminution dans notre vitesse, et, ce qu'il y a de plus extraordinaire, sans
que les nobles animaux qui nous portaient accusas-
sent la moindre fatigue.

Aux premières clartés du jour, voulant m'assurer
par moi-même de l'état de ma monture, je lui passai la main sur la croupe, sur les flancs et sur le
cou : sa peau était légèrement moite, et fraîche
comme celle des chevaux en parfaite santé ; la robe
entière n'avait pas une goutte de transpiration.

Pendant la nuit, nous avions franchi une des
chaînes de l'Hedjaz et, au lieu de la plaine sablonneuse, aride, s'étendaient devant nous de vastes pâturages qui, quoique composés d'herbes dures et
courtes entremêlées d'absinthe sauvage et de buissons, étaient excellents pour la nourriture des vastes troupeaux de moutons qui font la richesse de
cette partie de l'Arabie.

Çà et là, quelques bouquets d'arbres rabougris, entourés d'un gazon plus vert, indiquaient la présence de sources ou de puits, près desquels les caravanes ou les bergers nomades, gardiens des troupeaux de la tribu, sont toujours sûrs de trouver des auges grossières pour faciliter l'abreuvement de leurs animaux.

Check Ghemal et le Moulah se dirigèrent vers un de ces bosquets plus touffus que les autres, au milieu duquel coulait une source assez abondante pour suffire à nos besoins et l'on décida que nous passerions la journée dans ce campement, pour nous éviter de voyager pendant la chaleur, et surtout pour faire reposer nos chevaux, qui, après avoir fait trente lieues en moins de dix heures, paraissaient moins fatigués que nous.

Pour moi, je ne crains point de l'avouer, j'étais à bout de forces, et je me demandais avec une certaine appréhension s'il me serait possible, le soir venu, de continuer ce voyage. Amoudou qu'il fallut réveiller, sauta à terre aussi frais et dispos que s'il eût passé la nuit dans son lit, et m'assura qu'après un bon bain et une journée de repos, je ne m'apercevrais plus de rien.

Les chevaux, débarrassés de leurs selles, furent laissés en liberté, ce dont ils profitèrent immédiatement pour faucher à belles dents le gazon du bosquet...

Pour moi, la faim dut le céder au sommeil, et je m'étendis sur une couverture qui sembla aussi douce à mes membres fatigués que le lit le plus moelleux.

Il était écrit que je n'aurais dans cette sauvage contrée que de terribles réveils. En effet, lorsque j'ouvris les yeux, j'aperçus tous les chevaux sellés et prêts à continuer leur route. Le soleil était sur son déclin : j'avais dormi jusqu'à ce moment, et nul, pas même Amoudou, n'avait osé m'éveiller pour m'apprendre la sinistre nouvelle.

En voyant la figure contractée de mon domestique, et l'air sérieux et courroucé avec lequel le le Moullah et Check Ghemal me regardaient, j'éprouvais un serrement de cœur impossible à rendre. J'entrevis la vérité sans oser y croire... et j'allais interroger pour échapper à cette affreuse anxiété, lorsque la voix grave du Moulah vint rompre ce pénible silence.

— Vos compagnons ont été assassinés cette nuit dans un des nombreux défilés des montagnes de l'Hedjaz que nous avons traversés...

Et comme l'étonnement et l'horreur me paralysaient, Check Ghemal ajouta, comme pour expliquer ce meurtre odieux :

— Vos amis avaient de trop belles armes ; il eût fallu les restituer en même temps que les captifs : c'est ce qui a causé leur mort. Quand on tient à la vie, on ne vient pas au désert montrer à des nomades, des carabines qui tuent des chacals à une demi-heure de marche de distance.

— Quoi ! on ne les aurait tués que pour s'emparer de leurs armes !

— Il n'y a pas d'autres motifs à cet acte, me répondit le Moulah ; et, m'entraînant par le bras à

quelques pas des cavaliers, il ajouta plus bas :
Check Ghemal et ses hommes ne demanderaient
qu'à vous en faire autant; vous n'avez donc point
remarqué de quel œil ils regardent tous votre revolver et votre carabine dont le système leur est inconnu. Si vous n'étiez leur hôte, et surtout le mien,
vous ne traverseriez point ces montagnes une seconde fois.

— Dans quel but me dites-vous cela, puisque je
ne cours aucun danger pour le moment?

— C'est pour vous faire comprendre que vous ne
pouvez espérer de venger vos amis. Ils ont été nos
hôtes, nous avons fait notre devoir en poursuivant
leurs ravisseurs. Du moment où ils sont morts, il
n'y a plus rien à faire, et vous ne trouveriez pas
un seul des cavaliers de Check Ghemal qui con-
sentît à faire un pas pour venger sur un des siens
la mort d'un giaour... que dis-je, venger? ils se
feraient tous massacrer plutôt que de vous permettre de toucher à un cheveu de la tête d'un nomade. Je dois même vous dire, et vous me comprendrez, car vous connaissez nos mœurs que ce
n'est point à votre considération, ni même, à proprement parler, pour vos amis, que Check Ghemal
et ses hommes s'étaient mis en campagne... En vio-
lant les lois de l'hospitalité, les cavaliers nomades
avaient insulté Check Ghemal et tout son douar; et
c'est surtout pour demander la réparation de cette
injure que le chef était monté à cheval... Vos amis
sont morts, je vous le répète, vous n'avez rien de
mieux à faire que de rentrer à Aden avec nous, sans
demander à un Arabe du désert ce qu'il ne vous ac-

cordera jamais, c'est-à-dire de poursuivre un des siens.

Le raisonnement du Moulah était sans réplique. Je le priai seulement de me dire comment la nouvelle de cet épouvantable événement lui était parvenue.

— Malgré la confiance que je cherchais à vous inspirer, me répondit-il, je craignais beaucoup pour vos amis. C'est même à cause de cela que je m'étais joint à vous, pour interposer mon autorité en cas que nous fussions parvenus à temps jusqu'au chef des Mochtalah; car pour agir directement sur les ravisseurs, il ne fallait point y songer : se sentant poursuivis, ils eussent commencé par sacrifier leurs prisonniers. Une heure environ après notre campement dans cette oasis, deux cavaliers que j'avais envoyés à la découverte conduisirent auprès de moi un nomade qui gardait ses troupeaux sur la descente de la montagne, et qui avait assisté, au petit jour, au massacre de vos deux compagnons, dans ce ravin à droite, à deux portées de fusil de la gorge principale de l'Hedjaz que nous avons traversée nous-mêmes pour gagner la plaine.

» Je donnai aussitôt l'ordre d'aller à la recherche des cadavres, de les enfouir sous les sables pour les soustraire autant que possible aux chacals, et de placer quelques pierres sur le lieu de leur sépulture pour les retrouver plus tard si besoin était.

» Tout ceci est exécuté : et mes cavaliers ont rapporté dans un sac que voici, les vêtements de ces malheureux ainsi que quelques papiers que je remets entre vos mains... Maintenant, si vous m'en croyez, nous allons monter à cheval et rentrer à Aden. »

J'ai déjà vu partir pour un monde inconnu nombre d'amis et de parents; mais je ne sache pas que la mort d'aucun d'eux m'ait aussi profondément affecté que la fin tragique de ces deux pauvres jeunes gens, qui allaient à Manille occuper un poste élevé dans l'administration de cette colonie espagnole. Amoudou était inconsolable, il s'accusait hautement d'être la cause de cet épouvantable événement.

— J'aurais dû les accompagner quand ils ont quitté la tente de Check Ghemal, disait-il à chaque instant; et sa grosse figure honnête et bonne était inondée de larmes. Je ne pouvais parvenir à le consoler...

Check Ghemal, lui aussi, paraissait profondément affecté; j'en fus heureux, car il me répugnait de partager l'opinion du Moulah sur son compte.

Nous recommençâmes ce soir-là la course insensée, vertigineuse de la veille, et au lever du soleil nous rentrions à Aden après trente-six heures d'absence, et ayant parcouru environ soixante lieues sur les mêmes chevaux. Au dire de Check Ghemal, cela ne méritait même pas le nom de course... Il se pourrait que les Arabes soient portés à l'exagération quand il s'agit de leurs chevaux : toujours est-il qu'un parcours de cinquante à soixante lieues, sans halte ni repos, ne paraît un tour de force à aucun d'eux, et qu'il faudrait des volumes pour relater les légendes sans nombre qui ont cours sur les exploits des chevaux arabes.

Je déposai entre les mains de notre agent consulaire d'Aden les vêtements ainsi que les papiers des deux malheureux que je n'avais pu sauver; et après constatation de leur décès, le tout fut expédié aux autorités de Manille.

Cette sinistre aventure modifia considérablement mes projets. Au lieu de gagner Mascate par la côte arabe, en émaillant la route d'excursions à l'intérieur, puis de me rendre dans l'Inde par Bombay, comme j'en avais d'abord l'intention, je résolus, après une courte visite à Moka, de remettre à une autre époque mon voyage en Arabie, et de prendre le premier paquebot à destination de l'île de Ceylan.

Moka est à environ une demi-journée de navigation au-dessus d'Aden, et je dois avertir le touriste que la vue de cette ville ne vaut point la peine qu'on se donne pour s'y rendre, surtout à l'époque des grandes chaleurs. Des toits plats, des murailles blanchies à la chaux et sans autre ouverture sur le dehors que la porte, des rues étroites pour en rendre les abords plus difficiles au soleil : grand ou petit, voilà le village arabe, et je défie d'en faire une description plus intéressante.

Moka doit cependant à son commerce d'exportation de café d'être un peu plus importante qu'Aden. Son port a quelque animation à l'époque de la récolte; mais cela dure peu, et les quelques barques choullah's qui y dorment au soleil pendant sept à huit mois de l'année, ne paraissent être là que pour y produire un effet de paysage.

Je n'étonnerai personne en disant qu'il en est de Moka puor le café, comme de la Champagne pour les vins.

Le district de Moka ne produit pas même la millième partie du café qui se consomme dans le monde entier sous son nom. Tous les cafés de l'Inde, de l'Arabie et de l'Égypte s'expédient dans le commerce sous le nom de moka; et je dois avouer qu'avant de l'avoir vu au lieu même de production, le noyau de ce café m'était entièrement inconnu. A cet égard, je désire rectifier une légère erreur, qui, sans avoir une influence directe sur les destinées de l'humanité, est une preuve de plus de la facilité avec laquelle les romanciers voyageurs décrivent ce qu'ils n'ont pas même pris la peine d'observer en gravure.

S'il est une phrase toute faite, c'est celle qui consiste à appeler le café, suivant sa provenance : la délicieuse fève de Costa-Rica, de Manille ou de Moka; ou, pour varier : la graine parfumée de Rio, de Bourbon ou de la Martinique.

Le café n'est ni un grain, ni une fève : c'est le noyau d'un petit fruit de la grosseur et de la forme d'une cerise, qui rougit en mûrissant, et qui ne manque pas d'une certaine saveur; les enfants surtout en font une grande consommation.

Amoudou prétend que ce fruit est le meilleur spécifique contre la fièvre. Je lui laisse toute la responsabilité de son opinion.

Après vingt-quatre heures d'un ennui mortel, car les distractions que peut procurer une promenade à travers les caféiers sont vite épuisées, nous reprîmes le chemin d'Aden avec l'embarcation arabe qui nous avait amenés, et nous arrivâmes à bon port, sans autre désagrément que celui d'un retard de cinq ou six heures, causé par une *saute* de vent qui nous avait forcés de louvoyer.

En mettant pied à terre, je me rendis chez M. de Conil, notre consul, et tout en gravissant péniblement les rochers sur lesquels est bâti son hôtel, je me demandais comment j'allais employer mon temps jusqu'au prochain paquebot.

La première parole de l'aimable représentant de notre pays fut une réponse à cette pensée, car il m'apprit que l'*Erymanthe*, navire des Messageries, qui faisait le service de Ceylan à Calcutta, et qui avait été envoyé en réparation à Suez, faisait un voyage supplémentaire en rentrant à son port d'attache, et qu'il était attendu à Aden pour le lendemain.

Cette nouvelle me causa le plus sensible plaisir. J'avais hâte de quitter ces rivages désolés, qui réveillaient en moi de si récents et si pénibles souvenirs.

Le lendemain matin, en effet, à sept heures, l'*Erymanthe* mouillait en rade, n'ayant que la poste à déposer et à prendre et pas de charbon à faire; à onze heures précises, il levait l'ancre avec deux passagers de plus, Amoudou et moi, et s'enfonçait à toute vapeur dans la mer des Indes.

Lorsque les rivages d'Arabie ne furent plus qu'une longue ligne bleuâtre se confondant presque avec les eaux de l'Océan, mes yeux involontairement se mouillèrent de larmes, et de la main j'envoyai comme un dernier adieu à ceux qui reposaient sous les dunes de sable de l'Hedjaz.

Après quelques heures de marche, une forte brise se leva de l'est, et chassant devant elle le vent brûlant d'Arabie qui avait régné une partie du jour, vint rafraîchir nos poitrines embrasées. Le temps devint délicieux.

Je me mis à examiner mes nouveaux compagnons de voyage, qui, partis ensemble de Marseille, avaient déjà eu le temps de se connaître, de se diviser par groupes, suivant les positions, les fortunes présumées et les goûts.

L'Océan était aussi calme qu'un lac, et tout le monde jouait... soit aux échecs, aux cartes ou au jaquet, soit à cet humble jeu de bouchon, délices des guinguettes, et qui fait fureur à bord pendant les longues traversées. Quelques Anglais gymnasiarques se suspendaient aux barres des échelles avec cette grâce inimitable que le crayon de Cham ou de Bertall pourrait seul décrire; tandis qu'un coiffeur et un maître d'armes, qui se rendaient à Saïgon, contaient fleurette en un français de barrière à une sous-maîtresse allemande qui allait faire une éducation à Java.

Il fallait voir comment cette honnête fille se rengorgeait, croyant sans aucun doute avoir rencontré la fine fleur de la galanterie parisienne.

J'ai remarqué qu'en voyage les étrangères prennent presque toujours les perruquiers français pour des princes déguisés.

Dix jours s'écoulèrent avec cette monotonie, interrompue seulement de temps à autre par une bande de poissons volants qui s'abattaient sur le pont, ou la vue de quelques marsouins qui suivaient le sillage du navire, et à qui on s'amusait à jeter le harpon, sans que la vitesse de notre marche ait jamais permis d'en attraper aucun

Les Anglais continuaient leurs exercices, les échecs et mat allaient leur train, le coiffeur avait fini par noircir le professeur d'escrime dans l'esprit de la Berlinoise; il avait été à son tour battu par un officier, qui avait dû céder la place à un négociant de Bordeaux, qui avait repassé la clef de la cabine à un acheteur de graines de vers à soie du Japon... et l'on commençait déjà à faire des *cancans* entre hommes, pour se désennuyer... lorsque le cri de *Terre!* retentit dans la hune. Bientôt après, une bande noire à dentelures inégales se détacha à l'horizon. C'était Ceylan!

Comme nous ne pouvions arriver de nuit, à cause de la difficulté des passes, nous nous rapprochâmes le plus possible de la côte, et au coucher du soleil le commandant fit stopper pour attendre le lendemain.

Je jetai avidement mes regards sur les rivages de cette île si vantée. Le soleil allait disparaître dans les flots, enveloppant la terre, couverte d'une végétation dont rien ne saurait rendre la richesse, d'une de ces dernières teintes violettes qu'on ne voit que dans ces chaudes latitudes. Seul le pic d'Adam se détachait en plus sombre sur la masse... En quelques minutes, ce spectacle magique s'effaça sans gradations crépusculaires, et tout disparut dans la nuit.

On sait que dans les contrées voisines de l'équateur la nuit succède au jour sans crépuscule appréciable.

Je restai longtemps encore à rêver, appuyé sur les bastingages, à cette mystérieuse et grandiose

terre de l'Inde, que l'on ne quitte jamais sans
regret, et que l'on revoit toujours comme une seconde patrie. Je songeais à tous ces cœurs amis que
j'avais laissés à Karical, à Pondichéry, au Bengale,
à Hayderabad, à Delhi, et qui ne s'attendaient pas
à me revoir sitôt.

Je ne descendis dans ma cabine que fort avant
dans la nuit. Quand je me réveillai, le navire était en
marche, et j'arrivai sur le pont juste assez à temps
pour le voir entrer dans le port et jeter l'ancre.

En face de nous, à une portée de fusil à peine,
la ville de Pointe-de-Galles s'étendait en demi-
cercle; tout autour ce n'étaient qu'arbres fleurs, et
verdure; les pieds des cocotiers baignaient dans la
mer, reliés les uns aux autres par des milliers de
lianes qui ressemblaient à des cordages fleuris. Je
défie l'âme la moins prédisposée aux sentiments de
la nature, de ne point se sentir extasiée en face
de cette île enchanteresse où les poëtes indous placent le paradis terrestre, et que pas un voyageur n'a
pu visiter sans désirer y finir ses jours.

Je fus bientôt prêt, et une petite embarcation du
genre pirogue, creusée dans un tronc d'arbre et
maintenue en équilibre par un balancier, habilement manœuvrée par deux vigoureux Cyngalais,
en quelques minutes me conduisit à terre avec mon
fidèle Amoudou.

DEUXIÈME PARTIE.

———

CEYLAN

Pointe-de-Galles. — Les caïmans. — Une chasse aux tigres. — Les femmes de Tembapoor. — Les éléphants. — Le pic d'Adam. — Légendes brahmaniques et bouddhistes. — Trinquemalé.

Pointe-de-Galles est une charmante petite ville perdue au milieu des bosquets et des fleurs, qui n'a quelque importance commerciale que grâce à son port qui sert de relâche aux paquebots des lignes de Chine et de Calcutta. Elle n'est pas, comme la plupart des autres cités de l'Inde, divisée en ville européenne et ville native ; tout est pêle-mêle : cases indoues, casernes, bazars, maisons anglaises et hôtels ; mais loin de nuire au coup d'œil général, ce mélange lui donne au contraire un aspect vraiment original.

Quoique voyageur, j'aime peu à faire de la géographie ; je n'appartiens pas à cette catégorie de gens qui se promènent de par le monde avec un sextant et une chaîne d'arpenteur, qui mesurent la hauteur des montagnes, la largeur des fleuves, et vous débitent la terre en mètres cubes et en kilomètres.

Ce n'est pas que je ne sache apprécier à sa valeur le mérite de ce genre de travail, mais à chacun ses goûts et ses aptitudes... A la description scientifique je préfère l'étude de mœurs; et tandis que d'autres triangulent une contrée, je préfère m'initier aux coutumes de ses peuples, fouiller dans sa littérature, évoquer ses vieilles légendes, faire parler les ruines de ses temples, et savoir, en un mot, ce qu'ont été et ce que sont les pays que je viens visiter.

Aussi bien, si quelqu'un désirait connaître la latitude et la longitude de Ceylan, l'époque des moussons et des cyclones, ou encore combien cette île exporte de sésame, de thé, de giroflé, de cannelle, renverrais-je infailliblement mon interlocuteur à l'almanach nautique d'une part, et de l'autre à la cote des marchés de Marseille, de Bordeaux, du Havre et de Liverpool.

Je dirai cependant, pour ceux qui y tiennent absolument, que Ceylan est une grande île située dans la mer des Indes, à 8 degrés environ de l'équateur, vis-à-vis le cap Comorin, qui termine la pointe orientale de l'Indoustan. Et ce sera tout. Cette île magnifique appartient aux Anglais.

Là, comme dans l'Inde, la France a vu autrefois dominer son pavillon, et l'on se souvient encore sur ces côtes des exploits du bailli de Suffren, qui en 1782 força l'entrée du port de Trinquemalé pour s'emparer de la flotte anglaise qui s'y était réfugiée.

Deux sentiments s'emparent de vous quand vous naviguez dans ces mers. L'un, d'admiration en songeant aux luttes héroïques soutenues, pour l'honneur du nom français, par les Dupleix, les Lally-Tollendal, les de Suffren ; l'autre, de haine et de mépris pour les jalousies bureaucratiques, qui ont fait échouer au profit des Anglais, en refusant les subsides et les soldats nécessaires, les projets de ces hommes de génie qui voulaient doter la France d'un empire oriental. C'est le même esprit qui, en faisant de nos colonies l'apanage exclusif de quelques hommes qu'on y envoie *se refaire*, les a ruinées à force de despotisme inintelligent, pour ne pas dire plus,... en face des possessions anglaises, hollandaises et danoises, que la liberté a faites heureuses et prospères.

A peine débarqué à Pointe-de-Galles, on est assailli par une véritable nuée de marchands de curiosités, qui vous poursuivent jusqu'à l'hôtel : l'un vous offre des oiseaux rares, un autre des animaux ou de petits meubles sculptés dans l'ébène ou l'ivoire, des bijoux, bagues, colliers ou perles. Malgré la réputation de Ceylan pour ces derniers articles, défiez-vous et n'achetez rien, à moins que vous ne teniez absolument à emporter, en les payant pour une valeur de bon aloi, des perles de nacre à fabriquer des boutons, des bagues en cuivre, et des pierreries en strass colorié.

Pointe-de-Galles est un immense atelier de bijouterie en faux. Les Cyngalais profitent de la réputation de leur île, pour écouler sous toutes les formes de l'écaille de contrebande et de la verro-

terie taillée de mille façons différentes, qu'on leur
expédie de Londres, et qui y retourne infailliblement aux doigts des ladies et des gentlemens, qui
apprennent seulement en rentrant en Europe que
leurs bagues ne valent pas un schelling.

Pour avoir du vrai et du beau, il faut s'adresser
aux véritables négociants, et encore ne jamais
acheter sans faire au préalable éprouver et estimer.
Ce qu'on vous offre dans la rue ne vaut pas la
peine d'arrêter vos regards.

Désirant stationner quelques jours à Pointe-de-
Galles pour me reposer et fixer mon itinéraire,
je louai une petite maisonnette assez élégamment
meublée pour le pays, à la grande joie d'Amoudou
qui brûlait de faire parade de ses talents culinaires,
et qui fut véritablement peiné quand je lui appris
que je n'avais pas encore besoin de mettre son
savoir à l'épreuve.

Nulle part je n'aime la vie d'hôtel, mais encore
moins en Orient que partout ailleurs. Aussi, dans
tous mes voyages, me suis-je toujours fait une loi
d'avoir une habitation à moi, quelque court que
dût être mon séjour dans la ville ou le village où
je m'arrêtais, quitte à prendre mes repas à domicile
ou dans les établissements publics, suivant les
ressources du pays ou le caprice du moment.

A Pointe-de-Galles, en raison du grand nombre
de voyageurs qui se croisent pour tout pays, et
qui égayent les tables d'hôtes de leur présence, je
me décidai à prendre mes repas à Oriental-Hôtel.
Tous les matins je donnai à Amoudou deux fanons,
représentant la somme de soixante centimes de

notre monnaie; avec cela, il avait de quoi se
nourrir comme un prince, et, après avoir payé
son hôtelier du bazar qui lui servait à chaque repas
du riz, des légumes, du poisson ou du gibier, il
lui restait encore de quoi boire quelques verres
d'arack ou de callou, ces divines liqueurs que,
suivant lui, Mahomet ne défend point, parce qu'elles
ne sont pas fabriquées par les blancs.

Pendant les quatre années qu'Amoudou est resté
à mon service, je n'ai jamais eu le moindre repro-
che à lui faire. D'une fidélité et d'un dévouement
à toute épreuve, au milieu des hasards de notre vie
aventureuse il n'a jamais craint d'exposer sa vie
pour moi, jamais reculé devant le danger. Quoique
né à Aden, c'était un vrai Nubien du pays des
Barabras, incapable d'une lâcheté ou d'une mauvaise action, à condition qu'il vous aimât; et les
occasions ne manquèrent certes point au brave
garçon de prouver à quel point il m'était attaché.
Mais il y avait une ombre au tableau. Sa profession
de chauffeur à bord des paquebots lui avait fait
prendre le goût des boissons alcooliques, et il ne
savait point suffisamment résister à la tentation.
Plein de respect pour les prescriptions du Prophète,
il commençait d'ordinaire ses libations avec le
callou, jus fermenté du cocotier; mais arrivé à
un certain degré d'expansion, il ne comprenait
plus le mépris dont il frappait à jeun les liqueurs
de l'Occident, et il confondait dans une même
admiration arack, callou, vin, absinthe et cognac.

Ce malheureux défaut nous occasionna pendant
nos excursions une foule d'aventures, tantôt co-

miques, tantôt désagréables, jusqu'à l'événement
fatal dont il fut cause, et qui amena la mort de ce
fidèle domestique sur les rives du Gange, dans la
province d'Agra.

Pendant qu'Amoudou mettait un peu d'ordre
dans la petite case que j'avais louée, je me dirigeai
vers Oriental-Hôtel, où je trouvai presque tous mes
compagnons, ainsi que les officiers de l'*Erymanthe*,
occupés à déjeuner; tous se levèrent pour venir me
serrer la main, car, singulière observation qu'ont
parfaitement notée tous les voyageurs, malgré les
petites dissensions et discussions du bord, dès qu'on
a touché terre tout le monde devient ami.

Les passagers d'un même bateau se recherchent,
et souvent on échange de vigoureuses poignées de
mains et des invitations intimes, avec des gens à
qui on n'a pas dit un seul mot le long de la traversée.

A l'issue du déjeuner, le commandant et l'agent
des Messageries annoncèrent aux passagers qui
continuaient leur route sur Calcutta, qu'ils avaient
au moins quarante-huit heures devant eux pour
faire quelques petites excursions dans l'intérieur
avant le départ du paquebot. Le temps était des
plus incertains dans le golfe du Bengale; et, comme
nous étions à l'époque des cyclones, il était prudent
d'attendre un jour ou deux qu'il se mît décidément
au beau ou au mauvais.

Pointe-de-Galles est constamment renseigné sur
l'état du golfe par des dépêches télégraphiques de
Madras et de Calcutta.

Cette nouvelle fut accueillie avec joie par tous

les voyageurs; des voitures furent mises à réquisition, et bientôt chaque groupe qui s'était trié et assemblé d'après les relations du bord, disparut dans des directions différentes suivant le caprice du guide qu'il avait choisi.

Deux officiers du bord me proposèrent de me joindre à eux pour aller visiter Colombo, siége du gouvernement de l'île, qu'ils ne connaissaient pas encore, bien qu'ils fussent en station sur ces côtes depuis plusieurs années : j'acceptai avec d'autant plus d'empressement que j'avais une lettre d'introduction pour un riche planteur de l'intérieur qui possédait un comptoir dans cette ville.

Nous fîmes part de nos projets au commandant, qui, en autorisant l'excursion de ses officiers, leur promit que si quelque événement venait à modifier ses projets de départ, il leur enverrait le lendemain une dépêche à Colombo. Quarante-huit heures seulement avaient été accordées aux passagers, à cause des retardataires, mais en réalité ces messieurs pouvaient disposer de trois jours, à moins de contre-ordre.

Par les soins d'Amoudou, nous fûmes en moins de rien, pourvus d'une voiture large et commode, et nous partîmes.

Soixante-dix milles marins environ séparent Pointe-de-Galles de Colombo. Mais grâce à nos petits chevaux tatous, dont la vigueur et l'énergie sont peu communes, et à plusieurs relais, nous espérions arriver avant la nuit.

Nous fûmes pendant toute la route dans un perpétuel enchantement. Tantôt nous suivions le bord

de la mer, dont les flots venaient mourir aux pieds
de nos chevaux, tantôt nous roulions sous bois sans
qu'un rayon de soleil pût parvenir à se faire jour
à travers le feuillage des tamariniers, des manguiers
et des multipliants gigantesques. Ou bien encore
nous traversions de petites plaines garnies de
maisonnettes couvertes en feuilles de cocotier. Les
goyaves, les mangos, les dattes pendaient aux
arbres, mûrs et appétissants.

Les bananiers ployaient sous leurs larges feuilles
et sous les fruits. Puis nous nous perdions de nouveau sous le feuillage, des oiseaux aux mille couleurs
passaient sur nos têtes en caquetant, de grands
martins-pêcheurs au plumage jaune, au grand bec
rouge, se reposaient sur les bords des étangs, faisant pendant à des espèces de hérons au plumage
rose, qui guettaient le poisson, debout sur une
patte et semblaient dormir ; pendant que de grands
singes noirs se suspendaient en grappes au-dessus
de nos têtes, nous lançant des fruits et nous égayant
des grimaces les plus variées de leur répertoire.

Puis à travers une éclaircie, tout à coup la mer
nous apparaissait blanche d'écume sur les bords,
bleue plus loin... et tout cela était animé par des
centaines de piétons qui passaient demi-nus, hommes,
femmes, enfants, portant sur leurs épaules des
fruits, des légumes et des fleurs pour les habitations.

Comme nous les admirions sous leurs légers et
pittoresques tissus ! Leur corps bronzé nous apparaissait ferme de contours, magnifique de formes,
tel que la nature sait les faire, pour servir de pen-

dant à ce splendide soleil et à cette admirable végétation.

Pas un de ces braves gens qui ne nous saluât en passant, en portant la main à son front suivant la mode indoue; pas un qui n'eût l'air gai et heureux de vivre.

Et cependant ces pauvres Cyngalais, à qui il faut si peu pour exister, — un peu de riz, des fruits que la terre produit presque sans culture, un toit de chaume pour abri, une natte pour se reposer, — ne sont heureux aujourd'hui que grâce à l'insouciance et à l'oubli, qui sont les traits distinctifs de leur caractère...

Ils ne travaillaient que fort peu autrefois. A tout prendre, le luxe asiatique de leurs rajahs ne coûtait point ce qu'on pourrait croire; il y avait des siècles que les éléphants sacrés étaient munis de leurs parures d'or et de rubis; le trône du Maha-Rajah de Kandy, tout or et ivoire, datait de loin; toutes les richesses de la couronne étaient le produit de plusieurs siècles; et l'impôt du roi et des castes élevées, sur la terre et les labeurs du soudras, étaient loin d'atteindre le chiffre exorbitant d'aujourd'hui.

Mais les Européens sont venus, les Portugais et les Hollandais d'abord : au lieu de redevances en nature, il a fallu payer des impôts en argent, faire produire la terre, couper les bois de senteur, les canneliers, les girofliers, doubler la production du riz pour en exporter. Mais ce n'était rien encore, l'on travaillait un peu et on payait.

Un jour, l'Europe entière était à feu et à sang, la république française luttait seule contre la coali-

tion de tous les peuples, Brunswick avait promis
d'incendier Paris : c'était un bon moment pour
chercher querelle à ceux qui ne pouvaient se défendre. Aussi les Anglais chassés de Trinquemalé
en 1782 par la flotte française accourue au secours
de ses alliés, comprirent-ils en 1795 que l'heure
était venue de s'emparer de Ceylan, qu'ils convoi-
taient depuis longtemps.

A Galles, à Colombo et Negombo, ils écrasèrent
les Hollandais à cinq contre un, installèrent leur
domination qu'ils firent consacrer, en 1802, par
le traité d'Amiens, et depuis ils sont parvenus peu
à peu, avec une politique dont chacun connaît la
loyauté, à faire disparaître les rajahs de l'intérieur...
Avec les nouveaux venus, les Cyngalais durent dire
adieu aux loisirs et à la vie telle que Dieu la leur
avait faite. Il faut engraisser l'île charbonneuse, il
faut emplir d'or les poches de John Bull qui en a
besoin pour payer les milliards de sa dette contractée
à bouleverser l'Europe. Le collecteur est là, il faut
payer ; rien ne délie la bourse comme la bastonnade
et les tortures... et le Cyngalais paye. On ne voudrait
point me croire si je signalais ici les agissements
de certains agents anglais pour arriver à la percep-
tion de l'impôt à Ceylan et dans l'Inde. Les lecteurs
curieux de ces horreurs n'ont qu'à lire les débats
du parlement anglais sur leurs colonies asiatiques
depuis un siècle : ils y trouveront des révélations
que je n'oserais enregistrer ici, même en m'appuyant sur l'autorité de Fox, Sheridan et Burke.

Cependant nous galopions toujours dans la direction de Colombo. Nous avions déjà dévoré deux

relais, et devions être à peu près à mi-chemin de
cette ville, lorsque notre cocher, quittant la route,
fit tourner brusquement son attelage dans un petit
sentier et nous arrêta, au bout de cinquante pas,
devant une charmante maisonnette entourée de
verandah à colonnes, et toute garnie de plantes
grimpantes et de lianes du plus charmant aspect.

C'était le bengalow de Barzapoor, à quelques
milles de Kaltura, station où les voyageurs qui se
rendent à Colombo ont l'habitude de se rafraîchir
et de se reposer un instant. En vain essayeriez-vous
d'enfreindre la coutume et de vouloir passer outre,
votre cocher cyngalais n'en agirait pas moins à sa
guise : vous lui devez une cope de callou pour se
donner des forces, soumettez-vous à l'usage. Il est
juste de dire que la pensée ne nous vint même pas
de nous y soustraire.

Amoudou trouva cette habitude fort de son goût,
et il descendit partager le verre de l'automédon,
comme il avait fait de son siége.

A peine avions-nous mis pied à terre, qu'un gros
Indou de la côte malabare, mis avec une certaine
recherche, vint nous demander en anglais ce que
nous désirions prendre : champagne, bière ou
cherry-cobler à la glace : il était également fourni
de gin, de wisky et de cognac, pour tous les peuples
et tous les goûts.

On nous conduisit à l'arrière de la case, sous
une verandah à l'abri du soleil fort chaud en ce
moment, et nous nous étendîmes dans de grands
fauteuils renversés, autour d'une petite table en
bois de bith et merveilleusement ouvragée.

Un grand jeune homme blond, de vingt-huit à trente ans, favoris à l'anglaise, qui fumait son cigare en dégustant une bouteille de pale-ale, se leva et nous salua gracieusement. Comme nous nous inclinions, un des officiers me dit à l'oreille : — « Tiens! un Anglais qui a laissé sa morgue avec ses bagages, le fait est si rare qu'il mérite d'être noté sur le carnet aux impressions. »

Si bas que cette réflexion fût faite, la personne qui en était l'objet l'entendit, car elle se mit à dire en riant :

— Notez, mon cher monsieur, notez... Seulement, vous voudrez bien, pour la vérité historique, indiquer que je suis Français, et : qui plus est, indigène de Bordeaux.

Notre compagnon fourvoyé présenta ses excuses, et nous serrâmes tous avec effusion la main de notre compatriote, qui nous demanda si nous n'étions pas arrivés par le paquebot l'*Erymanthe*, qui avait dû, disait-il, entrer dans le port de Galles le matin même. Sur notre réponse affirmative, il nous apprit qu'un voyageur qui lui avait été recommandé par un ami de Paris, devait probablement se trouver à bord de ce paquebot, et qu'il se rendait à Pointe-de-Galles pour faire à l'ami de son ami une réception digne de la vieille réputation des planteurs de Ceylan.

Qu'on juge de mon étonnement en entendant ces paroles.

— N'êtes-vous point M. Auguste Duphôt? lui dis-je vivement.

— C'est en effet mon nom.

— Eh bien, mon cher compatriote, je vous présente l ami de votre ami. Et je lui tendis ma lettre d'introduction. Ébahissement général, nouveaux serrements de mains et politesses d'usage... Le hasard me rendait un grand service, en me faisant rencontrer la personne à qui j'étais recommandé ; car je suis sur ce point d'une susceptibilité des plus singulières : rien ne m'ennuie à l'étranger comme de me présenter dans une maison ou dans un comptoir une lettre à la main, et d'être pendant cinq minutes sous le regard inquisiteur et souvent blessant d'un monsieur qui vous prend pour un quémandeur de secours, ou un pauvre diable qui a besoin d'une place, quitte, après avoir lu la lettre, à vous offrir sa maison et sa bourse.

C'est très-bien : mais je suis d'un caractère si drôle, qu'il est fort rare que la seconde réception parvienne à atténuer complétement l'effet de la première. Aussi m'est-il arrivé parfois de ne point me servir des lettres d'introduction que je possédais, surtout lorsque je pouvais supposer que les relations les plus intimes n'existaient pas entre celui qui m'avait remis la lettre et le destinataire.

Je n'avais point pour cette fois à craindre une réception froide ou cérémonieuse ; je ne pouvais désirer un abord plus franc et plus ouvert, une poignée de main plus chaleureuse que celle de mon compatriote.

En quelques minutes nous fûmes de vieux amis ; l'histoire de sa venue à Ceylan était bien simple, il me mit au courant en deux mots. — Son père vendait, bon an mal an, pour deux ou trois millions de denrées exotiques, cotons et indigos surtout. Homme intelligent, il avait fait donner à son fils une excellente éducation; et après l'avoir gardé quelques années dans son comptoir, pour lui donner le flair de la matière commerciale, à vingt-quatre ans il l'avait marié et expédié à Ceylan pour remplacer son commissionnaire.

Depuis six ans qu'il était l'acheteur de son père, la maison avait doublé ses capitaux, et mon nouvel ami comptait bien rentrer en France sous deux ou trois ans.

— Mais je ne laisserai point ce pays sans regret, me disait-il : nous sommes, ma femme et moi, complétement acclimatés, et je vous assure que loin du bruit et des ambitions qui agitent l'autre hémisphère, on goûte ici, au sein de cette splendide nature, un bonheur pur et calme dont je me contenterais si je n'étais, comme tous mes compatriotes, attaché au coin de rue qui m'a vu naître.

Cette rencontre changea notre itinéraire.

— Qu'irez-vous faire à Colombo? nous dit M. Duphôt. Vous n'y rencontrerez rien qui soit digne de remarque, et à moins que vous ne teniez à aller vous faire écorcher dans les hôtels anglais, à voir des comptoirs, des bazars, des marchands de curiosités et le gouverneur, vous feriez mieux de venir passer quelques jours dans mon habitation; je vous ferais visiter l'intérieur de l'île, qui est splendide, chasser le caïman et le daim, et vous garderiez de ce pays un souvenir qui ne s'effacera jamais.

J'allais répondre, mais mon interlocuteur me coupa la parole avec vivacité.

— Je ne m'adresse pas à vous, me dit-il : bon gré

mal gré, vous allez être pendant plusieurs mois
l'hôte de Kaltna. Je renouvelle donc mon invitation
à messieurs les officiers de l'*Erymanthe*, en les
priant de l'agréer.

— Nous accepterions avec le plus vif empressement, répondit l'un d'eux. Seulement il y a une
petite difficulté : le commandant peut être forcé
d'avancer son départ, il nous a promis dans ce cas
de nous envoyer une dépêche à Colombo et...

— Qu'à cela ne tienne, interrompit notre ami
qui avait réponse à tout : je vais envoyer un exprès
à Pointe-de-Galles avec ordre de venir sur-le-champ
vous prévenir, dans le cas où vous seriez obligés
d'abréger votre séjour chez moi. Vous lui donnerez
un billet pour votre commandant, et de cette façon
rien ne troublera votre quiétude. Renvoyez également cette voiture qui ne vous sera d'aucune utilité :
la mienne est assez grande pour tout le monde, et
le jour du départ nous vous reconduirons au bateau. Les deux officiers durent céder devant une
aussi aimable insistance, et un mali, sorte de valet
de pied, fut expédié à Pointe-de-Galles, avec mission
de se tenir aux ordres du commandant du paquebot.

Kaltna, lieu où notre compatriote avait fondé une
belle plantation de coton et établi sa résidence, se
trouve placé dans une position admirable, au centre
d'une vallée produite par les ramifications du pic
d'Adam et des monts Kotmalè, à dix-huit à vingt
milles de Colombo; cela lui permettait, tout en habitant la campagne, de se rendre en quelques heures à
son comptoir de Colombo, aux époques d'expédition.

Nous avions accordé de longues heures à la conversation; la nuit venait à grands pas, notre hôte nous invita à monter en voiture. Il avait fait prévenir sa femme par un exprès, et il craignait qu'elle ne fût inquiète en ne nous voyant pas suivre de près le messager. Laissant le rivage et la route de Colombo sur la gauche, nous nous enfonçâmes dans l'intérieur, le long de la rivière du Kalloo, entraînés par deux vigoureux pur-sang qui devaient nous rendre à Kaltna en moins de deux heures.

A Ceylan, comme dans l'Inde entière, les domestiques ne vont jamais en voiture, et surtout dans celle du maître. Amoudou, vu la longueur du chemin et son ignorance des lieux à parcourir, obtint cependant de s'asseoir sur un des larges marche-pieds de l'arrière, au grand ébahissement des deux vindicara qui couraient à pied autour de la voiture, et qui, de leur vie, n'avaient assisté à une pareille dérogation aux antiques usages.

Et certainement mon nègre eût acquis une certaine importance à leurs yeux, si la race n'eût point été connue dans le pays et profondément méprisée.

La répulsion que les cheveux de mouton (mouloucoma), ainsi qu'ils les appellent, inspirent aux Cyngalais est telle que, sans notre présence, le vindiagar (cocher) et les deux vindicara (coureurs) eussent certainement chassé Amoudou à coup de fouet du marchepied de la voiture.

Dans les villes, les cochers de louage ne les supportent qu'avec peine, à moins qu'ils n'appartiennent à la classe des parias. Dans ce cas, ne faisant eux-mêmes partie d'aucune caste, ils craignent moins d'être souillés par la présence du mouloucoma.

J'aurai bientôt occasion d'entrer dans plus de détails sur les mœurs, habitudes et coutumes cyngalaises, que je ne fais qu'effleurer pour le moment...

Dix minutes avant d'arriver, nous rencontrâmes cinq à six serviteurs munis de torches résineuses, envoyés par Mᵐᵉ Duphôt, et qui se mirent à courir autour des chevaux pour éclairer leur marche.

Nous fûmes reçus avec une grâce parfaite par cette jeune dame, à qui son mari nous présenta au saut de voiture. Ma qualité de recommandé me valut de plus qu'aux autres une cordiale poignée de main à l'américaine; et sans plus de façon, car il était tard, nous passâmes dans la salle à manger, où le dîner nous attendait, entièrement servi à la mode indous, dans des plats couverts et à doubles fonds garnis d'eau chaude; ce qui fait que chaque plat conserve, sans augmenter de cuisson, sans se dessécher, la chaleur nécessaire, et peut se servir plusieurs heures à l'avance; quand on tarde trop à se mettre à table, le cuisinier renouvelle l'eau chaude de chaque plat et tout est dit...

Le repas fut exquis, bien que mon palais, un peu déshabitué de cette cuisine par un séjour de deux années en Europe, eût trouvé les sauces et les carrys un peu pimentés.

A l'issue de la table, mes deux compagnons se trouvant fatigués, se retirèrent avec cette liberté de l'hospitalité orientale, qui permet à chacun d'agir à sa guise et comme dans sa propre demeure. Pour moi, je restai de longues heures auprès de cette aimable famille avant que le besoin de repos vînt se faire sentir. Nous avions tant à causer !

6

Nous ne nous en fîmes point faute. Je venais de Paris, et la ville sans pareille fit tout d'abord tous les frais de notre conversation : les embellissements, les théâtres, les pièces et les ouvrages nouveaux ; à un instant même la jeune dame essaya de me sonder sur les modes... ce qui ne m'étonna pas, la légende indoue faisant naître Héva près du pic d'Adam, dans la vallée même de Kaltna. Je lui en fis la remarque, ce qui la fit rire de bon cœur. Puis elle me répondit finement : « Vous savez que notre légende indoue ne ressemble en rien à la version hébraïque, et que notre Héva de Ceylan n'a aucun rapport avec celle de la pomme et du serpent. »

Et son mari de lui répondre, en faisant allusion à mes goûts pour les études sanscrites :

— Prends garde, ma chère amie ; ignores-tu que tu t'adresses à un adepte de la métempsychose, dont le corps est habité par celui d'un vieux brahme des temps passés ?

Et c'était à mon tour de sourire à cette flatterie, d'autant plus délicate qu'elle était déguisée. Puis nous revenions au pays natal, à nos amis communs, dont je leur avais apporté les souhaits. Il faisait si bon rassembler tous ses souvenirs : il nous semblait que nous n'avions pas quitté la France, que nous devisions dans un salon à la campagne.

Et cependant l'illusion ne pouvait exister que dans les esprits. Tout, autour de nous, nous rappelait un autre pays et d'autres mœurs. Un vigoureux Indou, assis au dehors sur le perron, lançait à toute volée sur nos têtes un immense pankah, qui rafraîchissait l'air de l'appartement ; les parfums enivrants

des fleurs et des arbres nous environnaient comme
un bain de vapeur; les domestiques, retirés dans
leurs cases, sous les tamariniers et les flamboyants
aux fleurs rouges, chantaient quelques refrains pour
égayer la veillée, de ce ton lent et monotone qui
est le propre de la musique de l'extrême Orient.

Des milliers de lucioles phosphorescentes s'abattaient au milieu du feuillage, semblables à des étin-
celles emportées par le vent; et de toutes parts, de
la montagne, des bois, des rizières, des cannes à
sucre, des étangs, surgissaient mille bruits, mille
cris d'insectes, de rats palmistes, d'oiseaux de nuit
et d'animaux de toute nature.

Combien de temps passâmes-nous ainsi? je l'i-
gnore; les étoiles pâlissaient au ciel, la conversation
languissait, nous sentions la fatigue nous envahir...
mais nous luttions. Nous venions de passer ensemble une de ces soirées qui ne s'oublient plus.
Nous voulions la prolonger encore.

Cependant il fallut céder, et un domestique spé-
cialement-attaché à ma personne, et qui ne devait
plus me quitter pendant tout le temps que je resterais dans l'habitation, me conduisit à l'appartement
qui m'avait été préparé.

Suivant la coutume, ma chambre à coucher possédait un lit et un hamac, tous deux entourés de
moustiquaires; je choisis le hamac comme plus
commode et plus frais, et je n'eus point lieu de
m'en repentir, car je ne me réveillai que fort tard
dans la matinée, et seulement au moment où le dobachy (valet de chambre) chargé de mon service me
présentait sur un plateau trois tasses dans lesquel-

les se trouvaient du café, du thé, et un bouillon doré
et parfumé, appelé mouloucoutanie (bouillon de
mouton), qui est un des triomphes de la cuisine indoue : j'en donnerai la recette à son heure.

A peine venais-je de prendre la dernière cuillerée
du liquide odorant, que M Duphôt entra sans façon
dans ma chambre, suivi d'un domestique qui portait, à mon intention, un vêtement complet de
chasse, fait avec un coutil léger et résistant, appelé
dans le pays toile d'ananas.

— Habillez-vous vite, me dit-il : nous allons faire
une petite tournée avant déjeuner, et tirer à la cible
sur des caïmans. Les chevaux et les armes sont
prêts, on n'attend que vous.

Nous partîmes sur d'élégants petits chevaux de
Singapoor, rebelles à la chaleur et à la fatigue, et
qui sont une précieuse ressource pour le pays.

Pendant près d'une demi-heure, nous traversâmes au petit trot une vallée au-dessus de Kaltna, qui
se prolonge entre deux chaînes de montagnes jusqu'au pic d'Adam, d'une splendeur de végétation et
d'un pittoresque que la plume la plus enthousiaste
et la plus poétique serait impuissante à décrire ; les
arbrisseaux qui bordaient les rizières, les caféiers à
mi-côte, étaient comme noyés sous les lianes et les
fleurs.

Çà et là, quelques bouquets de bois, sur les bords
de petits étangs destinés à l'arrosage, donnaient
asile à des myriades d'oiseaux aux plumages variés,
qui voletaient par nuées d'un champ à un autre,
passant sans les troubler au-dessus des têtes des
soudraouansès ou par élision soudransès (labou-

reurs, cultivateurs), en train d'éclaircir les tiges de riz ou de les arroser avec leurs pompes à balanciers.

Arrivés sur la lisière d'une forêt de multipliants, de flamboyants et de tamariniers, nous mîmes pied à terre, laissant nos chevaux à la garde de quatre coureurs qui nous avaient suivis en luttant de vitesse avec nous, et le fusil sur l'épaule nous nous enfonçâmes sous bois.

Au bout d'un quart d'heure de marche, nous arrivâmes auprès d'un bouquet de multipliants si touffus qu'ils nous interceptaient la vue et semblaient de prime abord opposer une barrière infranchissable à toute tentative de passage.

— Attention, nous dit à voix basse M. Duphôt : avançons doucement et en silence, et vous allez jouir d'un des plus magnifiques spectacles qu'il puisse être donné à l'homme de contempler.

Nous nous engageâmes à sa suite dans un petit sentier taillé à la hache, à travers les troncs et les racines des multipliants, retenant notre souffle et cherchant à étouffer le plus possible le bruit de nos pas. Bientôt le sentier se mit à monter avec une inclinaison tellement rapide qu'il fallut nous accrocher aux branches pour ne point glisser.

Au bout de dix minutes d'une pareille ascension, nous nous arrêtâmes d'un commun accord pour reprendre haleine.

Je jetai les regards autour de moi. Pas un rayon de soleil ne perçait la voûte épaisse; la lumière, sous ce feuillage gigantesque, était d'un vert sombre qui se reflétait dans le même ton sur les troncs

d'arbres et sur nous-mêmes. L'oreille la plus sub-
tile n'eût pas entendu le moindre bruit : c'était le
silence de la forêt vierge, silence plein de majesté
et de poésie, mais d'une tristesse mélancolique qui
finissait par peser au cœur.

Tout à coup notre ami appela à voix basse Ramassamy, le chef de ses domestiques, qui nous accompagnait, et il lui montra du doigt une liane verte
enroulée au-dessus de nos têtes, que sans doute il
lui ordonnait de prendre pour nous la montrer.

L'Indou, car c'était un Malabar de la côte, s'accroupit aussitôt au pied de l'arbre où se trouvait la
liane, et se mit à chanter, d'un ton bas et traînant,
un refrain qu'il entremêlait de petits sifflements
plus ou moins aigus suivant la modulation, et qui
se terminait en roulades comme le chant du boulboul, cet oiseau à huppe rouge et au chant mélancolique, qui meurt dès qu'il dépasse le vingt-cin-
quième degré de latitude, ne pouvant consentir à
vivre loin des chaudes contrées et des arbres éter-
nellement fleuris où il suspend son nid.

Après quelques minutes de ce chant bizarre et
monotone, la liane sembla se mouvoir comme par
enchantement, et un sifflement prolongé répondit à
l'appel de l'Indou... Nous tressaillîmes malgré nous :
cette liane d'un beau vert clair était un serpent.
— Ne craignez rien, nous dit notre hôte, avant deux
minutes Ramassamy va s'en emparer, il lui arra-
chera les crochets s'il en a, car il n'est point sûr
qu'il soit venimeux, et il nous en fera cadeau.

En effet, le charmeur continuait son chant d'une
cadence et d'un rhythme si singuliers, et le serpent

déroulait peu à peu ses anneaux, suivant la mesure
par un mouvement de tête qui ne laissait pas que
d'être fort gracieux, tout en s'allongeant le long
d'une branche, comme pour descendre auprès de
celui qui l'appelait.

Bientôt, au son de cette étrange mélodie, il se
mit à se balancer doucement dans le vide, n'étant
plus retenu autour de la branche d'arbre que par
un simple anneau, et dardant ses petits yeux rouges
sur l'Indou qui semblait le fasciner. Peu à peu il
dénoua son dernier anneau, et se laissa glisser jusqu'à terre.

Je ne suis pas bien sûr qu'il toucha le sol. Avec
la vitesse de la pensée, Ramassamy l'avait saisi au-
dessus de la tête de façon qu'il ne pût le mordre,
et se levant, il nous le montra enroulé autour de
son bras.

Introduisant alors le bout de la lame d'un couteau
dans la bouche du reptile, il lui arracha les deux
incisives avec les vésicules de poison qui les accom-
pagnaient, et le passa à son maître, qui le prit pour
nous le montrer. Il était, par cette opération, devenu
complétement inoffensif.

Nous le mesurâmes : sa taille dépassait un mètre
cinquante centimètres.

— C'est un des plus mauvais serpents de ces contrées, nous dit notre hôte qui l'examinait. Je croyais
d'abord, à voir sa robe verte, que c'était simplement un serpent liane, c'est-à-dire, ainsi que son
nom l'indique, un animal peu dangereux; mais regardez ces légères taches rouges qui zèbrent son
corps : autant vaudrait-il être mordu par un cobra-

capella que par lui ; et malgré toute la science et le charlatanisme des guérisseurs, il n'y a qu'un remède efficace à ses morsures, c'est la succion de la plaie.

» Les Indous, qui passent pour posséder un remède souverain dont la recette serait tenue secrète par eux, ne s'y prennent pas autrement pour se guérir : ils bandent le membre mordu, débrident la plaie avec un couteau ou avec une feuille de roseau si cet instrument leur fait défaut, enlèvent le venin par la succion, et terminent la guérison en faisant suer abondamment le malade avec des infusions bouillantes de canne à sucre, de cannelle et de girofle.

» J'ai vu sauver deux de mes gens avec cette médicamentation, ajouta-t-il, et c'est la seule que j'emploierais si quelques-uns des miens ou moi venions à être mordus. Voilà une leçon de médecine terminée, continuons notre marche et sans bruit ; j'ai bien peur que nous n'ayons effrayé en causant ceux que nous allons visiter. »

La forêt allait en s'épaississant de plus en plus : chaque branche de multipliant qui avait touché la terre avait pris racine, donnant naissance à un arbre qui à son tour s'était reproduit de la même manière : c'était un fouillis inextricable.

J'ai déjà dit que le sentier que nous suivions avait été creusé à la hache : nous marchions comme entre deux murailles de feuillages, de troncs d'arbres et de racines, écartant avec la main les jeunes branches qui nous balayaient la figure.

Enfin nous atteignîmes le sommet d'un plateau :

c'était la fin de nôtre course. Je ne pus retenir un
cri d'admiration.

Devant nous était un petit vallon rond comme
un entonnoir, sur le penchant duquel les multipliants continuaient à serpenter et à se relever
arbres, mais moins pressés que sur le versant
que nous venions de parcourir. Au fond était un
petit lac de deux kilomètres de tour environ, dans
les eaux duquel ces arbres gigantesques ayant poussé
leurs racines, de nouveaux arbres étaient éclos, faisant une forêt au milieu même du lac; et comme
sans doute la nourriture qu'ils trouvaient au sein
de l'eau était plus abondante ou mieux appropriée
à leur nature, ils s'élevaient, quoique le lac fût en
contre-bas et au fond du ravin, presque aussi haut
que leurs congénères qui poussaient au sommet du
coteau. C'était splendide : jamais l'imagination d'un
peintre fantaisiste n'a pu rêver un pareil paysage.
Au milieu même du lac, un petit tertre, une île d'à
peine vingt pas de tour, supportait un magnifique
flamboyant qui, couvert de fleurs du plus beau
rouge, semblait être le centre d'un immense bouquet dont les multipliants avec leur feuillage vert
foncé formaient la bordure.

Et sur le lac glissaient en se jouant des pluviers
dorés, des canards brahmes couleur safran, animaux
révérés dans la mythologie du peuple, qui leur prête
les aventures les plus fabuleuses dans la guerre de
Rama contre Ravana, et des myriades de petites sarcelles au bec jaune, au plumage verdâtre; tandis
que sur les bords, des martins-pêcheurs de toutes
tailles et de toutes nuances, en compagnie de hérons

roses et de cormorans aux cous goîtreux, voletaient et plongeaient à qui mieux mieux pour saisir leur nourriture.

— Voilà le lac aux caïmans, nous dit notre ami : et il faut avouer que ces messieurs auraient pu choisir une plus vilaine demeure.

Je ne pus cacher mon étonnement en voyant qu'un lac qui recélait d'aussi terribles animaux, fût en même temps habité par une aussi grande quantité d'oiseaux aquatiques.

— Oh! me répondit-il les sarcelles, canards, pluviers et autres ont la vue beaucoup trop perçante pour se laisser surprendre : aussitôt que le caïman paraît, qu'il nage à la surface ou entre deux eaux, les premiers oiseaux qui l'aperçoivent poussent un cri d'alarme, et toute la gent emplumée s'envole et se réfugie du côté opposé. Et, du reste, les caïmans, soit habitude, soit expérience de l'inutilité de leurs efforts, ne cherchent jamais à les attraper. Maintenant, plaçons-nous; Ramassamy va jeter l'appât dans les joncs sur les bords de l'eau, et nous aurons bien mauvaise chance si d'ici à un quart d'heure nous n'avons point trouvé l'occasion d'essayer nos fusils.

Nous nous cachâmes à vingt pas de là, derrière une touffe d'arbrisseaux; et l'Indou, habitué à cette besogne, lança avec beaucoup d'adresse, de distance en distance, de grosses boulettes de viande de chèvre préparées à cet effet; puis il se coucha dans l'herbe.

Ceci avait été fait avec une telle rapidité que c'est à peine si quelques sarcelles, parmi les plus

rapprochées de nous, détournèrent la tête, un peu
effarouchées, pour se remettre bientôt après à pâ-
turer parmi les hautes herbes qui poussaient jusqu'à la surface de l'eau.

A genoux, le doigt sur la détente de nos armes
et respirant à peine, nous inspections la surface du
lac à travers les interstices du feuillage, mais rien
ne bougeait... rien, même en apparence, ne venait
déceler la présence des dangereux animaux que
nous attendions.

Sans doute ils nous avaient vus ou sentis, quelque
précaution que nous ayons pu prendre, et ils ne se
souciaient pas de quitter leurs demeures dans les
hautes herbes et les roseaux.

Cet affût dura près d'une demi-heure, et de
guerre lasse nous allions rompre le silence et allumer nos cigares, lorsque Ramassamy vint en rampant auprès de nous et nous montra un milan qui,
sur le bord opposé, sautait de branche en branche
en poussant des cris et battant des ailes. Bientôt,
l'oiseau de proie s'envola en décrivant, suivant son
habitude, des ronds au-dessus du lac, comme s'il
guettait une proie.

— Enfin notre patience va être récompensée.
Quand vous voyez cet oiseau, nous dit notre hôte,
voleter dans le feuillage le long du rivage ou
planer sur le lac, le caïman n'est pas loin; il l'observe, le suit, l'accompagne de ses battements
d'ailes et de ses cris de joie, car il sait que les
reliefs seront pour lui si la chasse est bonne.

Il ne se trompait pas : au bout de quelques minutes, nous aperçûmes la tête d'un monstrueux

alligator qui s'avançait de notre côté avec rapidité; il fendait l'eau si habilement que c'est à peine s'il soulevait un flot léger autour de lui.

En un clin d'œil, la plupart des sarcelles, ca-ᵕards, hérons disparurent dans les joncs de la berge ᵖpposée, et le caïman resta maître du lac. Son instinct, du reste, ne le trompait point, il nageait sans hésitations et en droite ligne vers l'appât qui lui avait été tendu.

— Attention! nous dit notre ami qui nous dirigeait dans cette chasse curieuse, et à qui nous obéissions aveuglément, laissez-lui manger les premières boulettes : entièrement rassuré, il viendra alors de lui-même en face de nous, où se trouve la dernière amorce que Ramassamy a jetée, et nous pourrons choisir, pour lui envoyer nos balles, les seuls points où il soit vulnérable, c'est-à-dire l'œil ou le défaut de l'épaule.

» Il est nécessaire que nous tirions tous quatre à la fois; nous n'aurions pas le temps d'un second coup de feu, et si une seule de nos balles coniques explosibles peut l'atteindre convenablement, il est à nous. Epaulez ferme; quand il sera bien à portée : je ferai un signe de tête, ce sera le moment. »

Je dois l'avouer, le cœur me battait à tout rompre, non de peur, car nous ne risquions absolument rien, les retours offensifs de ces animaux blessés étant excessivement rares et des plus faciles à éviter, mais je ne pouvais me défendre d'une émotion bien naturelle, n'ayant jamais tenu pareil gibier au bout du canon de mon fusil.

En moins de rien le monstre eut happé les pre-

Il va s'élancer sur l'herbe, éloignez-vous, il n'est que blessé... (Ceylan, page 109.)

mières boulettes; puis, ainsi que nous l'avions
prévu, rassuré par le silence et la tranquillité qui
régnaient autour de lui, il s'avança sans défiance dans
notre direction. Haletants, nous interrogions du re
gard notre ami, qui calme et impassible, l'observait
et calculait la distance; une branche sèche que l'un
de nous fit craquer sous ses pieds, en assurant sa
position, faillit tout perdre, et ce fut, au contraire,
ce qui nous le livra.

A ce bruit, il s'arrêta brusquement, inquiet, et
aspirant l'air autour de lui... N'entendant plus rien,
il souleva la tête hors de l'eau, comme pour regarder d'où venait le danger qui pouvait le me-
nacer. Nous aperçûmes alors entièrement à découvert le dessous de sa mâchoire et le haut du poitrail
d'un jaune gris terreux, et non garni de ces puissantes écailles qui le rendent invulnérable dans les
autres parties du corps. Au signal convenu, nos
quatre coups de carabine partirent avec tant d'ensemble qu'ils se confondirent dans une détonation
unique immédiatement suivie d'un sifflement gut-
tural et prolongé. Il était blessé, peut-être mort.
Nous nous étions tous levés instantanément pour
regarder... quand nòtre ami nous dit d'une voix
accentuée par l'émotion : « Il vient de s'élancer sur
l'herbe, éloignez-vous, il n'est que blessé. »

En un instant mes camarades furent à mi-côte.
Pour moi, avisant une branche de multipliant qui
s'inclinait au-dessus de ma tête, je la saisis, et d'un
vigoureux élan me hissai sur l'arbre.

Je vis alors, non sans un certain effroi, à cinq
p s à peine de la place que nous venions de quitter,

comme un tourbillon de roseaux, de feuilles et de branches... Le monstre râlait, et avec sa terrible queue saccageait tout ce qui sé trouvait à portée...

Cela dura quelques secondes à peine. Ses mouvements cessèrent brusquement, et il demeura étendu dans une mare de sang et de débris.

Quelques secondes d'hésitation dans notre retraite prudente, et il fût certainement arrivé malheur à quelqu'un d'entre nous.

Nous pûmes alors nous rapprocher et contempler de près notre terrible victime.

Après s'être bien assuré de sa mort, et qu'aucune convulsion dernière ne pouvait être à craindre, Ramassamy et son maître se penchèrent sur le corps de l'animal pour se rendre compte des blessures qu'il avait reçues. — Je suis content de vous, nous dit M. Duphôt en se relevant : ni l'œil ni la main ne vous ont tremblé, tous nos coups ont porté. Mais avouez qu'il était temps de fuir : j'ai aperçu son premier bond à travers la fumée; quelques secondes d'hésitation, il fût tombé au milieu de nous et nous eût fauchés ni plus ni moins que ces roseaux... Maintenant que nous avons gagné notre déjeuner, ajouta-t-il, liberté de manœuvres complète : on peut tirer sur les sarcelles et les pluviers qui commencent à revenir de notre côté.

Ramassamy reçut l'ordre de nettoyer et préparer le caïman, que son maître désirait conserver, en souvenir de cette agréable et heureuse matinée.

Je me promettais un véritable plaisir de cette seconde partie de la chasse, et déjà je me voyais possesseur d'un de ces beaux oiseaux au plumage chatoyant, quand nous vîmes, à notre grand regret, qu'il fallait y renoncer; nous avions oublié de nous munir de menu plomb. Force nous fut donc de rentrer et de remettre la partie au lendemain matin. Ce lieu nous avait tellement séduits, que nous priâmes notre hôte de ne point s'inquiéter de nous fournir d'autres distractions; et il fut convenu que nous reviendrions, uniquement pour guerroyer avec les hérons, les condors et le gibier d'eau.

Mais il en devait être de cela comme de tous ces projets que l'on caresse avec trop de satisfaction. Nous ne devions pas revoir tous ensemble ce lieu enchanteur où la nature semblait s'être épuisée à réunir toutes les merveilles d'une végétation qui n'a pas son égale au monde.

A peine de retour à l'habitation de Kaltna, nous apprîmes avec un véritable chagrin que l'Indou envoyé la veille à Pointe-de-Galles venait d'arriver avec une lettre du commandant de l'*Erymanthe*, priant ses deux officiers de rentrer le soir même à bord. Le paquebot levait l'ancre le lendemain matin.

Le déjeuner fut triste : on devient si vite amis sous ces chaudes latitudes, dans ces contrées bénies du ciel, où la vie s'écoule sans souci, sans efforts, au milieu de toutes les jouissances de la nature unies au confortable créé par la main des hommes.

Nous accompagnâmes les deux officiers à Pointe-de-Galles, et leur commandant nous apprit, au dîner auquel il nous convia à bord, que le calme s'étant fait tout à coup sur la côte, il avait avancé le départ pour profiter de l'*embellie*, car aux époques du changement de mousson, on n'est jamais sûr du temps d'un jour à l'autre.

Nous reprîmes le lendemain le chemin de Kaltna par une autre voie longeant les montagnes, non moins belle et plus pittoresque encore que celle du bord de la mer.

Au sommet d'un monticule, moins obstrué par cette luxuriante végétation, qui quelquefois nous cachait la vue du ciel pendant des heures entières, nous aperçûmes le pic d'Adam tout inondé de lumière, mais plus rapproché de nous que lorsque, pour la première fois, je l'avais salué de l'Océan.

C'est de là, disent les traditions religieuses des Indous, qu'Adima partit avec sa compagne Héva pour se diriger vers le continent, malgré la défense de Brahma, le seigneur de toutes choses, désobéissance qu'ils payèrent par le travail et la souffrance qui sont encore le lot de leurs descendants.

J'ai traduit, dans *la Bible dans l'Inde*, la légende brahmanique du premier homme et de la faute originelle, — légende plus logique et moins ridicule, quoique aussi fantaisiste, que celle de la pomme et du serpent; — je la donnerai ici, lorsque je m'occuperai des croyances cyngalaises, ainsi que la relation conservée par les traditions boudhiques sur les mêmes événements.

. . . .

Je fus pendant près de trois mois l'hôte de Kaltna, partageant mon temps entre la chasse et la pêche, et les longues promenades sous bois, à dos d'éléphant, pendant lesquelles, oubliant le monde entier, je me livrais à des rêveries sans fin que nul souci n'avait le pouvoir de venir troubler.

- Et le soir, à dîner, réunis dans la salle commune, nous nous avouions mutuellement, mes charmants hôtes et moi, que rien au monde ne valait cette quiétude, et que sur cette terre où tout se trouvait assemblé comme à plaisir pour le bonheur de l'homme, on planterait pour toujours sa tente, si l'on n'était poussé sans cesse vers le trouble et l'agitation, par ce je ne sais quoi qui nous fait insatiables de jouissances nouvelles et d'inconnu...

Nulle part comme dans l'Inde je n'ai ressenti ce calme et ce repos intérieur qui font qu'on se sent heureux de vivre. Que ce soit à Ceylan, Pondichéry, Chandernagor, Agra, Delhi, Benarès, ou dans les vallées de l'Himalaya, le même sentiment s'est toujours développé en moi. Le monde entier me devenait indifférent, ma vie se circonscrivait et dans le paysage que je pouvais embrasser du regard, et dans les affections de famille et d'amis qui m'entouraient.

Je me souviendrai toujours avec une véritable émotion d'un charmant réduit perdu sous bois, à quelques lieues de Pondichéry, sur les bords du lac Oussoudou, où j'ai passé en famille, avec quelques vrais amis, les heures les plus heureuses et les plus paisibles peut-être de toute ma vie.

La fraîcheur des matinées et des soirs nous permettait la chasse ou la pêche, pendant qu'au moment accablant du jour, étendus dans nos hamacs, nous regardions, au milieu de conversations sans fin, s'envoler la fumée capricieuse et odorante de nos cigares de Rangoon ou de Coringuy.

Éloignés de tout centre de population, nous nous suffisions à nous-mêmes sans que l'ombre d'un souci ait jamais osé venir troubler notre quiétude.

Que de fois n'avons-nous pas désiré y finir nos jours, loin des tracas et du bruit qui semblent l'éternel lot de la misère humaine!

Nous y retrouvions l'insouciance et les rires de notre jeunesse, et ces doux épanchements du cœur, qui viennent vous retremper, vous donner du courage, et qui font tant de bien, à ces instants de mélancolie et de tristesse où le souvenir vous rappelle et la patrie et les absents.

Quelles soirées poétiques et enchanteresses nous avons passées sur le lac, au bruit des chants monotones et bizarres de nos rameurs indous, quand nous allions surprendre les pluviers dorés et les cygnes endormis dans les hautes herbes!

Les nuits de l'Inde ne sont pas calmes, silencieuses et lugubres comme celles d'Europe.

On dirait que la nature entière rêve en sommeillant : les lucioles phosphorescentes peuplent les cieux comme des milliers d'étoiles, les insectes bourdonnent dans le feuillage, la brise gémit et pleure comme une harpe en vous apportant le parfum des fleurs, et de grands oiseaux de nuit voltigent incessamment sur vos têtes, mêlant leurs cris aigus et leurs battements d'ailes à ces milliers de concerts qui s'élèvent de tous côtés, des eaux, de la terre et du ciel.

De temps à autre on entend les aboiements plaintifs des chacals affamés, ou les hurlements plus terribles, et qui vous donnent le frisson, de la panthère ou du tigre en quête de leur pâture.

Puis ce sont de grands buffles noirs aux longues cornes tordues en spirale, qui, après avoir passé la journée à brouter dans les jungles, viennent se désaltérer et respirer l'air frais des lacs ou des fleuves... Ils s'avancent à pas lents, et par troupeau, appelant les retardataires de leurs beuglements prolongés.

Les petits sont au centre près de leurs mères; à l'avant et à l'arrière, les mâles assurent la marche jusqu'au campement choisi pour la nuitée. Tout s'enfuit à leur approche, tigres, panthères, jaguars ou chacals. Malheur au voyageur attardé qui les rencontre sur son passage; et la nuit, en sillonnant le lac ou le fleuve, prenez garde que la barque ne vienne à s'échouer près de leur couchée : en un clin d'œil la troupe éveillée se précipiterait sur vous, et le lendemain votre cadavre s'en irait sur les rives, déchiqueté par les bêtes immondes et les vautours.

Mais avec des rameurs exercés on ne risque rien : même par les nuits les plus noires, par les nuits sans lune, on peut sans crainte se laisser dériver au fil de l'eau, et jouir de ces harmonies étranges, qui ont toujours eu pour moi quelque chose de mystérieux et de profondément attachant.

Quoique ce ne soit pas précisément le but de cet ouvrage que de narrer en détail des scènes particulières de ma vie dans l'Inde, je ne puis résister au désir de raconter les péripéties d'une des nuits les plus étranges que j'aie passées dans ce pays.

J'étais à Chandernagor.

Il y avait longtemps que nous complotions une partie de chasse dans les jungles au-dessus de Tripany, ainsi que dans les grandes îles du Gange qui s'étendent en amont du fleuve, à vingt-cinq ou trente milles de ce village, lorsqu'un matin le commandant B..., des cypahis, vint m'avertir qu'une troupe de buffles avait établi ses cantonnements dans ces parages, et qu'il serait peut-être bon de se hâter de leur rendre visite, ces lieux n'étant qu'un passage pour ceux de ces animaux qui, à de certaines époques, descendent des Hauts vers le sud.

Séance tenante, nous nous décidâmes à partir le soir même, et j'envoyai immédiatement mon kansama à la recherche d'un dingui, sorte de bateau muni d'une cabine, et d'une douzaine de vigoureux rameurs, capables de nous faire remonter le Gange pendant cinq jours, temps qu'il nous fallait pour arriver à destination.

Le kansama est au Bengale le chef de la domesticité; c'est la même appellation en indoustani que celle de dobachy en tamoul.

Sur les quatre heures, deux de nos amis vinrent nous demander de se joindre à nous, ce que nous acceptâmes avec empressement; deux bonnes carabines ne sont jamais de trop dans l'Inde.

Seulement, comme ils ne pouvaient partir que le lendemain, après règlement de certaines affaires urgentes, il fut convenu qu'ils se rendraient à cheval à Tripany, où nous devions les attendre, pour de là remonter ensemble aux Grandes Iles.

Les chasses de l'Inde ne ressemblent en rien à

celles d'Europe. Si courtes qu'elles soient, il faut emmener tous ses domestiques, avoir le même service, le même confort, les mêmes facilités qu'à la maison, avoir sa tente contre les ardeurs du jour, son bain frais et parfumé pour rendre au corps la souplesse et l'élasticité que la chaleur lui fait perdre... Comme on apprécie bien, après quelques heures de fatigue, l'adresse et l'habileté des masseurs ndous !

Il faut emporter également ses provisions de bouche pour tout le temps du séjour; le petit cabaret avec sa gibelotte traditionnelle, si chère aux chasseurs parisiens, n'a pas encore pu s'acclimater par là, et les jungles du Bengale ne ressemblent point tout à fait aux plaines de la Sologne ou de la Beauce. N'oubliez pas surtout une abondante provision d'eau. Malheur à qui userait de celle des étangs, remplis de détritus végétaux et animaux de toutes sortes. Le moindre accident qui pourrait en résulter serait de gagner une de ces terribles fièvres des marais qui s'emparent de vous pour des années, et qu'un changement de climat ne parvient pas toujours à guérir, surtout quand on a eu le malheur de rencontrer au début de la maladie un de ces braves médecins anglais qui vous administrent des doses de quinine à faire trembler un éléphant, ou des rasades de brandy qui finissent par vous donner un transport au cerveau. Soyez assuré d'avance que si la fièvre ou le typhus vous épargnent, ce ne sera pas sa faute.

J'en ai connu un qui était médecin d'une station pour le gouvernement, et qui prenait dans la même

fiole pour les hommes et pour les chevaux, prétendant que nous n'étions pas d'un composé organique
différent, et que ce qui faisait du bien à l'un ne
pouvait pas faire de mal à l'autre.

Ces nombreux préparatifs et la lenteur des domestiques indous — les maîtres ne peuvent s'occuper
de rien, sous peine de déchoir — nous conduisirent
fort avant dans la nuit; aussi était-il près de onze
heures quand nous pûmes monter dans notre *dingui*, le commandant B... et moi, et quitter le rivage.

Le temps était splendide. Grâce à ces clairs de
lune inconnus dans nos brumeuses contrées du
Nord, nous distinguions parfaitement les deux rives
de ce fleuve majestueux, le plus beau qui soit au
monde; et au bruit du chant cadencé de nos rameurs,
qui frappaient l'eau en mesure, nous laissions la
rêverie s'envoler au gré de la fantaisie et du hasard.

De loin en loin, des sons de trompe et de tam-tam
arrivaient jusqu'à nous, apportés de terre par une
de ces brises tièdes et parfumées qu'on ne trouve
qu'en ces climats, et qui vous plongent dans un de
ces bien-être indéfinissables pendant lesquels le
corps, bercé dans une demi-somnolence, laisse à
l'âme le soin de veiller, en vagabondant à l'aventure.

Nous passions près de villages indous en train de
célébrer la fête de quelques-uns de leurs innombrables dieux, ou de conduire, au bruit de la musique sacrée, une jeune mariée au domicile conjugal.

Chez ce peuple, le plus heureux de la terre quand

il n'est pas décimé par la famine et que les récoltes suffisent à payer l'impôt, la joie ou la douleur ne sont jamais restreintes à la famille frappée par un événement malheureux ou réjouie par un bonheur quelconque : la caste entière et souvent tout le village y prennent part, chacun apporte son tribut de pleurs ou de chants.

Assis à la porte de notre petite cabine, nous voguions déjà depuis plusieurs heures, sans qu'une seule parole eût été échangée entre nous ; un accord tacite semblait mutuellement nous laisser à nos pensées. Cette nuit si calme, sur ce fleuve immense, nous portait à une invincible mélancolie.

Au milieu de cette grandiose nature, par une association d'idées facile à comprendre, peu à peu mes pensées se reportèrent vers la France : je songeais aux tours à demi écroulées du vieux château des ducs de Bourgogne, près duquel j'étais né... et mon enfance se déroula rapidement devant moi...

Puis, continuant l'examen des années que j'avais déjà vécu, j'en étais arrivé à réfléchir aux mille et une circonstances qui m'avaient jeté à plus de trois mille lieues de mon pays.

Tout à coup je fus brusquement tiré de ma rêverie par une vigoureuse secouée du commandant, et je l'entendis qui me disait :

— Parbleu, mon cher, c'est plaisir à voir comme vous dormez les yeux ouverts ; je vous fais des signes depuis cinq minutes sans que vous ayez le moins du monde l'air de faire attention à moi. A quoi songiez-vous donc ?

— Au passé, lui dis-je.

— C'est profond, ce mot-là, et c'est souvent un sujet plus triste que gai à fouiller. Excusez-moi de vous avoir distrait, mais regardez et écoutez.

Je jetai les yeux autour de moi. L'embarcation qui nous portait était arrêtée au milieu du fleuve, tellement rapide en cet endroit, que c'est à peine si quatre perches plantées à l'avant et à l'arrière parvenaient à la maintenir; plus de lumières, plus d'habitations, plus de villages. Les deux rives du Gange, très-basses en cet endroit, se confondaient presque avec le niveau de l'eau, et, de chaque côté, s'étendaient les jungles avec leurs fouillis mystérieux et impénétrables.

Ces lieux répondent peu à l'idée qu'on s'en fait en Europe, d'après les descriptions fantaisistes des romanciers qui ont, comme Méry, étudié l'Inde sur le boulevard. Les jungles sont de vastes plaines souvent marécageuses, couvertes de joncs et de hautes herbes à la tige épaisse qui atteignent jusqu'à trois et quatre mètres de hauteur, et où l'imprudent qui s'y hasarde sans guide se perd comme dans les forêts vierges du nouveau monde, meurt de faim ou est déchiré par les fauves, quand il ne disparaît pas dans des cloaques de boue que rien ne lui fait deviner, et qui se referment sur sa tête, sans laisser la moindre trace de son passage.

— Est-ce que par hasard nous serions arrivés au lieu du rendez-vous? dis-je au commandant.

— Non, mais écoutez!

Je redoublai d'attention, et j'entendis comme des hurlements qui se produisaient à des intervalles inégaux, mais si lointains et si faibles, qu'il me fut impossible d'en distinguer l'origine. J'exprimai l'opinion que ce devaient être des chacals qui se livraient bataille sur le cadavre de quelque Indou que les flots avaient repoussé sur les bords, et que ce n'était pas la peine de nous arrêter pour si peu.

— Interrogez check Fellou, répondit le commandant, il prétend que c'est un tigre en train de souper d'un cerf ou d'un sanglier, à un demi-mille en amont.

— Certainement, Saëb, répondit le chef batelier en indoustani, c'est un tigre, et si vous étiez plus habitué aux bruits de la nuit, vous entendriez les sourds grognements de la bête, au milieu des cris des chacals qui sont à hurler autour de lui, en attendant qu'il veuille bien leur abandonner ses restes.

B..., qui avait déjà reçu ces explications, avait fait arrêter le dingui, pour tenir conseil, et voir si nous ne pourrions pas lui envoyer une balle en passant, ne fût-ce qu'à titre d'essai et pour expérimenter notre adresse.

Le commandant des cypahis de Chandernagor était un chasseur de tigres enragé, qui avait risqué sa vie plus de cent fois contre ces terribles animaux, sans faire pour cela la centième partie du charlatanisme dont use immédiatement le premier chasseur venu qui a la chance de tuer une hyène en Algérie. Sachant que je lui ferais plaisir en le laissant se mesurer une fois de plus avec son adversaire habituel, je ne m'opposai pas à l'exécution de son idée. J'exprimai toutefois le désir que nous n'ayons pas à descendre à terre; c'eût été folie que de se hasarder

de nuit sur une rive inconnue, en face d'un animal
aussi dangereux qu'un tigre royal.

Il fut convenu que nous raserions le rivage d'aussi
près qu'il nous serait possible, en nous tenant cependant hors des atteintes du premier bond.

En cas que la bête blessée vînt par hasard à tenter
un mouvement offensif, nous devions redescendre
le fleuve de toute la vitesse de nos rames et du
courant.

Les tigres de ces contrées ne craignent point
l'eau : ils traversent en se jouant les fleuves les
plus rapides; la mer même ne les épouvante pas.

L'île de Sogoor, située dans le golfe du Bengale,
à l'embouchure de l'Hougly, un des plus grands bras
du Gange, est peuplée de ces animaux qui, détruits
et noyés à chaque cyclone, sont constamment rem-
placés par d'autres, qui viennent du continent, en
traversant à la nage un bras de mer de plusieurs
milles de largeur.

La prudence la plus vulgaire nous conseillait donc
les mesures que nous venions d'arrêter en cas de
danger.

Nous mîmes près d'une demi-heure à remonter
le courant qui, je l'ai déjà dit, était très-rapide en
cet endroit, et à nous rapprocher de la rive.

C'était bien un tigre que nous avions entendu,
et l'oreille exercée de check Fellou ne l'avait pas
trompé. A mesure que nous avancions, les sons
rauques et gutturaux à l'aide desquels il témoigne
sa satisfaction quand la curée est abondante et de son
goût, devenaient plus distincts; et, par leur force
et leur férocité, nous comprîmes parfaitement que

nous allions avoir à lutter contre un animal de la plus belle venue.

Nous examinâmes avec soin nos carabines. L'arme du commandant était un rifle américain, système Remington, d'une admirable précision et à balles explosibles. Nous changeâmes les cartouches qui s'y trouvaient depuis plusieurs heures, et pouvaient avoir été gâtées par l'humidité de la nuit, et nous attendîmes.

Bientôt nous ne fûmes plus qu'à cinquante ou soixante mètres du bord; quelques coups de rames encore et nous allions être à la distance que nous devions conserver, sous peine de mort. Si le tigre, blessé, venait à bondir au milieu de l'eau pour charger ses agresseurs, il ne fallait pas qu'il pût, du premier saut, tomber au milieu de notre embarcation.

Les chacals, qui nous avaient entendus, hurlaient de plus belle et s'agitaient dans les hautes herbes, comme pour prévenir leur allié de la présence de l'ennemi.

On ne ramait plus.

Quatre de nos Indous, armés de perches, poussaient silencieusement la barque, suivant une ligne parallèle au rivage, qui laissait une distance de trente mètres environ entre la terre et nous.

Le patron était à la barre, chargé de nous maintenir dans cette position; le moment était solennel : une anxiété fiévreuse s'était emparée de nous, on n'entendait plus le tigre...

Sans doute son instinct l'avertissait de se mettre sur la défensive et de ne point se trahir par ses cris.

Je jetai en ce moment un rapide coup d'œil sur nos Indous : pas un ne bronchait; fermes sur leurs rames, ils étaient prêts à faire pivoter l'embarcation, pour fuir au moindre signal; se reposant sur nous avec confiance, ils ne donnaient pas le moindre signe de peur.

Anquetil Duperron, dans le récit fantaisiste de ses chasses aux dindons sauvages dans les plaines du haut Bengale, s'amuse à tracer des portraits ridicules d'Indous effarouchés au moindre bruit, et mourant de peur à tout moment dans la crainte de voir apparaître quelque animal féroce.

C'est une plaisanterie de voyageur, amplifiant sur des notes crayonnées à la course, et qui font beaucoup rire ceux qui connaissent véritablement les hommes et les choses de ce pays.

Allez donc demander aux Anglais, qui ont vu leurs régiments mis en pièces par la cavalerie sike qui se souvenait encore des leçons du général Allard et du colonel Lafond, si les Indous sont des lâches!...

Demandez-leur donc également s'ils reculèrent d'un pas, ces régiments de cypahis, quand on les a mitraillés parce qu'ils refusaient de s'embarquer pour aller en Birmanie? Y en a-t-il eu un seul qui ait consenti à racheter sa vie en désertant la cause commune?

Atroce et épouvantable page de l'histoire des hauts faits anglais dans l'Inde, qu'il faudrait écrire avec du sang...

Ils se sont moqués de vous, monsieur Duperron, ces Indous que vous avez cru voir tremblants de peur, et c'est assez leur genre quand ils rencontrent quelque brave Européen qui juge leur pays avec ses préjugés et sa lorgnette.

Ils connaissent leurs forêts et leurs jungles, ils savent les réduits des bêtes fauves, et en vous conduisant à une modeste chasse aux dindons sauvages, ils n'avaient nul souci de votre personne, parfaitement à l'abri de tout danger... S'il y en avait eu, ils ne seraient pas allés avec vous, car les Indous ne chassent les fauves de leurs contrées qu'avec les gens qu'ils connaissent et qu'ils ont déjà vus à l'œuvre, l'œil prompt et la main solide.

Allez, monsieur Anquetil, ils ont crié au loup comme on fait aux enfants dans les villages, et il n'y a que vous qui ayez pris cela au sérieux... Demandez donc à M. Courjon, le tueur de tigres, le Jules Gérard du Bengale, combien de ses rabatteurs ont déjà été dévorés, et s'il en a jamais manqué pour cela.

L'Indou est brave, mais il a conscience de sa faiblesse, car il n'a ni chefs, ni armes, ni discipline. Donnez-lui tout cela, et vous verrez...

Comme nous doublions une petite pointe couverte de roseaux, un rugissement formidable nous fit tressaillir d'un effroi bien légitime en pareille circonstance, qu'un fanfaron seul pourrait nier, et nous aperçûmes à dix pas de la rive, à peu près à quarante mètres de nous, un magnifique tigre-royal à demi soulevé sur une masse noire, qu'il tenait sous ses pattes puissantes, et que nous jugeâmes être un jeune taureau.

Un éblouissement me passa devant les yeux; pendant quelques secondes les tempes me battirent à tout rompre : mais réagissant contre ce phénomène physique que je n'avais pu empêcher, je repris peu à peu mon sang-froid et épaulai mon arme.

A ce moment, le tigre se soulevant de dessus sa proie fit un pas dans notre direction : se découvrant complétement à nos coups, nous l'entendîmes respirer l'air par ses puissants naseaux ; sa longue queue balayait la terre, se relevant en brusques mouvements sur ses flancs. La lune répandait une telle clarté que nous distinguions jusqu'aux longues taches noires qui zébraient sa robe fauve.

— Halte ! fit le commandant B... à voix basse ; ne tirez qu'après moi, et seulement si le tigre blessé revient sur nous !

Nos Indous pesèrent sur leurs perches et la barque s'arrêta.

En homme exercé, B... ajusta le tigre au défaut de l'épaule : deux secondes à peine s'écoulèrent... et un rugissement terrible fit pendant à l'explosion de sa carabine.

Un seul bond de l'animal le porta sur les bords du fleuve. Nous allions donner l'ordre de faire dériver l'embarcation, quand nous le vîmes trébucher en se relevant et tomber sur le côté.

La fuite était inutile. Atteinte par une de ces balles qui, creuses à l'intérieur et garnies de fulminate, éclatent dans la plaie en faisant de terribles ravages, la pauvre bête râlait, le corps moitié dans l'eau, moitié sur le rivage, en poussant des soupirs et des cris déchirants.

Je voulais lui envoyer une dernière balle pour terminer ses souffrances ! — Bah ! dit le comman-

Un seul bond de l'animal le porta sur les bords du fleuve... (Tripany, page 126.)

IMP. E. MARTINET

dant, laissez donc; à quoi sert de gâter la peau? Si le camarade eût pu vous tenir entre ses pattes, il n'eût pas fait tant de façons avec vous.

Bientôt le râle cessa tout à fait, et après une dernière convulsion le tigre resta immobile. Il était bien mort.

Nous ordonnâmes alors à nos rameurs de se rapprocher du rivage pour le prendre à bord, où nous nous proposions de l'écorcher pour conserver la peau. Nous ne tenions nullement, on le conçoit, à accomplir cette besogne à terre, et à courir les risques d'une visite de quelque confrère ou de la femelle de la victime, qui nous feraient certainement payer cher notre témérité.

La simple opération de le hisser dans l'embarcation ne laissait pas que de nous causer de sérieuses appréhensions. Tout se passa cependant le plus tranquillement du monde, inquiétés seulement par une centaine de chacals qui grinçaient des dents autour de nous, et n'attendaient que notre départ pour se ruer sur le taureau, dont ils héritaient par la mort du tigre...

Ce fut avec un sentiment de bien-être indéfinissable que je vis notre embarcation reprendre le milieu du fleuve pour continuer notre voyage. S'il est une chose dangereuse par-dessus tout, dans l'Inde, c'est de stationner dans le voisinage du cadavre d'un animal; le vent emporte au loin les émanations, et les fauves avertis se mettent en marche à deux et trois lieues à la ronde, pour venir reconnaître cette proie que la finesse de leur odorat leur révèle...

En moins de deux heures, check Fellou, taillant

dans la bête avec la plus grande dextérité, nous livra une peau splendide, mesurant près de trois
mètres de la tête à l'extrémité de la queue.

La journée qui suivit fut employée par nous à la
faire sécher, à pêcher à la ligne de fond, et à dormir
pendant les chaudes heures du milieu du jour. Si
nos calculs ne nous trompaient pas, nous devions
arriver le soir sur les minuit à Tripany, lieu d'attente des premiers arrivés, et nous étions, je dois
l'avouer, on ne peut plus fiers de pouvoir montrer
notre chasse à nos amis, qui certainement, en venant nous rejoindre par la voie de terre, ne devaient
point faire la pareille, la route de Chandernagor
à Tripany évitant avec soin les marécages et la
jungle.

La nuit vint, mais les émotions de la veille nous
avaient tellement fatigués que le repos du jour
n'ayant pas été suffisamment réparateur, nous nous
jetâmes de bonne heure sur nos nattes de vetivert et
de rotin, abandonnant au patron la direction de la
marche, avec recommandation de ne nous réveiller
que quand nous serions arrivés à destination.

Je ne sais combien de temps nous avions dormi,
quand je me levai brusquement, à demi étouffé par
une fumée épaisse, mélangée d'une odeur nauséa-
bonde de chair grillée. Je secouai B... qui dormait
au milieu de cet air méphitique, et tous deux nous
sortîmes de la cabine pour nous enquérir de ce qui
venait en ce moment troubler notre sommeil.

Je n'oublierai jamais le lugubre spectacle qui
frappa ma vue. Nos hommes étaient couchés sur le
pont, la tête enveloppée dans la pièce de calicot

qu'ils portaient enroulée autour des hanches ; l'embarcation était enveloppée, ainsi que toute la rivière, par une fumée épaisse et tiède comme de la vapeur d'eau, à travers laquelle nous distinguions une quinzaine de feux en avant et en arrière de nous. Nous étions amarrés aux derniers escaliers d'un perron monumental, surmonté d'une espèce de portique soutenu par quatre colonnes, qui apparaissaient ou disparaissaient selon que le feu cédait à la fumée ou la fumée à la flamme. De chaque escalier partait un cri, une plainte, un gémissement... Nous étions au *gâte* des morts, à Tripany...

Chacun de ces bûchers recelait un cadavre... chacun de ces escaliers, un mourant qui venait rendre le dernier soupir sur les bords sacrés du fleuve aux cent bras.

Le suprême espoir de l'Indou est de rendre l'âme en regardant le Gange, d'être ensuite brûlé sur ses bords par sa famille, qui jette dans les eaux purifiantes, où le divin Kristna fut baptisé par Ardjouna, les ossements de ses parents, ainsi lavés de leurs dernières souillures.

Aussi, en remontant le fleuve, apercevez-vous à chaque pas ces sinistres monuments qui se détachent dans l'air, sombres et noircis par le temps, et presque toujours garnis de deux ou trois de ces malheureux, en train de passer de vie à trépas.

Le choléra régnait en ce moment à Tripany ; on brûlait sans relâche tout le long de la rivière, et le gâte des morts, qui regorgeait de mourants, ne laissait point chômer les bûchers.

Dès que le moribond est apporté là, il est perdu,

quoi qu'il arrive.... Si d'aventure il vient à en ré-
chapper, chargé de la réprobation universelle, maudit par les dieux qui n'ont pas voulu lui accorder
une mort bienheureuse sur les bords du fleuve sacré, que le malheureux ne se hasarde plus à rentrer dans sa maison : sa femme ne le reconnaîtra
plus, ses parents, ses enfants, ses amis le repousse-
ront. Objet de dégoût pour tout le monde, quand la
mort le délivrera de ses peines, il renaîtra dans le
corps d'un chacal immonde ; mais, en attendant, il
mènera une vie solitaire et errante, les parias même
croiraient se souiller en le touchant.

J'ai vu de ces malheureux que la misère et la
faim avaient rendus idiots, pâles squelettes se
soutenant à peine, suivre le soir, à la brune, les
bords des ruisseaux ou les sentiers écartés, dans
l'espérance de rencontrer quelque animal mort...
ignoble nourriture qu'ils étaient encore obligés de
disputer aux chacals et aux oiseaux de proie.

Aussi, pour lui épargner un tel malheur, si
quelque pauvre diable fait mine de se soulever
essayant de fuir le gâte, de se rattacher à la vie,
les parents, son fils aîné s'il est présent, se préci-
pitent sur lui, le renversent et lui remplissent les
yeux, les narines, les oreilles et la bouche, avec de
la boue ramassée sur les bords du fleuve, et se
hâtent de le porter sur le bûcher qui l'attend, à
demi étouffé, mais respirant encore.

Nous ne pouvions rester stationnés au milieu de
cette fumée et de ces odeurs délétères ; le seul
moyen de nous y soustraire, comme nous étions
sous le vent, était de faire remonter la barque à

cinq ou six cents mètres au-dessus de Tripany, et,
dans ce cas, les compagnons qui devaient nous
rejoindre pouvaient perdre une partie de la nuit
à nous chercher. Nous prîmes le parti de descendre
à terre et d'attendre nos amis dans le village.

Au bout de deux heures employées par nous à
visiter les malheureux que le fléau décimait, et à
leur donner quelques conseils complétement perdus
pour eux, tellement ils étaient frappés de stupeur,
le galop rapide des chevaux de ceux que nous attendions se fit entendre. Cinq minutes après, notre
embarcation poussait au large et nous reprenions
ensemble notre voyage interrompu.

Pour ne point prolonger cette digression, je ne
raconterai pas les différentes péripéties de nos
chasses aux Grandes-Iles, qui durèrent dix jours,
tantôt dans les jungles à dos d'éléphant, tantôt
dans les marais, tantôt dans les bois. Il faudrait
des volumes pour retracer convenablement ces
scènes émouvantes et curieuses.

Peut-être, au courant de la plume et des souvenirs, leur emprunterai-je encore quelques épisodes.

Je ne sais si cette façon d'agir est du goût du
lecteur; mais, outre que la monotonie du voyage
en est rompue d'autant, il me serait, je dois le
dire, impossible de procéder autrement. Ayant déjà
habité l'Inde pendant plus de six années, comment
se pourrait-il faire que chaque pas de ce voyage
ne rappelât pas en foule les souvenirs du passé,
que chaque lieu visité, village, pagode, mosquée,
grandes ruines, chasses, n'évoquassent point des
émotions déjà ressenties? et comment alors, dans

ce cas, ne point se complaire à rattacher ce passé
au présent, et à doubler de cette façon l'intérêt du
récit?...

Et puis, pourquoi ne pas le dire? j'ai la prétention dans cet ouvrage, dont les Mœurs et les
Femmes de l'Orient ne sont qu'une première série,
de révéler l'Inde et l'extrême Orient dans ses coutumes, ses mœurs intimes, ses légendes, ses traditions, ses croyances religieuses, toutes choses qui
ne sont connues aujourd'hui que par les récits fantastiques de voyageurs qui n'ont vu que la surface,
et se sont mis à traduire leurs impressions croyant
qu'il n'y avait rien au delà.

Il n'est pas au monde de pays qui soit aussi
fermé à la curiosité que ces contrées.

Tout y est symbolique et doit être pénétré dans
son sens caché.

Les premiers mois de mon séjour ne me donnèrent sur l'Inde que des idées erronées, et si je
m'étais permis à cette époque d'en faire part au
public, j'eusse pu intéresser en Europe aussi bien
que le premier venu, mais à coup sûr je me fusse
fait rire au nez, dans l'Inde et en Orient, par les
gens possédant une science sérieuse de ces contrées.

Aussi ne crois-je pas émettre un paradoxe en
soutenant qu'on ne peut commencer à voyager dans
l'Inde, avec fruit, qu'après y avoir habité quatre
ou cinq ans, et si l'on connaît, je ne dirai pas le
sanscrit, tout le monde n'a pas et le temps et les
aptitudes nécessaires à l'étude de cette langue merveilleuse, mais le tamoul et l'indoustani, ces deux
dérivés de la vieille langue mère, avec lesquels on

est sûr d'être compris du nord au sud de l'Indoustan, de l'Himalaya à la pointe du cap Comorin et
à Ceylan.

. . . .

Nous voilà bien loin de Kaltna et de nos bons
amis de Ceylan. Je demande la permission de les
négliger pendant quelques pages encore.

Au début de ce long voyage, je désire donner
quelques notions générales sur deux choses qui
inquiètent au suprême degré l'Européen qui se
propose de visiter l'Inde : je veux parler du climat,
et surtout des serpents, dont quelques écrivains
ont fait un véritable épouvantail. Cela me permettra
de ne revenir sur ces questions qu'en cas de faits
spéciaux et particuliers. Je serai bref.

Le climat de l'Indoustan n'est pas uniforme, et
cela se conçoit. Cette immense contrée, qui s'étend,
d'un côté, des plateaux de l'Himalaya à Ceylan, et,
de l'autre, du golfe Persique aux côtes de la Birmanie, possède toutes les différentes températures
du globe.

On rencontre dans la pointe orientale, dans les
provinces de Carnatie et du Malayalam, des déserts
de sables continuellement chauffés par un soleil
de 38 à 42 degrés. Sous cette chaleur torride,
l'Européen ne pourrait vivre sans danger, et il
arrive souvent que l'Indou lui-même tombe frappé
d'insolation en traversant ces plaines désolées.

Les côtes de Malabar et de Coromandel, quoique
incendiées par les mêmes rayons, sont habitables,
grâce aux fortes brises de mer qui se lèvent avec
régularité de midi à deux heures, pour régner

jusqu'à une heure assez avancée de la nuit. Mais
ce bienfait ne se fait guère sentir que sur un rayon
de vingt-cinq à trente lieues de profondeur, parallèle au rivage. Dès que l'on s'enfonce plus avant
dans l'intérieur, on n'a plus pour rafraîchir le sol
embrasé que des brises de terre et sans direction
régulière, intermittentes, et qui restent parfois des
mois entiers sans faire leur apparition.

On est obligé alors de se procurer, à l'aide du
pankah, une température factice, sans laquelle on
ne serait capable d'aucune occupation sérieuse.
De mai en octobre, dans les provinces du Sud, les
riches colons et les négociants émigrent aux montagnes des Nielguerry, qui jouissent, grâce à leur
élévation, d'un climat plus favorisé.

A Ceylan, bien que la température paraisse très-
élevée au thermomètre, on n'éprouve en réalité
aucune souffrance de la chaleur : la brise de mer
y est constante; il n'est pas de jour que des pluies
légères et bienfaisantes ne viennent rafraîchir la
terre, et donner aux nuits un calme et un attrait
qu'on ne trouve nulle part ailleurs sous ces latitudes.

Les plateaux du centre, Bombay, les plaines du
Bengale, de dix à quinze degrés plus au nord,
n'ont réellement que quatre mois de fortes chaleurs,
de mai en août, et jouissent pendant le restant de
l'année d'une température tellement délicieuse,
que je n'en sais aucune en Europe, pas même celle
du printemps, qui puisse lui être comparée.

Au-dessus de Benarès, de Delhi, de Lahore, en
se rapprochant des montagnes, on commence à

rencontrer un véritable hiver, qui dans le Boutan, le Nepaul, le Kannawer et le Cachemire, se présente avec son cortége complet de neiges et de glaces, si abondantes parfois qu'elles interceptent les routes, à peine frayées, il est vrai, de ces sauvages contrées, et rendent toute communication impossible avec la plaine.

On y rencontre tous les fruits d'Europe, que d'immenses caravanes de montagnards insoumis viennent vendre au Bengale à de certaines époques de l'année.

Il faut les voir passer dans les villes, avec leurs grands sacs de toile garnis de grenades, amandes, noix, pistaches, figues sèches, raisins et abricots confits, d'un geste dirigeant leurs monstrueux éléphants, fiers de leur indépendance, et présentant dans leur stature athlétique et leurs belles figures de patriarches le plus beau type de la race humaine.

Dans le Nepaul et dans le Boutan, les Anglais se sont fait écharper en voulant rogner un bout de territoire... La leçon a profité ; les habits rouges, qui s'entendent si bien à massacrer les Indous sans défense, se le sont tenu pour dit, et ils ne retourneront plus s'y frotter, malgré les rodomontades et les hâbleries de leurs journaux de Calcutta, qui, de temps à autre, annoncent que l'on va annexer le Boutan, le Cachemire ou le Caboul.

Ils n'y parviendront jamais, à moins qu'ils ne puissent y mettre les pieds sous un prétexte amical, et y faire jouer cette arme si essentiellement anglaise qui s'appelle la duplicité et la corruption.

Un jour que je me promenais à Chinchura, sur

les rives du Gange, au-dessus de Chandernagor, je fus témoin d'une petite aventure qui me donna une idée de la force extraordinaire des enfants de ces montagnes.

Deux soldats anglais d'un régiment d'artillerie étaient en pourparlers avec l'un d'eux, débattant le prix d'une demi-douzaine de grenades qu'ils avaient choisies; ne pouvant tomber d'accord, et pour trancher la discussion à leur manière, ils mirent les fruits dans leur poche et refusèrent de payer, ainsi que ces messieurs ont l'habitude d'en user avec les Bengalis.

Mais ils avaient affaire avec une tout autre race : le fils du Caboul dédaignant les conseils qui l'engageaient à aller se plaindre à l'officier qui commandait la caserne, se leva, et saisissant de chaque mains ses deux voleurs par le cou, il leur administra une correction d'importance, qui se termina par la restitution des grenades, à la grande joie de tous les marchands du bazar, trop souvent soumis à de pareilles exactions.

Mes deux hommes s'enfuirent à moitié déchirés, et ne se vantèrent sans doute point du résultat de leur exploit.

Suivant les zones, les maladies que l'Européen doit redouter dans l'Inde diffèrent de nature et d'intensité.

Les plus communes sont les hépatites, la dyssenterie, la gastralgie et les fièvres des marais. Quelques mois de séjour en Europe ou dans les fraîches contrées de l'Himalaya suffisent pour procurer une en-

tière et rapide guérison, quand un médecin intelligent sait vous faire partir à temps.

Les divers genres de maladies aiguës que la médecine faute de mieux, a classées sous le nom de
fièvres typhoïdes, muqueuses ou cérébrales, sont à
peu près inconnues et, dans tous les cas, offrent peu
de dangers.

Quant aux insolations, malheur à qui s'y expose :
la mort la plus rapide, unie aux souffrances les plus
épouvantables, est le prix de l'imprudence de celui
qui oublie un seul instant qu'il a sur sa tête un soleil
dévorant, sans pitié pour celui qui le brave.

J'allais oublier presque intentionnellement le choléra, ce fameux choléra asiatique, qui donne aux
médecins d'Europe de si beaux sujets de thèses ou
de mémoires à l'Académie.

On connaît le commencement pour ainsi dire
stéréotypé de la chose :

« C'est des rives du Gange, de ce fleuve immense
qui charrie d'énormes quantités de détritus végétaux et animaux, que le choléra... » etc.

Je ne sais, ainsi que le prétendent ces messieurs,
si le Gange est réellement aussi coupable qu'on
l'affirme dans la science officielle; ce que je puis
certifier, pour ma part, c'est que c'est la dernière
des maladies dont un Européen ait à se préoccuper
dans l'Inde.

Assez dangereuse pour les natifs pauvres, qui,
pendant la saison des pluies, couchent dans la boue
et n'ont pas de quoi se vêtir chaudement; elle ne
fait pas dix victimes par an parmi les Européens
dans l'Inde entière, et encore c'est un chiffre que

je cite un peu au hasard, n'en ayant pour ma part jamais vu mourir un seul du typhus.

Les Indous eux-mêmes s'y soustrairaient facilement, s'ils s'inquiétaient d'avoir ou avaient les moyens de se donner une nourriture plus substantielle, des cases à l'abri de l'humidité, et si leur système religieux d'ablutions ne les forçait pas à chaque moment du jour à se plonger dans les eaux bourbeuses et pleines de détritus des étangs.

Ce que je vais dire des serpents étonnera bien des gens.

Il y a sur ce sujet une théorie toute faite, que chacun copie sans la renouveler, et qui consiste à faire de l'Inde un pays presque inhabitable à cause de ces dangereux animaux. A entendre certaines gens, on ne saurait faire un pas sans prendre des précautions, et le temps s'écoulerait, du matin au soir, à regarder où l'on met le pied, où l'on pose la main, etc... Ce serait un supplice intolérable.

Tranquillisez-vous, et que les exagérations des gens qui, tous les matins, trouvaient dans l'Inde un scorpion dans leur pantoufle et un cobra-capella sous leur lit, ne vous empêchent pas, si telle est votre envie, d'aller visiter ce merveilleux pays.

Sans doute il y a, dans ces contrées, des quantités innombrables de scorpions, de mille-pattes et de serpents appartenant aux plus dangereuses espèces.

Il en est qui tuent en quelques minutes, comme le cobra-capella et le trigonocéphale ou serpent fer-de-lance, ainsi nommé à cause de la forme de sa tête ; d'autres qui vous foudroient en quelques secondes, comme le serpent minute ainsi appelé

pour indiquer la rapidité de l'effet de sa morsure;
le serpent à sonnettes et le coralilo.

Ce n'est ni sur le nombre ni sur l'effet du poison
de ces terribles animaux que porte l'exagération que
je relève : c'est sur le danger que court l'Européen qui vit côte à côte avec de pareils hôtes, que
je ne saurais partager l'opinion généralement
reçue. Et voici mes motifs :

Ces animaux, craintifs à l'excès, s'enfuient au
moindre bruit, et, bien loin d'attaquer, ne songent
qu'à leur sûreté personnelle. Dès qu'ils vous aperçoivent, loin de devenir menaçants, ils se hâtent de
se réfugier dans leur repaire et ne se retourneront
contre vous que si vous leur barrez le chemin ou
si vous les attaquez.

Un jour que je chassais sur les bords du lac
Oussoudou, je mis le pied par mégarde sur la
queue d'un trigonocéphale; au lieu de se retourner
pour me mordre, l'animal fit un effort désespéré
pour se dégager, et comme, en l'apercevant, je fis
immédiatement un bond de côté, il se trouva libre
et se réfugia de toute sa vitesse dans une crevasse
de la berge du lac... Il est certain que si mon pied
ne s'était point levé pour lui rendre la liberté, à
son premier mouvement pour se dégager allait
infailliblement en succéder un autre pour me
mordre; mais je constate, par ce fait et cent autres
identiques que je pourrais citer, que le premier
mouvement du serpent est toujours et invariablement pour fuir, et qu'il ne se retourne pour vous
mordre que si vous l'en empêchez.

Doué d'une ouïe excessivement fine, il vous entend marcher à cent mètres de distance et se gare prudemment dans le premier fourré venu, ce qui fait que vous pouvez chasser des journées entières sans en apercevoir un seul, et cependant il est certain que vous en êtes entouré.

Un autre exemple : car rien en ces matières ne saurait parler mieux que les faits.

J'avais amené dans l'Inde un magnifique chien épagneul très-passionné pour la chasse, malgré sa petite taille. Dans les premiers temps de mon séjour, je ne saurais dire à quel point je surveillais cet animal, craignant à chaque instant qu'il se fît mordre dans les fourrés, où il avait la passion de poursuivre les rats, les caméléons, les gros lézards et même les serpents. Peu à peu, voyant cependant qu'il ne lui arrivait rien, je finis par lui laisser sa liberté entière, dont il profitait, dès que nous étions à la campagne, pour courir des journées entières, dans les rizières et dans les bois. Il n'a pas été mordu une seule fois, et, après six ans de séjour, il est revenu mourir vulgairement en France où il était né.

Comme il donnait constamment de la voix en chassant, je suis persuadé qu'il ne parvenait jamais à joindre le moindre serpent, qu'il avertissait ainsi de sa présence, et c'est à cette circonstance qu'il doit de n'avoir pas été mordu.

La plupart des serpents ne sortent de leurs repaires que de nuit, pour guetter leur nourriture et surprendre dans les rizières les rats et les mulots, dont ils font une grande consommation. A cette heure la promenade sans précaution pourrait être plus dangereuse que de jour, mais l'Inde n'est pas un pays où l'on puisse s'amuser à aller rêver le soir à travers champs.

J'ai souvent interrogé les colons et des compatriotes fixés dans le pays depuis vingt-cinq à trente ans, pas un n'a pu m'affirmer avoir vu mourir un Européen de la morsure d'un serpent.

Sans doute il y a eu des cas, mais je les déclare excessivement rares, et pour ma part je n'en ai jamais vu.

Il n'y a que dans les romans que l'on voit des cobra-capella s'enrouler dans vos jambes pendant que vous faites la sieste... ou mordre au bras la jeune fiancée en train de cueillir une figue.

Pendant les premiers temps de mon séjour à Pondichéry, je m'attendais à chaque instant à rencontrer un reptile sous la main. M. de Waren, que j'avais lu attentivement, m'avait appris à ne jamais mettre le pied hors de mon lit sans lumière, à ne jamais prendre mes vêtements sans les avoir au préalable secoués et retournés plusieurs fois... à me défier de tous les objets qui m'entouraient et qui pouvaient recéler un reptile.

Tout cela est parfaitement ridicule.

Sans doute on trouve des serpents au fond des vieilles caisses à fleurs abandonnées dans le jardin, sous les piles de bois mort empilé dans la cour pour la cuisine, parfois même dans les petites cases en bambou des domestiques; mais même dans ces lieux qui ne sont point d'une propreté exemplaire, combien en rencontrerez-vous par an? Un ou deux à peine.

Est-ce qu'en France, dans les provinces du Midi surtout, on n'en trouve point parfois dans les basse-cours des fermes et dans les greniers à foin?

Pendant les longues années que j'ai habité l'Inde, j'ai vu parfois, principalement à la campagne, un serpent traverser une verandah; mais comme il se hâtait, comme on voyait bien qu'il s'était fourvoyé, que le hasard seul l'avait conduit là! Un enfant, d'un coup de badine, pouvait le tuer presque sans danger, tellement il était désorienté.

En résumé, il y a beaucoup de serpents dans l'Inde, et des plus mauvais; mais ils sont peu dangereux en raison de leur timidité et de leur promptitude à fuir au moindre bruit; ce qui fait qu'en ne négligeant point les précautions ordinaires que la prudence la plus vulgaire conseille, c'est-à-dire en ne marchant jamais nu-pieds, et n'allant point le soir s'asseoir sur le gazon ou dans les bosquets, on n'a à peu près rien à redouter d'eux.

Il n'en est pas de même des Indous, dont les cases sont situées sous bois et souvent dans d'épais fourrés, et qui ne font aucun bruit en marchant sans chaussure : il n'est pas rare d'avoir à déplorer quelque accident parmi eux, sans cependant que cela soit aussi commun que leur imprudence pourrait le faire penser.

Ainsi donc, à tous égards, l'Inde est un pays fort habitable, malgré sa chaleur et ses animaux malfaisants, dont on a eu tort de faire un véritable épouvantail...

Pour compléter les notions très-sommaires que j'ai données sur le climat, je vais indiquer les précautions d'hygiène usuelle que l'expérience m'a démontré être les plus salutaires pour l'Européen qui désire conserver sa santé dans ce pays.

Je n'ai nulle prétention à la science; je me suis bien trouvé de ce régime, je l'indique, le suivra qui voudra.

Voici mes formules, non garanties par la Faculté :

Ne jamais habiter que des maisons à étage, vastes et ouvertes à tous les vents. L'air est ici le premier des biens, il faut en avoir à tout prix.

Avoir des pankaks bien installés dans toutes les chambres, s'en servir la nuit pendant la saison chaude. Sous l'air frais de ces grands éventails manœuvrés par des serviteurs spéciaux, le sommeil ne vous fait jamais défaut.

Dans le sud, fuir la flanelle, qui vous procure des éruptions à la peau et ne vous préserve de rien; ne jamais la quitter dans le nord où la température est sujette à de subits refroidissements, et surtout dans les saunderbounds du Gange et dans les plaines marécageuses du Bengale.

Prendre des bains froids deux fois par jour, le matin en se levant et le soir sur les quatre heures, quand la chaleur diminue un peu d'intensité; ne jamais rester dans l'eau plus de huit à dix minutes, car le bain froid journalier pourrait devenir nuisible, s'il était trop prolongé. S'abstenir de bains chauds, ils ne contribueraient qu'à vous affaiblir.

Ne jamais sortir de dix heures du matin à trois heures de l'après-midi. En cas d'absolue nécessité, ne le faire qu'en voiture pour les longues courses, et muni d'un large parasol pour les trajets de quelques pas.

Boire du vin coûte que coûte à tous ses repas : l'usage de l'eau débilite l'estomac et prédispose à l'anémie.

Dans la journée, comme rafraîchissant, couper un demi-verre d'eau de quelques gouttes de cognac. — Je ne conseille pas de suivre la méthode anglaise, qui consiste à couper un verre de cognac de quelques gouttes d'eau.

Comme eau de table, ne faire usage que de celle des sources, et si, comme dans les plaines du bas Bengale, on est réduit à celle des étangs, remplis de détritus de toute nature, ou à celle du Gange, qui charrie constamment des cadavres d'hommes et d'animaux, il ne faut s'en servir qu'après l'avoir purifiée par l'alun et filtrée au sable et au charbon.

Dans les premiers temps de l'arrivée, user modérément des condiments et des mets épicés, s'y habituer ensuite peu à peu : le climat l'exige.

Les trois quarts des gastralgies dont on vient de mander la guérison à l'Europe n'ont d'autre cause que l'usage d'aliments trop fades, qui achèvent de paralyser un estomac que la chaleur rend déjà paresseux. Réagir fortement contre la bile tous les mois.

Manger de bonne viande, mais en petite quantité. Préférer les viandes noires et sèches, le gibier surtout, aux viandes trop grasses de mouton et de bœuf.

Ne jamais abuser de la table : c'est surtout sous ces latitudes que l'hygiène doit principalement consister en une sobriété bien entendue.

Se garder des excès de toute nature, et, sans qu'elles soient prohibées, les promenades aux îles où fut honorée Cythérée ne doivent pas être trop fréquentes.

Enfin, recommandation dernière et qui n'est pas la moins importante, se méfier de la quinine et des médecins anglais.

La plupart de ceux que j'ai connus dans l'Inde n'eussent certainement point passé un examen acceptable de vétérinaire. Cela se conçoit, en présence de l'immense quantité de stations, où, en raison des employés européens, l'Angleterre est obligée d'entretenir des médecins qu'elle pêche un peu à droite et à gauche, sans se montrer trop sévère sur les diplômes.

Nos bons amis les Anglais ont adopté un autre système d'hygiène que celui que je viens d'indiquer.

Partant de cette idée qui est pour eux un principe, que ce qui est bon pour la vieille Angleterre, avec son soleil qui joue perpétuellement à cache-cache et ses brumes humides, ne saurait être mauvais ailleurs, ils se traitent à Bombay, à Calcutta et dans l'Inde entière comme à Londres. Le brandy, prononcez cognac, le whisky, le gin, le porto, le champagne, le sherry, sorte de liqueur moitié vin blanc moitié cognac, de leur invention, couvrent leur table, et ils en font régulièrement un si copieux usage, que passé huit heures du soir, à la suite de leur dîner, ceux qui peuvent se procurer ce luxe, les vrais gentlemen, se trouvent dans ce saint état de béatitude que l'on appelle *douce*.

ivresse pour les gens bien élevés et *ivrognerie* pour le menu fretin.

A de bien rares exceptions près, vous ne pouvez, sur les neuf heures du soir, parler à un Anglais dans l'Inde que sous la table...

Mais combien aussi laissent leurs os sur cette terre, usés avant le temps par le climat et les excès.

Que j'en ai connus de ces malheureux, qui, arrivés au dernier degré de l'abrutissement, incapables de prendre la moindre nourriture, n'étaient plus soutenus que par la boisson! Mais cela durait peu, un matin on les trouvait morts dans leur lit, à côté de leur dernière bouteille de brandy.

Si, d'aventure, vous essayez de leur persuader que ce qui peut ne pas être trop nuisible dans leur froide et brumeuse patrie, est mortel dans ces brûlantes contrées, vous n'obtenez d'eux que ce sourire hautain et froid, qui passe en Angleterre pour la marque suprême du bon ton, et que ces insulaires n'abandonnent qu'en présence de ceux qu'ils reconnaissent comme leurs supérieurs; vous gardez alors vos conseils pour vous, et vous laissez ces gens-là se tuer à leur fantaisie...

J'en ai fini avec ces notions qui, quoique très-sommaires, permettront au lecteur de me suivre dans mes récits, sans qu'à chaque instant, à propos d'un accident, d'une insolation, d'une morsure de serpent, je sois forcé de revenir sur des questions générales de climat et de reptiles. Ce n'est pas à dire pour cela que je négligerai les questions qui peuvent se rattacher à ces différents sujets, mais je ne m'en occuperai que quand elles seront accompagnées de faits curieux et intéressants...

Après cette longue parenthèse, nous voici de retour à Kaltna, auprès de mes bons amis, que je ne vais point cependant tarder à quitter, malgré leurs protestations.

Il y avait déjà six semaines que je menais cette vie paresseuse et contemplative, qui est le grand charme de ces climats; je m'engourdissais dans la quiétude et le bonheur, mais je connaissais trop les étranges effets de cette torpeur et physique et morale, pour lui permettre de s'emparer complétement de moi. Aussi annonçai-je à mes aimables hôtes, un soir, à l'issue du dîner, que j'allais partir sous les trois jours, pour me rendre à Trinquemalé par Kandy, en traversant les montagnes et tout l'intérieur de l'île.

Tout fut mis en œuvre pour me dissuader : on fut jusqu'à me dire que le versant nord-est des monts Kotmalé, que j'étais obligé de traverser, était infesté d'éléphants sauvages, de jaguars et de cette espèce de panthère noire connue sous le nom de panthère noire de Ceylan. Rien n'y fit. Je répondis comme de raison à toutes ces amabilités, qui me touchaient au suprême degré — car elles n'avaient d'autre but que celui de me retenir le plus longtemps possible sur la plantation, — que je ne pouvais m'éterniser à Kaltna, que plus je resterais et moins j'aurais la force de partir, qu'il le fallait cependant; et que, quant aux dangers de la route, je savais qu'en ne voyageant que de jour, dans les localités infestées par les fauves, je n'avais à peu près rien à craindre.

Je dois avouer que la partie adverse était aussi entêtée que moi dans ses arguments; et nous fûmes obligés d'arriver à une transaction qui combla tous mes vœux.

Les nombreuses forêts du district de Trinquemalé recèlent de grandes quantités d'essences tinctoriales, de canelliers, de girofliers, ainsi que de magnifiques bois de construction pour les navires. M. Duphot achetait chaque année des cargaisons importantes de ces différentes denrées; mais jusqu'à ce jour, quelque envie qu'il en ait eue, le temps lui avait manqué, et peut-être aussi un compagnon, pour visiter les splendides plateaux de l'intérieur, qui produisaient ces diverses essences qu'il se procurait par intermédiaire.

Comme il m'achevait cette explication, mon hôte ajouta en regardant sa femme qui fit un geste d'approbation :

— Voyons, donnez-nous dix jours encore, le temps de me permettre d'achever ma récolte d'indigo, je vais faire mes achats moi-même, et je vous accompagne, ou plutôt nous vous accompagnons jusqu'à mi-chemin de Trinquemalé, car ma femme n'est pas moins désireuse que moi de visiter les splendides vallées du pic d'Adam, ainsi que les forêts de l'autre versant, qui dépassent comme luxe de végétation tout ce que l'imagination peut rêver.

On conçoit que j'acceptai cette proposition avec le plus vif empressement, tout en hasardant quelques observations sur les dangers et les fatigues d'un pareil trajet, qui devaient, dans ma pensée, dépasser de beaucoup les forces d'une jeune dame délicate et habituée à ces mille et un riens de la vie confortable et luxueuse.

— Ne vous inquiétez pas de cela, me répondit, avec un charmant sourire, mon aimable interlocutrice. Nous voyagerons à la manière anglaise, avec nos tentes, nos lits, nos moustiquaires, tout notre service et tout notre personnel de domestiques; nous formerons un véritable village chaque fois que nous camperons, et pour moi, je n'aurai, en outre de votre présence, messieurs, pour me rassurer, rien à craindre, ni de la fatigue ni des fauves, car je monterai Nirjara, — en sanscrit et en tamoul, coursier du soleil. — Nirjara était l'éléphant favori de Mme Duphot, splendide animal que j'aurai bientôt occasion de présenter au lecteur.

Je n'avais autre chose à faire qu'à approuver des deux mains le plan proposé, qui allait donner à une partie de cette excursion, que je croyais devoir faire seul, le charme inappréciable d'une compagnie telle que je pouvais la désirer, unie à ce luxe asiatique dont les riches colons continuent la tradition : luxe tellement extravagant, chez quelques-uns, qu'il serait impossible d'en narrer les folies en Europe sans se faire taxer d'exagération.

Mon brave Amoudou fut enchanté de ce retard. Il s'était marié à la mode cyngalaise, avec une des servantes de l'habitation, et quelque légers que soient ces liens que l'amour forme et que le plus léger accident délie, il n'était point encore arrivé à la satiété, et proposait tous les jours à sa jeune maîtresse de partir avec lui.

— Saëb est si bon, lui disait-il, qu'il ne t'empê-

chera pas de nous suivre, et comme il est marié, tu
serviras « Ama » (la dame) de même que je le
sers, moi.

Le gaillard était plein d'imagination, et bâtissait
déjà son petit roman...

Il n'est rien que j'affectionne autant que les aventures privées, que les mœurs d'intérieur, aussi,
pendant mon séjour à Kaltna, en dehors des heures
que l'homme du monde était obligé de consacrer
à ses hôtes, donnais-je presque tout mon temps à
des études de mœurs intimes, sans lesquelles, surtout dans l'extrême Orient, il vous est impossible
de connaître et d'apprécier un peuple.

Parlant le tamoul, cette vieille langue du sud de
l'Inde, un des dérivés les plus immédiats du sanscrit, qui avec l'indoustani sont les deux langues
généralement comprises de tout le monde à Ceylan,
je m'en allais passer des journées entières sous la
vérandah des cases cyngalaises, bien accueilli de ces
gens simples et bons, les faisant causer, raconter
leurs légendes, m'initiant à tous les détails, si pleins
d'intérêt, de leur curieuse existence.

D'autres fois, aux abords des temples ou dewalés,
je me faisais redire par le kapural les merveilleux
exploits de quelques-unes des incarnations de Buddhah.

Les Cyngalais sont doux et timides comme des
enfants, et tellement inoffensifs que l'on peut voyager
seul et sans armes dans toute leur île, sans avoir à
redouter même l'ombre d'un danger. L'accueil le
plus affable vous attend partout; chacun vous donnera l'hospitalité dans la mesure de sa position :

pauvre, il partagera sa case avec vous et vous ser-
vira, riche, il vous donnera un palais et une armée
de domestiques pour prévenir vos moindres désirs.

Comme je m'inquiétais par-dessus tout de ne
froisser aucunes de leurs croyances, de respecter
tous leurs usages, même ceux qui pourraient paraître les plus ridicules, j'étais bien accueilli partout et m'étais fait de nombreux amis dans les villages voisins de l'habitation de Kaltna.

J'aimais surtout à diriger mes promenades du
côté de Tembapoor, petit village perdu sous bois, à
quelques milles de là, et presque entièrement habité par des gens de la caste des Mahabadé-Tcha-
leas, ou écorceurs de cannelle; la vie qu'ils mènent
constamment dans les bois, au milieu des éléphants
sauvages et des fauves de toute espèce, développe
outre mesure chez eux le sentiment poétique, si
commun chez tous les Orientaux, et en fait des con-
teurs acharnés d'histoires toutes plus merveilleuses
les unes que les autres, que je m'oubliai souvent à
écouter jusqu'aux heures les plus avancées de la
nuit.

La case dans laquelle je me reposais le plus souvent était celle du chef du village, du nom de Kasiappa, qui était en même temps chef de la caste
des Tchaleas. Le brave Cyngalais paraissait très-
heureux de me recevoir sous son toit, et chaque
fois que j'arrivais au village, ne manquait jamais de
m'offrir le karry du soir, que j'acceptais avec le plus
vif plaisir. Ce plat, le meilleur de la cuisine indoue,
est à mon avis, quand il est préparé par des mains
habiles, digne de figurer sur les tables les plus

somptueuses. Inutile de dire qu'il n'a rien de commun avec cette horrible mixture que vous servent sous ce nom les restaurants d'Europe. J'en donnerai la recette à son heure.

Quelques jours avant mon départ de Kaltna, il m'arriva dans ce village de Tembapoor une aventure des plus curieuses, digne de servir de préface aux quelques pages que je désire consacrer aux mœurs intimes des Cyngalais.

Un matin, comme je quittais l'habitation, le fusil sur l'épaule, pour abattre quelques-unes de ces énormes bécassines de rizière dont Ceylan abonde, je vis arriver Kasiappa, avec son baudrier rouge aux armes de la reine, signe distinctif donné par les Anglais aux chefs de village. Après les salutations d'usage, il me demanda s'il était vrai que je dusse bientôt partir pour l'intérieur.

— Cela est exact, lui répondis-je ; et comme je connaissais la poétique en usage dans ces occasions, j'ajoutai que bien des mois après mon départ, le chagrin de ne plus le voir ne m'aurait pas encore quitté.

— Pourquoi partir ?

— Il le faut.

— Si l'on n'est pas bon pour toi à la plantation, viens à Tembapoor, la maison de Kasiappa est à ton service.

— Ce n'est point là le motif qui me fait quitter mes amis ; je suis obligé d'aller à Pondichéry et dans le nord de la grande terre.

— Reviendras-tu ?

— Je ne sais.

—Alors, que le divin Gauthama, fils de Buddhah, t'accompagne! que la pierre à piler les massales (graines pour le karry) chante matin et soir sous les doigts de tes serviteurs! que le riz de tes repas nourrisse toujours un corps pur, et que les génies des eaux, propices aux voyageurs, éloignent de toi les Roudras et les Adytias (génies malfaisants), qui viendraient troubler le sommeil de tes nuits.

C'était la formule consacrée pour me souhaiter un heureux voyage.

Je lui répondis immédiatement par cette autre, avec laquelle le voyageur prend congé de ses hôtes :

— Que les Yakchas serviteurs de Couvera (dieu des richesses) veillent à la prospérité de ta famille! que les Mounis et les personnages sanctifiés purifient ton eau pour les ablutions du matin, et que les cérémonies funéraires puissent être accomplies autour de ton bûcher par ton fils aîné, entouré des fils de ses fils!

Ceci fait, et étant parfaitement en règle l'un envers l'autre, nous pouvions continuer la conversation. Kasiappa m'apprit alors qu'il avait l'intention de donner une fête dans sa maison en l'honneur de mon départ, et qu'il venait me faire son invitation, tant en son nom qu'en celui de plusieurs habitants du village, que je connaissais. Il m'annonça également que cette fête serait des plus brillantes, car elle concordait avec les cérémonies religieuses de la nubilité d'une de ses filles.

J'acceptai avec empressement, comme on doit le penser, et promis d'être exact à la réunion, fixée au lendemain soir à la chute du jour.

Cette coutume, des plus curieuses, de célébrer à la pagode d'abord, par des prières et des cérémonies spéciales, puis ensuite à domicile, par de la musique, des chants et un repas auquel assistent tous les parents et les amis, les premières marques de nubilité d'une jeune fille, existe dans tout l'Indoustan, quoique avec des formes variées dans le mode de célébration, suivant la localité et la richesse des parents, la caste à laquelle appartient la jeune fille, le dieu ou la déesse auxquels elle a plus particulièrement voué son culte, suivant qu'elle est jeune fille ou fiancée, ou mariée même, car certaines castes unissent d'avance leurs filles dès l'âge de quatre ou cinq ans à des époux de dix ou douze, et dans ce dernier cas, la cérémonie pour la nubilité se termine par la conduite de la jeune femme au domicile de son époux.

A déjeuner, je fis part à mes amis de l'invitation du chef de Tembapoor, et, à l'occasion de la cérémonie à laquelle j'allais assister, je recherchais le motif religieux de ces coutumes, lorsque je surpris un sourire plusieurs fois renouvelé sur la figure de mon hôte et de sa femme. J'en demandai l'explication, car la conversation me semblait peu prêter à ce genre de manifestation.

Il me fut répondu avec finesse qu'on voulait me laisser toute la primeur de mes impressions, et que la fête du lendemain me donnerait l'explication que je sollicitais. J'eus beau insister, prier, rien n'y fit. M. Duphot allait céder; mais un regard, pétillant de malice concentrée, de sa charmante compagne, l'arrêta sur cette pente.

— Attendez à demain, me dit-il; il vaut mieux en effet ne point vous déflorer la chose. A quoi bon vous faire connaître d'avance un des plus bizarres épisodes de cette cérémonie, qui emprunte à l'imprévu la plus grande partie de son charme?

Je n'insistai plus, mais je dois dire que je ne me souviens pas d'avoir été plus fortement intrigué en ma vie que dans cette occasion.

Le lendemain, sur les cinq heures du soir, un magnifique palanquin, orné pour la circonstance et auquel on avait adapté un dôme de fleurs naturelles, s'arrêta devant l'habitation avec ses six porteurs et leur gourou, ou chef conducteur, en habits de fête; chomins et turbans étaient en fine mousseline frangée d'or.

Kasiappa m'envoyait chercher dans le palanquin de cérémonie, réservé d'ordinaire au collecteur anglais, quand il séjourne quelque temps dans le district.

Je ne sais rien d'agréable comme ce genre de locomotion.

Le palanquin de cérémonie est ouvert des quatre côtés, muni d'un ciel soutenu par des colonnes, que l'on garnit de torsades de fleurs. On peut s'y tenir, à son gré, ou couché ou assis : léger, couvert de sculptures bizarres et de dorures, il est d'usage de ne s'en servir que pour de petites courses d'un village à un autre, et pour faire des visites.

On se ferait difficilement une idée de l'agilité et de l'adresse des porteurs de palanquins, qui appartiennent tous à la caste des Bohis. Les exploits des coureurs de l'antiquité, qui nous semblent fabuleux à nous autres gens d'Occident, sont renouvelés ici tous les jours par ces hommes qui, avec un peu de riz dans leur sac et l'eau des ruisseaux qu'ils rencontrent pour toute boisson, fatiguent un cheval à la course et franchissent en quelques heures des distances tellement exagérées, qu'il faut avoir été témoin de ces prodiges de rapidité pour y croire.

La ville de Pondichéry, sur la côte de Coromandel, est à environ trente lieues de Madras. Eh bien, j'affirme avoir vu plusieurs fois, dans des cas excessivement pressés, des coureurs bohis porter une lettre à Madras et rapporter la réponse à Pondichéry en moins de vingt-huit heures ; et le bohis, à son retour, après avoir dormi deux heures, pris un bain et mangé, était prêt à recommencer.

Cette caste jouit, dans l'Inde entière, d'une réputation d'honnêteté méritée par mille traits différents de dévouement, de fidélité, de courage même, donnés par ses membres dans une foule de circonstances difficiles.

Aussi, bien qu'appartenant à une des subdivisions inférieures de la caste primitive des Soudres, c'est-à-dire des artisans, est-elle estimée à l'égal des castes qui se groupent sous le nom de Vaysias, c'est-à-dire commerçants.

Il n'est pas d'exemple qu'un bohis ait abusé de la confiance qu'on lui avait accordée.

Tous les jours, des femmes, des jeunes filles, des enfants, arrivent d'Angleterre, pour aller rejoindre à quatre ou cinq cents lieues, dans une des innombrables stations de l'intérieur de l'Indoustan, un mari, un fiancé, un père, un tuteur...

Sans la moindre appréhension, on les embarque dans un palanquin, et, pendant six semaines ou deux mois, des jeunes filles, des femmes d'une provocante beauté sont à la merci de douze porteurs de palanquins, qui les entourent de soins et de prévenances, sans qu'un regard vienne déceler la moindre tentation, sans qu'un geste ou une parole puisse en rien blesser la plus craintive pudeur.

Et en cas de mauvaise rencontre, alors que vos domestiques les plus dévoués vous auront abandonné, ces gens, pour qui vous n'êtes qu'un inconnu, se feront hacher pour vous défendre.

Vous pouvez leur laisser de l'argent avec autant de confiance que vos personnes; ils le rendront à destination avec la plus scrupuleuse fidélité.

Jaloux de conserver cette réputation, les chefs et membres du conseil de la caste exercent une constante surveillance sur les bohis, qui, à la moindre défaillance, à la moindre plainte, sont immédiatement chassés de la caste et mis au rang des parias.

Je n'ai jamais eu occasion de voir exercer ces rigueurs contre un de ces braves gens.

Un exemple entre mille, de leur dévouement.

Lorsque j'habitais Pondichéry, j'allais deux ou trois fois par an, avec ma famille, passer une quinzaine à Cuddaloor, chez un de nos excellents amis, le major Templer, qui commandait la station anglaise de ce nom.

On a déjà pu se rendre compte de la haine que je porte à l'Angleterre comme nation. Je l'ai trop vue à l'œuvre dans le monde entier, ne respectant rien dès qu'il s'agissait d'abaisser le pavillon français, pour que je puisse éprouver pour elle un autre sentiment.

Eh bien, je dois dire que d'homme à homme, il en est autrement, et que j'ai rencontré de solides amitiés anglaises, d'une loyauté, d'une franchise, d'un dévouement à toute épreuve.

Quand un Anglais vous a donné la main, vous a appelé son ami, vous a introduit dans son intérieur, on peut se fier à lui. Je n'en pourrais pas malheureusement dire autant de tous les peuples.

Ce major Templer habitait l'Inde depuis trente-cinq ans. Ce qui lui était arrivé, pendant cette période de temps, d'événements curieux, d'aventures tragiques, est inénarrable.

En 1845, pendant les dernières guerres contre les Mahrattes, nommé capitaine dans un des régiments qui étaient à l'ennemi, il fut obligé de quitter Madras pour rejoindre son poste.

Il se mit en route, suivi d'un seul domestique de la caste des Bohis. Le troisième jour du départ, ils arrivèrent sur le soir dans un bengalow isolé, de la plaine déserte du Chounambar.

Le bengalow de l'Inde n'est autre chose que le caravansérail ou *maison du repos public*, que les anciens rajahs et les brahmes ont fait construire sur les routes et dans tous les lieux de passage des voyageurs, pour servir d'abri à ces derniers pendant la nuit.

Après avoir attaché son cheval dans un bosquet et mangé le karry que son domestique lui avait préparé, le major Templer se retira dans l'intérieur du bengalow pour se reposer, et son domestique se coucha sous la vérandah en travers de la porte.

Une heure s'était écoulée. Seuls les cris rauques de quelques tigres, qui venaient s'abreuver dans le Chounambar, s'étaient fait entendre dans le lointain, troublant le silence de la nuit. Le fidèle bohis, qui veillait, n'ayant rien aperçu d'extraordinaire autour de lui, allait se livrer au sommeil, quand il entrevit, le long des rives du fleuve qui coulait à quelque distance, plusieurs formes noires qui se rapprochaient du bengalow en suivant la berge et s'abritant derrière les arbrisseaux et les hautes herbes.

Il songea de suite que ce pouvait être une troupe de ces maraudeurs de nuit, connus sous le nom d'étrangleurs, qu'on a représentés en Europe comme des sectaires du culte de Kali, et qui ne furent en réalité (nous en reparlerons plus tard) que des filous vulgaires et lâches, se mettant à deux cents pour arrêter un Européen dont ils ne parvenaient pas toujours à avoir raison.

Au lieu de donner l'alarme immédiatement, et de frapper à la porte pour réveiller son maître, ce qui aurait pu avoir pour résultat de se faire massacrer l'un et l'autre en cas que les agresseurs fussent en nombre suffisant, le bohis, connaissant les habitudes de ces maraudeurs et sachant qu'ils se contenteraient d'entourer le bengalow, pour frapper le major sans défense, dès qu'il ouvrirait la porte, sur les trois heures du matin, pour continuer sa route, — car il est d'usage dans l'Inde de se mettre en marche longtemps avant le lever du soleil, pour rattraper les heures que l'on consacrera à la sieste pendant la chaleur du jour, — le bohis se glissa silencieusement dans le fourré où le cheval du major était attaché. Avec la promptitude de la pensée, il avait trouvé le moyen de tirer son maître de ce mauvais pas.

Détachant silencieusement le cheval, il l'emmena, en le faisant marcher sur l'herbe pour amortir ses pas, à deux ou trois cents mètres en arrière, et là, l'ayant amarré à une branche de tamarinier, il revint à proximité du bengalow en étouffant le bruit de sa marche, pour observer ce qui allait se passer.

Ainsi qu'il l'avait prévu, les maraudeurs se postèrent en sentinelles dans les broussailles, armés d'énormes gourdins, et le chef de la bande, qui seul possédait un vieux fusil à pierre, se mit à l'affût à dix pas de la porte du bengalow, prêt à faire feu au moment où le major sortirait sans défiance.

Après avoir assisté à ces préparatifs, le bohis jugea que le moment était venu d'exécuter son dessein. Il n'eût pas été prudent, en effet, d'attendre plus longtemps, en face du genre de guet-apens adopté par les maraudeurs; un caprice, un rien pouvait faire apparaître le major, et, dans ce cas, c'en était fait de lui.

Il se mit alors à ramper sans bruit en arrière pour s'éloigner du bengalow; en passant près du bosquet où le cheval du major était précédemment attaché, il prit la selle de son maître qui était restée suspendue à une branche, et continua sa route. Arrivé près du cheval, il le brida à la hâte, et saisissant de chaque main les pistolets qui se trouvaient dans les fontes, il se précipita dans la direction du bengalow, de toute la vitesse de sa monture, en poussant cinq ou six hurlements sur des modulations différentes, terminés par le hurrah : *Go head*, en avant ! des highlanders, et il déchargea ses deux coups de feu dans les broussailles, d'où les maraudeurs s'enfuyaient de tous côtés dans la direction du Chounambar.

A une ruse indoue, le bohis en avait opposé une autre, qui, comme on le voit, avait admirablement réussi.

Croyant à l'arrivée d'un poste de cavaliers, les étrangleurs avaient abandonné la place, sans s'assurer, dans leur frayeur, du nombre des assaillants.

Le bengalow était débloqué, son maître avait le temps de s'armer ; c'était tout ce que voulait le bohis.

En effet, ar → premiers cris, le major Templer était sur pied ; en moins de rien, il saisissait son casque, bouclait son ceinturon, et s'élançant, le sabre à la main, sur son cheval, dont son domestique lui tendait la bride, il poussait une charge le long du fleuve contre les fuyards et en tuait trois ou quatre qui n'avaient pas eu le temps de se cacher dans les joncs ou de traverser le fleuve à la nage.

Le bohis, par cette manœuvre hardie, avait sauvé la vie de son maître. Et ils purent continuer leur route en paix, malgré la présence des étrangleurs dans ces parages.

Il n'est pas d'exemple que ces gens-là aient jamais osé attaquer un Européen autrement que par la ruse, quel que soit leur nombre.

Ils craignent toujours les premiers coups, qui d'ordinaire sont fatals à ceux qui sont en avant. Et ce sont ces trois ou quatre Indous d'avant-garde qu'on ne trouve jamais pour commencer l'attaque. Et, chose bizarre, ce n'est point par lâcheté.

Réunissez quinze, vingt Indous, armez-les simplement de piques et lancez-les contre un tigre, pas un ne reculera; ils lutteront comme des gladiateurs antiques contre la bête fauve, sans s'inquiéter de leurs camarades tombant à leurs côtés; le tigre en tuera les trois quarts, les quatre ou cinq qui resteront seront plus ou moins blessés. Survienne un autre animal, ils recommenceront la lutte.

Opposez-leur au contraire un Européen : ils seront tous là hésitant, se regardant entre eux, et leur adversaire n'aura qu'à marcher sur eux, le revolver à la main, pour les mettre en fuite.

Il doit y avoir dans cette crainte des races du Nord quelque chose de superstitieux, et je ne serais pas étonné que les brahmes n'aient affaibli leur courage en leur persuadant, grâce à la métempsycose, qui forme la base de leurs croyances religieuses, que les corps des Européens n'étaient animés que par les vampires, les ritsatchas et les génies les plus malfaisants.

Nous retrouverons plus tard l'occasion de parler de nouveau de cette secte des étrangleurs, de dire exactement ce qu'elle fut, en dehors des exagérations romantiques auxquelles elle a donné naissance...

. . . .

Avant de partir, je fis distribuer, selon l'usage,

d'abondantes rasades de callou aux braves bohis de Tembapoor ; puis je montai en palanquin, et nous nous dirigeâmes à toute vitesse du côté du village de Kasiappa.

A mon arrivée auprès de la maison du chef, je ne fus pas peu étonné d'y rencontrer Amoudou, qui m'avait précédé de plusieurs heures à la fête commencée dès le matin. Il se trouvait déjà dans un état de bien-être tel, qu'il lui fut impossible de saluer mon arrivée autrement que par des éclats de rire sans fin ; il se tordait, se renversait en arrière, montrant ses grosses dents blanches sous ses lèvres lippues. C'était sa manière, à lui, de traduire ses sentiments de joie, lorsque l'arack commençait à lui faire perdre la raison.

Au moment où Kasiappa m'introduisait dans sa case, un horrible mélange de sons discordants, produisant la plus étrange cacophonie qui se puisse entendre, éclata tout à coup à mes oreilles : c'était la musique qui commençait ; c'était le gong, le tam-tam, le tebounis ou guitare à deux cordes, et une manière de violon des plus primitifs, qui entraient en danse, commençant en mon honneur un charivari tellement épouvantable, qu'on prendrait la porte à l'instant, si la nécessité de ne point blesser les braves gens qui vous reçoivent ne vous forçait à supporter stoïquement ce supplice, un des plus terribles que je connaisse pour les oreilles européennes.

Les Cyngalais n'ont aucune idée ni de la gamme, ni du rhythme, ni de la mesure : ils naissent tous avec l'oreille fausse, et il est impossible de leur inculquer la moindre notion musicale.

La musique, pour eux, c'est le bruit; aussi rien n'est amusant pour un instant comme de voir un orchestre cyngalais se mettre en branle.

A peine le chef, qui n'est là que pour indiquer en frappant des deux mains quand il faut commencer et quand il faut finir, a-t-il donné le signal, que tous les exécutants partent à la fois, tapant comme des sourds, qui sur le gong, qui sur le tam-tam, pinçant de la guitare, râclant du violon, ne s'inquiétant absolument que de faire beaucoup de tapage... Et malheur à vous si, dans le village où on vous rend ces honneurs, se trouve un tambour administratif, destiné à rappeler les contribuables les jours de collectes des impôts; on va immédiatement le mettre en réquisition, et la position n'est plus tenable, malgré tout votre bon vouloir. Vous n'entendez absolument plus rien; tous les chiens du village, qui paraissent avoir plus d'oreille que leurs maîtres, se réunissent autour de la maison pour témoigner de leurs nerfs agacés par leurs hurlements, tandis que les Cyngalais, eux, s'exaltent peu à peu à ce bruit infernal, qui les plonge dans le ravissement. Ils s'emparent de tout ce qui est à leur portée : plats en cuivre, poêlons, pourvu que cela résonne, tout est bon, et toute l'assistance tape à l'unisson, jusqu'à ce que le chef d'orchestre veuille bien donner le signal de cesser... Et notez que plus vous êtes placé haut dans l'estime de votre hôte, plus on désire vous faire honneur, et plus longtemps dure cette musique infernale, qui semblerait plutôt créée pour accompagner une danse macabre que pour être un signe de réjouissance et de fête.

Cependant cet affreux tintamarre prit fin; il était temps : malgré tous mes efforts, ma patience était à bout. — Ce qui me valut la fin de ce supplice fut l'annonce que la jeune Waïramy, fille de Kasiappa, sortait en ce moment de la pagode, où elle avait passé une partie de la journée au milieu des cérémonies et des chants, et se rendait, avec les kapurals ou prêtres, et les jeunes filles vierges ses compagnes, qui seules avaient le droit de l'assister, à la maison paternelle.

Les cérémonies religieuses auxquelles donne lieu la nubilité d'une jeune fille appartenant à une caste élevée sont des plus singulières. Voici comment cela se passe d'ordinaire, ainsi que je me le suis fait raconter, car nul homme, en dehors des prêtres, n'a le droit d'assister à ce genre de cérémonies :

Le matin du jour convenu, les compagnes de la jeune fille viennent la chercher en grande pompe dans sa demeure; elles la couronnent d'amatlès, sortes de fleurs rouges des plus odorantes, et la conduisent au temple, près de l'autel dédié à Avany, mère de Buddhah, si la jeune fille est bouddhiste, ou dans la pagode brahmanique, près de l'autel de la vierge Devanaguy, mère de Christna, si leur compagne appartient au rite indou pur.

Les jeunes filles du village, choisies pour former la suite de la gardahbâwaya — en sanscrit et en tamoul, fleur pure comme le lotus blanc, — doivent être vierges ou réputées telles, et n'avoir vu apparaître encore aucun signe de nubilité.

En entrant dans la pagode, la gardahbâwaya doit

offrir aux prêtres de riches présents, pièces de
soie, de cachemire, perles ou pierres précieuses,
suivant sa fortune, ainsi que plusieurs sacs de riz
et de menus grains de la dernière récolte, portés
par un jeune éléphant, qui reste la propriété de la
pagode, quand la jeune fille présentée au temple
descend de race royale.

La néophyte doit, en s'approchant de l'autel
d'Avany, tenir dans ses mains une jeune colombe
verte de l'espèce appelée gouhôugou, n'ayant pas
encore volé hors de son nid.

Le kapural immole la colombe sur l'autel de la
mère de Buddhah, la fait griller sur un trépied d'or,
et après l'avoir consacrée, en fait manger le cœur
à la gardahbâwaya, en lui adressant les paroles suivantes :

— Femme, tu vas bientôt entrer dans la demeure
d'un époux ; la vierge Avany, qui préside aux amours
pures, vient de marquer l'instant propice.

— Sois toujours vertueuse, et la joie ne quit-
tera pas ta maison.

— Sois toujours chaste, et tu enfanteras sans
douleur.

— Sois toujours soumise, et tu ne perdras jamais
l'affection de ton mari.

— Sois bonne et dévouée pour ses frères, dont
tu peux être aussi la compagne.

— N'oublie jamais d'offrir le sacrifice des jours
lunaires.

— Qu'un kapural ne passe jamais devant ta demeure sans être comblé de présents, car la bénédiction divine l'accompagne...

Si la jeune fille appartient au rite brahmanique,
elle offre à l'autel de la vierge Devanaguy un jeune
chevreau à toison rouge, dont le prêtre et tous les
assistants mangent après qu'il a été consacré, ainsi
que cela a lieu tous les matins, du reste, au sacrifice du sarvamda, offert par le prêtre brahme, en
mémoire de Christna, fils de Brahma, qui est venu
sur la terre pour sauver le monde.

Puis le brahme prononce les paroles suivantes :

— Lorsque la pure Devanaguy, la divine mère
de Christna, se présenta à la pagode de Madura
pour accomplir les cérémonies de sa nubilité, elle
sentit tressaillir tout son être, et le prêtre, la
regardant, eut comme une vision de ce qui allait
être, et il la salua de ce verset du Véda : — « Et
j'enverrai Vischnou qui s'incarnera dans le sein
d'une femme, et il leur apportera à tous l'espoir
de la récompense dans une autre vie et le moyen,
en me priant, d'adoucir leurs maux.

— Je te souhaite, ô femme ! de rester pure
comme Devanaguy, et ton âme parviendra au séjour
céleste, sans avoir à supporter d'autres migrations
sur cette terre.

— Apprends maintenant quel est le devoir des
femmes, c'est le divin législateur Manou qui parle
par ma bouche.

Voici la traduction littérale des stances de Manou,
lues par le brahme; le lecteur ne les verra peut-
être point sans intérêt :

— « Une petite fille, une jeune femme, une
femme de l'âge mûr ou approchant de la vieillesse,

ne doivent jamais rien faire par caprice dans la
maison de leur mari.

— » La jeune fille dépend de son père; la
femme, de son mari; la veuve, de ses fils, elle ne
peut se gouverner à sa guise.

— » Qu'elle ne cherche point à se séparer de
son père, de son époux ou de ses fils, elle serait
méprisée de tous, et son âme aurait à supporter
des centaines de migrations immondes.

— » Elle doit être toujours de bonne humeur,
conduire avec adresse les affaires de l'intérieur de
la maison, prendre grand soin des ustensiles de
ménage et n'avoir point la main trop large dans la
dépense.

— » Qu'elle serve avec amour et respect pendant
cette vie, honore et conserve la mémoire, après sa
mort, de l'époux à qui elle a été donnée par son
père ou son frère aîné.

— » Les paroles de bénédiction et le sacrifice du
seigneur des créatures ont pour motif, dans les
cérémonies nuptiales, d'assurer le bonheur des
époux; mais l'autorité du mari sur sa femme repose
sur le don de sa fille fait par le père au moment
des fiançailles.

— » Le mari dont l'union a été consacrée par
le sacrifice divin procure à sa femme. . . . . . .
(Il nous est impossible de traduire chastement ce
passage qui se rapporte à un fait par trop matériel
et physiologique) et lui fait obtenir le bonheur
dans l'autre monde.

— » Quoique la conduite de son époux soit
blâmable, qu'il se livre à d'autres amours, et soit

dépourvu de bonnes qualités, une femme vertueuse doit constamment le révérer comme un dieu.

— » La sainte écriture n'ordonne ni sacrifices, ni jeûnes, ni pratiques pieuses, qui puissent concerner les femmes en particulier. Quand une épouse chérit et respecte son mari, elle possède toutes les vertus et sera honorée dans le ciel.

— » Une femme qui suit la loi divine, et qui désire obtenir le même séjour de félicité que son mari, ne doit rien faire qui puisse lui déplaire, soit pendant sa vie, *soit après sa mort.*

— » Portant l'habit des veuves, qu'elle amaigrisse volontairement son corps, en ne se nourrissant que de fleurs, de racines et de fruits déclarés purs par le Véda, et qu'ayant perdu son époux, elle ne souille point sa bouche en prononçant le nom d'un autre homme.

— » Que jusqu'à la mort elle se maintienne patiente et résignée, vouée à des observances pieuses, chaste et sobre comme un novice qui veut enseigner la parole de Dieu, et appliquant tous ses soins *à être une femme qui n'a connu qu'un homme.*

— » Plusieurs milliers de brahmes exempts de sensualité dès leur plus tendre jeunesse, et qui n'ont pas laissé de postérité, sont pourtant parvenus au ciel.

— » A l'imitation de ces hommes austères, la femme vertueuse qui, après la mort de son mari, se conserve parfaitement chaste, va droit au ciel, quoiqu'elle n'ait pas d'enfants.

— » La veuve qui, par le désir d'avoir des enfants, est infidèle à la mémoire de son mari, encourt le mépris de tous ici-bas et sera exclue dans l'autre monde du séjour céleste où son époux est admis.

— » Tout enfant que met au monde une femme après avoir eu commerce avec un autre que son mari, n'est point l'enfant légitime de sa mère, de même celui qu'engendre un homme avec la femme d'un autre ne lui appartient pas. Nulle part, dans le Véda, le droit de prendre un second époux n'a été accordé à une femme vertueuse.

— » La femme qui abandonne et méprise son mari parce qu'il appartient à une caste inférieure, pour s'attacher à un homme d'une caste plus relevée, doit être méprisée par tous les gens de bien, et on ne doit la désigner, en parlant d'elle, que par le nom de parapoûrva... (en sanscrit, qui s'est vendue à un autre que son mari).

— » Une femme infidèle à son époux doit être traitée ignominieusement ici-bas, et après sa mort elle renaîtra, pendant mille migrations successives, dans le corps d'un chacal ou d'un vautour immonde, et sera affligée d'éléphantiasis et de la lèpre.

— » Au contraire, celle qui ne trahit point son mari, dont les pensées, les paroles et le corps sont purs, obtient de partager la demeure céleste de son époux et jouit de l'estime de tous les honnêtes gens.

— » En menant cette conduite honorable, chaste dans ses pensées, dans ses paroles, dans ses actions et dans sa personne, la femme sera réputée aussi pure que les saints brahmes, qui, à force de privations, de sacrifices, ont conquis le ciel avant le temps assigné.

— » Que tout sage, tout prêtre, tout brahme, nourri dans la science de la sainte écriture, qui voit mourir sous ses yeux une épouse qui s'est toujours conformée aux préceptes divins, la brûle sur l'autel des vierges, avec les instruments destinés aux sacrifices, car elle n'a jamais cessé d'être pure, celle qui n'a engendré que suivant la loi de Dieu.

— » Qu'à chaque anniversaire de sa mort, son mari, ses enfants, toute sa famille, ne manquent jamais, sous peine de renaître dans le corps d'un animal immonde, d'accomplir la cérémonie des funérailles, suivant le rite sanctifié, car elle doit être honorée à l'égal des saints personnages, la femme qui, n'ayant connu que son mari, est morte après lui avoir donné beaucoup d'enfants, sans que son image soit sortie un instant de son cœur. »

Après ces allocutions et citations des textes sacrés, la cérémonie se termine de la même manière chez les bouddhistes et chez les sectateurs de Brahma, par l'aspersion de tous les assistants avec de l'eau lustrale ou eau bénite, sur laquelle le prêtre a prononcé les paroles de la consécration après y avoir fait dissoudre du sel, de la poudre d'encens et de myrrhe.

Cette eau sert également à ondoyer les nouveau-nés.

Peut-être trouvera-t-on cette citation de Manou, le premier de tous les législateurs religieux dont le monde ait conservé le souvenir à travers les siècles, un peu longue. Ces quelques strophes caractérisent tellement bien la primitive situation de la femme en Orient, elles soulèvent des questions si intéressantes au point de vue religieux, que je n'ai pas voulu leur enlever une seule ligne.

Nous retrouverons bientôt l'occasion de creuser ces idées et de soulever un coin du voile religieux derrière lequel s'abritent les croyances orientales, que le catholicisme n'a fait que rajeunir, comptant sur les siècles écoulés, l'ignorance du moyen âge et l'oubli des anciennes doctrines de l'Inde pour cacher son origine et le foyer de traditions où ses fondateurs ont puisé à pleines mains.

Lorsque les cérémonies religieuses ont pris fin à la pagode, la procession se met en marche, et, après avoir fait trois fois le tour du monument sacré, reconduit au domicile paternel la jeune fille qui vient de placer les premiers pas de sa vie de femme sous la protection de la vierge mère indoue.

Sur le parcours de la procession, tout le monde s'agenouille, et, quelle que soit sa caste, chacun incline son front jusqu'sur la poussière de la route, marques de respect qui du reste sont de règle dans toutes les cérémonies religieuses.

Chose extraordinaire : si la présence des Européens a pu, dans une certaine mesure, non changer ou modifier, ce qui est impossible, les mœurs des Cyngalais et des Indous, mais introduire certaines habitudes qui ont reçu droit de cité sans qu'on s'en doute, il n'en est pas de même pour les choses qui touchent à la religion. L'Inde actuelle est toujours, en matière religieuse, le pays de l'immobilité; les cérémonies et les croyances sont restées ce qu'elles étaient au temps de la domination brahmanique. Voyez cette cérémonie qui s'accomplit, cette procession qui passe : parmi tous ces croyants courbés sur le chemin, il n'y a pas un incrédule, pas un homme qui ne fût joyeux de donner jusqu'à la dernière goutte de son sang pour sa foi et pour ses prêtres. Ce ne sont même plus des fanatiques, ce sont des brutes qui ont abandonné tout libre arbitre, tout raisonnement sensé, et qui, sur un signe d'un brahme, sont prêts à s'imposer les plus cruels supplices.

En matière religieuse, l'Européen perd tout son prestige, toute son autorité sur cette race abrutie par les superstitions. Malheur à lui s'il ne respecte point les croyances les plus absurdes. De doux, conciliant et soumis qu'il est d'ordinaire, ce peuple devient intraitable et cruel, et est capable de se porter à toutes les extrémités. Du moment où il s'imagine qu'il souffre ou meurt pour son Dieu ou ses prêtres (ce qui ne se sépare pas plus dans l'Inde que chez les sectaires romains), il ne craint plus rien.

Aussi, dans les premiers temps de son arrivée dans l'Indoustan, l'étranger est-il exposé à chaque instant à faire des choses qui ne lui paraissent d'aucune importance et sont regardées comme des crimes par les Indous. Et souvent ainsi, sans s'en douter, il court les plus graves dangers.

D'ordinaire, on avertit le nouveau débarqué; mais les recommandations sont si nombreuses et si bizarres, qu'il lui est à peu près impossible de les retenir toutes. Souvent même il les trouve si pué-

riles, qu'il ne fait qu'en rire et n'en tient aucun
compte.

Aussi, fort souvent apprend-il à ses dépens à se
conduire avec une prudence nécessaire à sa tranquillité au milieu de ces populations qui, dans la
vie ordinaire, se laisseront bâtonner sans murmurer, mais ne permettront pas, en matière religieuse, que l'on touche à la plus légère de leurs
croyances.

Puisque le hasard m'a conduit à parler de ce
sujet, je ne crois pas inutile d'indiquer ici quelles
sont les précautions que doit prendre un Européen
obligé de vivre avec les Indous, dans l'intérêt de sa
sûreté personnelle.

Dans les villes, leur omission n'offre pas grand
danger; les natifs sont ployés sous le joug : ils savent qu'en cas d'agression les secours ne seraient
pas longs à venir, et les représailles terribles; mais
dans les campagnes de l'intérieur, et surtout en
voyage, la police étant indigène et par conséquent
ne servant à rien, il les faut observer toutes, sous
peine de se faire assommer à coups de pierres ou
de rotin.

— Ne jamais frapper un bœuf, surtout s'il porte
sur le dos certaines marques qui annoncent qu'il
a été voué à quelque divinité. Dans tous les cas,
c'est l'animal sacré par excellence.

— Se garder de tuer à la chasse les milans à plumage brun-jaune, dits milans brahmes, car ils sont
tous sous la protection de Vischnou. Il en est de
même pour les pigeons verts qui habitent le fronton
des pagodes et qui sont consacrés à Christna.

— Ne point se baigner, ni puiser de l'eau, ni permettre que son chien puisse boire dans les étangs sacrés qui se trouvent autour des temples; ils servent aux ablutions des brahmes et fournissent l'eau lustrale pour les divinités.

— Ne jamais entrer dans la seconde enceinte des pagodes; les Indous, même des plus hautes castes, n'y peuvent pénétrer.

— Ne point s'asseoir sur les bornes à tête d'éléphant, plantées sur les bords des champs de riz, et qui représentent les pouléares ou dieux protecteurs des moissons.

— Ne jamais frapper un brahme, un sannyassis ou un fakir.

— Se garder de pénétrer dans l'intérieur des maisons et des cases, même les plus pauvres, sans y avoir été invité par le chef de famille.

— Ne jamais frapper un Indou avec un balai, une sandale ou tout autre objet réputé impur.

— Ne jamais insulter un Indou de caste en le traitant de paria.

— Ne pas se mêler aux cérémonies mortuaires faites en l'honneur des ancêtres. Elles seraient souillées par votre présence, et devraient être renvoyées à l'année suivante; et pendant ce temps, suivant la croyance vulgaire, les âmes en peine erreraient à l'aventure, demandant des prières qu'on ne pourrait leur accorder. L'interrupteur s'exposerait à une terrible vengeance de la part des parents et des membres de la caste à laquelle appartenaient les morts.

— Ne jamais soulever le voile des jeunes filles

appartenant à certaines castes qui cachent le visage
de leurs femmes. Elles ne trouveraient plus de maris; car cela seul les aurait souillées, et toute la
caste se trouverait insultée dans leurs personnes.

Il n'est pas rare de voir des soldats anglais, à demi ivres, être assaillis dans les villages et laissés pour
morts sur le terrain, pour s'être permis une pareille
plaisanterie.

Bien d'autres recommandations pourraient être
faites encore; mais je les néglige, leur inobservance
ne mettant point en péril la vie de celui qui les
ignore.

. . . .

La procession qui conduisait la jeune Waïramy,
fille de mon hôte Kasiappa, s'acheva sans encombre,
et la nouvelle consacrée arriva bientôt sous la vérandah de la maison de son père.

Là, tout le monde s'arrêta, et le chef vint recevoir les prêtres sur le seuil de sa demeure. Il leur
offrit à chacun une coupe en bois de sandal pour
les sacrifices, un plat d'argent pour manger leur riz,
et un schombou de cuivre couvert de sculptures
représentant des sujets religieux, pour faire cuire
leurs aliments.

Un gros prêtre ventru, à la figure rubiconde et
brillante de santé, qui témoignait peu de l'absti-
nence et des privations qu'il prêchait aux imbéciles,
daigna remercier Kasiappa du bout des lèvres, des
présents qu'il leur faisait, et il l'assura sans rire de
la bénédiction de Buddhah, qui lui revaudrait cela
dans l'autre monde, ce que le brave Cyngalais ne
parut pas mettre un seul instant en doute.

Cela me rappelait si bien le fameux « Dieu vous le rende ! » des quêtes romaines, que je ne pus m'empêcher de sourire, en songeant combien les jongleries religieuses se ressemblent par tous pays

Partout le prêtre s'est soustrait à la loi du travail qui pèse si durement sur le reste des hommes. Partout il a su esquiver le fardeau des obligations sociales pour n'en conserver que le bénéfice. Partout il a sanctifié la mendicité, pour vivre grassement des labeurs des autres.

Partout il a fait intervenir Dieu et le diable, afin de faire sortir de cette lutte la peur et la superstition, si riches en présents et en cadeaux de toutes natures.

Partout il a traité d'athée et voué à l'éternelle punition de l'enfer celui qui, tout en adorant et respectant Dieu, a voulu purifier les abords du temple de tous les parasites qui vivent de l'autel.

Partout il a proscrit, brûlé, torturé au nom du Créateur, pour assurer son influence.

L'Inde est en train de mourir de la domination des brahmes, ils la suceront jusqu'au bout.

Après les prêtres, les fakirs, autres mendiants des pagodes, vinrent recevoir leur distribution de riz, un chomin, pièce de toile dont ils s'entourent les hanches, et un turban neuf. Cela fait, tous ces saints et pieux fainéants reprirent le chemin de leur temple.

Waïramy et ses compagnes prirent alors des couronnes et des colliers de fleurs odorantes, appelées en tamoul *pouh*, et les placèrent sur la tête et autour du cou de chacun des invités, en leur versant

sur la tête, les mains et les vêtements, des parfums
extraits de fleurs et de plantes différentes, d'une saveur âcre et pénétrante.

Pendant que les jeunes filles se livraient à cette
occupation, l'infernale musique, à la grande joie
des assistants, reçut de nouveau l'ordre de se faire
entendre, et les artistes, qui n'attendaient que le
signal pour faire parade de leur talent, se précipi-
tèrent de nouveau à coups redoublés sur leurs instruments, et pour comble de cacophonie, ils se
mirent à hurler une chanson de circonstance en
l'honneur de Kasiappa et de ses ancêtres, dont les
interminables couplets durèrent près d'une heure...
Je me croyais délivré, lorsque après une pose de
quelques secondes pour indiquer le changement du
morceau, le tout recommença avec plus de fureur.
Il n'y avait de nouveau que les paroles du chant qui
cette fois était à mon adresse...

On aura une idée de la poétique orientale quand
on saura que les dix premiers couplets au moins
étaient consacrés à célébrer les exploits que j'avais
dû accomplir dans mon pays natal. Le nombre de
monstres, de reptiles, d'animaux dangereux qu'on
me faisait assommer était effrayant... Après cela
c'étaient les vampires, les mauvais génies, les tchan-
dalas (morts de la caste maudite qui reviennent
troubler les vivants), qu'on me faisait conjurer par
milliers.

Bref, j'étais passé à l'état de héros légendaire :
les petits enfants de Kasiappa et des autres invités
qui assistaient dans un coin à la cérémonie, me regardaient avec des yeux effrayés et je ne sais trop où

cela serait allé, on m'eût fait certainement escalader le ciel, si, connaissant les habitudes, je n'eusse mis la main à ma poche et tiré une poignée de roupies brillantes à l'effigie de *her most gracious Majesty.*[1] A ce geste, tous les musiciens s'arrêtèrent, et tendirent avidement la main. A leur grand ravissement, je leur distribuai à chacun une de ces pièces, d'une valeur d'environ deux francs cinquante centimes, qui représentait pour chacun d'eux huit à dix jours au moins de nourriture.

Ceci fait, nous passâmes dans la salle du festin, dont les murailles et les colonnettes en bois de teck disparaissaient sous le feuillage et les fleurs.

Je ne décrirai pas ici les merveilles d'un dîner indou. Bien que le cérémonial et la cuisine soient à peu près les mêmes à Ceylan que sur la grande terre, il sera préférable de saisir la première invitation d'un des rajahs du sud de l'Indoustan, pour présenter au lecteur ce luxe extravagant de l'extrême Orient, que la domination anglaise n'a point réfréné, et cela avec intention. Au milieu des splendeurs qu'on leur a conservées, les chefs ne songent point à secouer le joug.

La réception de Kasiappa n'aurait pu rivaliser avec celle du rajah de Travencor, par exemple. Cependant, moins les gardes et les éléphants caparaçonnés d'or, cette fête, qui se termina par l'illumination de tout le village, par des feux de Bengale aux nuances les plus variées, se succédant sans interruption, n'aurait été désavouée par aucun des riches babous de Calcutta ou de Bénarès.

La nuit était fort avancée lorsque les dernières

fusées éclatèrent dans le feuillage sombre des arbres, et j'allais prier Kasiappa de faire approcher le palanquin qui devait me reconduire, lorsqu'il vint lui-même m'annoncer qu'une habitation tout entière avait été préparée à mon intention, et que je ne pouvais refuser d'achever la nuit au milieu de mes amis de Tembapoor.

Rien ne s'opposait à ce que j'acceptasse cette offre, et mon hôte lui-même me conduisit vers une charmante petite case composée de trois pièces, entourée de vérandahs sur les quatre faces, et posée au milieu d'un massif de lauriers-roses et d'orangers, sur les bords d'un petit étang entouré lui-même de fleurs et d'arbustes odoriférants.

Les trois pièces étaient arrangées : celle du milieu en chambre à coucher, celle de gauche, en petit salon, nattes et coussins, et l'autre en salle de bain. La chambre à coucher et le salon étaient éclairés par des lampes de nuit, mais à la manière indoue, c'est-à-dire si faiblement, qu'on ne distinguait chaque objet, chaque meuble, qu'avec ces contours vagues que leur donne le crépuscule, par exemple, ou une lumière qui va s'éteindre.

Cela est habilement calculé pour éviter de troubler le repos par une lumière trop intense.

Resté seul, je revêtis une mauresque, sorte d'habillement pour la nuit, composé d'un pantalon très-large et d'une demi-robe de chambre en soie légère du Bengale, et je m'installai sous la vérandah, dans un de ces fauteuils qui ornent les maisons indoues et sont ce qu'il y a de plus commode pour la rêverie et le sommeil.

La journée avait été des plus chaudes, et la brise des montagnes venait, à cette heure de la nuit, fraîche et parfumée, relever la tige des fleurs et permettre aux membres fatigués de se reposer sous sa bienfaisante haleine.

Je ne sais combien de temps je restai perdu dans une muette contemplation, laissant mes pensées dériver sans guide, ainsi qu'une barque privée de ses rameurs. A un moment donné, il me sembla qu'une ombre se glissait le long du bosquet d'orangers qui entourait mon habitation ; j'écoutai, pas un bruit ne vint troubler le silence. Je m'étais trompé sans doute, et la rêverie reprit son empire, m'entraînant d'une course vagabonde à travers les mers et l'espace, jusqu'au moment où voyant pâlir les étoiles aux cieux, je compris qu'il était l'heure de regagner ma chambre à coucher, si je désirais prendre quelque repos avant que le jour parût.

En franchissant le seuil de la porte, j'aperçu une forme blanche accroupie au pied de mon lit, sur une peau de panthère. Le souvenir de l'ombre qui avait traversé le bosquet me revint à l'esprit; je m'approchai rapidement... Quel ne fut pas mon étonnement en reconnaissant la vierge, héroïne de la fête de la veille, la fille de mon hôte Kasiappa.

Je connaissais parfaitement les usages conservés précieusement par certaines castes de l'intérieur de l'île, mais j'ignorais que celle des Tchaléas les eût adoptés : de là ma surprise, parfaitement compréhensible du reste.

Dans toutes les castes qui ne sont que des subdivisions de la caste Soudrawansè, il est d'usage d'en-

voyer sa femme ou sa fille passer la nuit avec le
voyageur de distinction qui a accepté votre hospitalité, et loin que ce soit un déshonneur pour elle, la
femme en tire vanité, et la jeune fille n'en trouve que
plus facilement un mari.

Quelques voyageurs ont déjà, je crois, constaté cet
usage non-seulement à Ceylan, mais encore dans la
péninsule indoue; aucun d'eux, cependant, n'a pu
en indiquer l'origine.

Au lieu de rechercher l'explication de cette étrange
coutume dans les superstitions et les usages religieux de ces peuples; d'admettre par exemple que
le dieu Couvera étant venu passer une nuit sous le
toit du sage roi Pratchétas, et l'hôte divin ayant exigé que la belle Sarawasti fût sacrifiée à sa passion,
le roi, pour qu'il n'en résultât aucune honte pour sa
fille, aurait rendu un édit exigeant que de même les
femmes et les filles de ses sujets fussent tenues à
servir les voyageurs de distinction; au lieu de croire
que l'usage soit né de la légende, il est beaucoup
plus dans la logique des faits d'admettre que la légende, au contraire, est née de l'usage, et n'a été in-
ventée même que pour le sanctifier.

L'histoire ne date pas d'hier, vous la retrouvez au
berceau de tous les peuples. Lorsque les prêtres
eurent perdu le gouvernement despotique qu'ils
avaient installé à l'aide de la peur de Dieu et du diable, par le soulèvement de leurs victimes, ils furent
droit au chef de la révolution servile et lui dirent :

— Nous ne tenons qu'à nos richesses, à notre vie
grasse et paresseuse, adopte-nous, et nous te sou-
tiendrons.

Et le chef, qui s'était créé roi, les comprit, et il
leur conserva leurs richesses ; et comme ces gens
étaient insatiables, il les engraissa, les gorgea, les
gava, et en reconnaissance, le prêtre dit au peuple :
« Adorez cet homme, il est dieu. » Et chacun de ses
édits, et chacun de ses impôts, chacun de ses caprices fut mis sous la protection du ciel. Nous vivons
encore avec ces restes-là !

Il est certain que cette offre de sa femme ou de
sa fille, au voyageur de marque, par son hôte, n'a
pu naître que d'un droit de jambage exercé primitivement par les hauts fonctionnaires et officiers de la suite des rajahs, pendant leurs voyages ;
droit que l'on a fait naître après coup de la légende religieuse, pour lui donner une apparence
moins vexatoire. Peu à peu il se généralisa, à mesure qu'il perdit de son caractère blessant pour
l'honneur de la femme et la dignité du père ou du
mari.

Aujourd'hui, cette coutume est à ce point passée
dans les mœurs, que c'est un des moyens du maître
de maison d'honorer son hôte ; et que le refus de ce
dernier, s'il était connu du public, passerait pour
une marque de mépris envers la jeune fille, et une
atteinte aux lois de l'hospitalité.

Quelque bizarre que cela puisse paraître, nous
ne pouvons oublier que les migrations ont apporté
en Europe la coutume indoue, et que pendant plusieurs siècles du moyen âge nous avons été nous-
mêmes soumis à ce droit honteux, que les voleurs à
main armée, qui se sont décorés plus tard du nom
de gentilshommes, prélevaient, suivant leurs ca-

prices, sur les vierges des villages qui dépendaient
de leurs fiefs.

. . . .

Donc, c'était pour m'honorer et remplir ses devoirs
d'hospitalité envers moi que Kasiappa m'avait envoyé sa fille.

Je prie les philosophes, qui prétendent que certaines notions de conscience et de pudeur ne peuvent jamais se perdre, sous n'importe quelle influence, dans le cœur des créatures humaines, de
vouloir bien accorder quelque attention au récit
qui va suivre, et que je garantis de la plus scrupuleuse exactitude.

A mon approche, la jeune Waïramy s'était levée
en souriant ; elle était charmante, je dois le dire,
dans son grand pagne blanc frangé d'or, avec ses
longs cheveux bouclés qui inondaient ses épaules.
De race malabare, ses mains et ses pieds étaient
d'une finesse irréprochable, et son corps, à peine
voilé par son léger vêtement de gaze, offrait à l'œil
des contours d'un gracieux et d'une netteté de
formes qu'on ne trouve plus que chez les populations originaires de l'Himalaya et qui sont restée
sans mélange.

Si forte que se présentât la tentation, ce ne fut
qu'un éclair, et je ne cessai pas de rester maître de
moi. Je dirai aux incrédules que, sans avoir la prétention d'imiter la continence des deux Joseph, il ne
pouvait me plaire et il ne saurait me plaire jamais
d'accepter les caresses d'une jeune fille presque encore une enfant, qui se donne à vous sans affection,

et uniquement pour satisfaire à un usage ridicule et blessant.

Son père lui avait dit : Va!...

Et elle était venue!...

Je sais bien que les mœurs de l'Orient autorisent largement ces situations, que la délicatesse en ces matières n'est même point comprise; mais il est, ce me semble, des cas où la délicatesse ne doit point compter uniquement avec l'opinion des autres. Tant pis pour qui ne comprend pas ces sentiments-là.

Je pris la jeune fille par la main et la conduisis près d'un divan, où je la fis asseoir à mes côtés. Je copie notre dialogue :

— Qui t'a envoyée près de moi?

— C'est Kasiappa. Il m'a dit : Va porter ces pindas (gâteaux) parfumés de gingembre et d'anis à l'étranger qui repose dans la case de l'étang, et tu dormiras avec lui.

— Pourquoi as-tu obéi?

— C'est Buddhah qui parle par la bouche du chef de famille.

— Es-tu venue à moi avec peine?

— Non. C'était à la fille du chef de la caste à venir partager ta nuit, puisque tu dormais sous son toit.

— Ne pouvais-tu te faire remplacer par une de tes suivantes?

— Je ne l'aurais pas souffert. On aurait dit dans le village que l'étranger m'avait dédaignée pour une femme de basse classe.

— Si ce n'eût pas été un usage de ta caste, et si

ton père ne te l'eût point ordonné, serais-tu venue
quand même auprès de moi ?

— Je ne sais.

— Comprends-tu bien ma question ?

— Non.

— Eh bien, je veux que tu me dises si quelque
chose t'attirait vers moi.

— Non, je n'ai besoin ni de taïtou, ni de mou-
couti (bijoux indous), ni de pagne de soie ; ce sont
les femmes de la caste Rhodiah (qui enterre les
morts) qui recherchent les étrangers pour cela.

— Je vois que tu ne saisis point ma pensée.

— Je suis bien jeune et peu habituée à la conversation des hommes.

— Je vais m'expliquer mieux. Promets-moi de
répondre franchement à mes questions.

— Je te le promets.

— Parmi les jeunes gens de ton village, n'en est-
il aucun que tu aies remarqué pour sa force et sa
beauté, aucun que tu aies regardé longuement derrière les tattis de la vérandah, quand il passait près
de la demeure de ton père ?

— Si, il en est plusieurs que j'aime à voir ainsi.

— Choisirais-tu avec plaisir ton époux parmi
eux ?

— Mon choix n'est plus à faire, je suis mariée.

— Mariée !... exclamai-je avec étonnement ; mais
alors pourquoi te trouves-tu ici ? Ne devais-tu pas,
selon les usages, être reconduite ce soir dans la maison de ton mari ?

— Oui, et si tu ne fusses point venu, cela se fût
passé ainsi. Mais ce matin, quand Virayen-Atchari a

su que tu devais assister à la fête et coucher ici, il
est venu trouver Kaśiappa : « Père, lui a-t-il dit, ne
fais conduire que demain ma femme dans ma demeure. Ne faut-il pas honorer l'étranger ? »

— Et c'est avec le consentement de ton mari que
tu te trouves ici ?

— C'est lui et mon père qui l'ont ordonné.

— Si tu étais libre, me choisirais-tu pour époux ?

— Non ; tu n'es. ni de ma race, ni de ma caste,
ni de ma couleur ; le Dieu que tu adores n'est pas le
mien. Je ne pourrais pas t'aimer !

— Comment peux-tu offrir les prémices de ta jeunesse à un homme pour qui tu ne saurais éprouver
de l'amour ?

— Ainsi a fait cependant la belle Saṛawasti, et le
dieu Couvera comble de prospérité ceux qui suivent
son exemple.

Avant de continuer à transcrire cette curieuse
conversation, je sens le besoin de prier le lecteur
de m'excuser si j'éveille en lui certaines images. Je
crois qu'il est impossible de rester plus chaste dans
l'expression sur un terrain aussi brûlant. Que l'on
veuille bien songer aussi que nous sommes au milieu de l'extrême Orient, et qu'en historien fidèle je
ne fais que décrire des coutumes à peu près inconnues de l'Europe jusqu'à ce jour, dans leurs sym-
boles et leurs détails, et qu'une longue habitation
dans ces contrées a pu seule me révéler.

Je poursuis :

— Eh bien, ma chère Waïramy, ajoutai-je, Couvera te saura gré de l'intention. Viens, suis-moi ;
je vais te reconduire moi-même dans la maison de

bn époux, qui en sera comblé de joie, j'en suis sûr.

— Tu ne feras pas cela? Pourquoi veux-tu me déshonorer?

— Te déshonorer!

— Oui; tout le monde dira demain dans le district : L'hôte de Kasiappa a dédaigné sa fille; et l'on croira que je suis frappée d'éléphantiasis ou de lèpre.

— Ne serai-je point là pour affirmer le contraire?

— On ne te croira pas, car alors ce serait une insulte à la fille de ton hôte, et tout le monde te dirait : Pourquoi l'as-tu dédaignée? et Virayen lui-même me repousserait en disant : Que ferais-je de cette femme dont l'étranger n'a point voulu? Et toute ma vie je serais une nirnâtha (femme sans mari).

— C'est bien; puisque telles sont les idées de ta caste, reste ici jusqu'au jour; et le village et ton mari seront libres de croire tout ce qu'ils voudront.

— Je ne puis rester sans avoir partagé ta couche...

— C'est à mon tour de ne pas te comprendre.

— Tu connais les cérémonies qui ont eu lieu aujourd'hui. Vois mon pagne... c'est le pagne blanc des nouvelles mariées, c'est celui que l'on conserve *le lendemain* comme un souvenir.

— Eh bien?

— Eh bien, il ne portera pas de traces de ma virginité, et ne pouvant les montrer en sortant de ta demeure, chacun dira de moi avec mépris : Celle-là a déjà eu commerce avec des rhodias et des hommes de basses classes; car il n'y a que les parias capables d'enfreindre la loi, et d'avoir commerce avec des jeunes filles avant les cérémonies de leur nubilité.

Je connaissais d'avance l'inutilité de mes efforts et l'impossibilité de faire comprendre à une femme indoue qu'un homme pût refuser ses caresses. En dehors même des circonstances particulières où je me trouvais et où une question d'hospitalité et de croyances religieuses primait toutes les autres, on n'obtient d'autre réponse que celle-ci : « Tu n'aimes donc point les belles filles? Sans doute tu me trouves laide ou trop âgée. » Vous avez beau faire vibrer toutes les cordes, essayer de trouver, dans un coin de la conscience, un soupçon de pudeur, une idée de dignité, si fugitifs qu'ils puissent être; vous n'arrivez qu'à vous faire jeter à la figure, entre deux éclats de rire : — Va, tu n'es qu'un perpika (en sanscrit et en tamoul, eunuque).

En quelque lieu que ce soit, quelle que soit la caste à laquelle elle appartienne, et les prescriptions les plus sévères contre l'adultère — car toutes les classes de la société ne livrent point leurs femmes aussi facilement que cela au premier venu, — la femme indoue se donne à tout homme avec qui elle se trouve seule pendant dix minutes.

Aussi, dans la situation curieuse où je me trouvais, je n'avais qu'un moyen d'en sortir : c'était d'opposer une croyance religieuse à une autre. Je l'employai, et je jurai à Vaïramy, d'autant plus dangereuse qu'elle devenait plus pressante, qu'avant de

quitter mon pays, j'avais promis à une charmante
jeune femme, en prononçant le serment sur les
livres sacrés, de ne pas l'oublier pendant tout mon
voyage.

A peine eus-je prononcé ces paroles, que Waïramy se leva du divan sur lequel elle était assise auprès de moi et s'accroupit à mes pieds. Franchement, il était temps ! Et si la raison donnée à Waïramy, en dehors de la forme religieuse dont je
l'avais entourée, n'eût pas été vraie, je dois dire que
je n'aurais pas eu la force d'en inventer une.

— C'est bien ! répondit simplement la jeune
fille ; il faut tenir ton serment. Celui qui manque
à la promesse faite aux dieux renaîtra dans le corps
d'un vautour aux pieds jaunes.

Puis, se levant prestement, elle ajouta :

— Attends-moi quelques instants ; il est un
moyen de tout arranger.

Et, franchissant la vérandah, elle disparut dans
les bosquets du jardin.

Elle reparut au bout de quelques minutes, tenant une jeune colombe enveloppée dans un coin
de son pagne.

— Tiens, me dit-elle en souriant, ma caste m'interdit d'attenter à la vie des animaux ; accomplis
toi-même le sacrifice...

— Pourquoi immoler cette gentille petite bête ?

— Tu ne comprends pas ?

Et, disant cela, Wïramy me montrait son pagne
blanc.

J'avais saisi l'intention, mais j'hésitais.

— Il le faut, insista-t-elle.

Je détournai la tête, appelant à moi tout mon courage, et quelques gouttes du sang de la pauvre colombe tombèrent sur le pagne blanc de Waïramy.

C'était un sacrifice aux absurdes préjugés de sa caste...

Aux premières lueurs de l'aube, qui ne tardèrent pas à paraître; la fille de Kasiappa, dépouillant, selon la coutume, son léger vêtement, qui du reste ne voilait aucune de ses formes, se plongea dans l'étang qui était à quelques pas de la vérandah, pour faire les ablutions prescrites. Je détournai les regards. En quelques secondes elle eut rejeté autour d'elle les quelques mètres de gaze qui ne servaient qu'à rendre sa beauté plus piquante; et, ayant pris ma main, qu'elle appuya sur son cœur en signe d'adieu, elle regagna la maison de son père.

En rentrant dans la chambre, près du divan sur lequel nous nous étions assis, j'aperçus une des fleurs rouges amatlès qui ornaient la chevelure de Waïramy, qu'elle avait, par mégarde, laissée tomber à terre; je la ramassai et la glissai entre les pages de mon portefeuille. Ce fut le seul souvenir que j'emportai de cette nuit.

Le matin même je prenais congé de Kasiappa et de sa famille, et je rentrai à Kaltna, où, je dois le dire, la fin de mon aventure ne fut pas accueillie sans incrédulité... « Cela est héroïque, mais fabuleux, » me dit Mme Duphot en déjeunant. Chose extraordinaire, on a beau être fidèle à une affection, à un souvenir, ce sont toujurs les femmes qui ridiculisent cette fidélité.

Comme on le voit, le niveau moral des femmes
de Ceylan est peu élevé. On se marie là comme partout ailleurs, mais les unions n'ont aucune importance au point de vue de la continence des époux,
qui continuent à apporter le plus de variété possible dans leurs amours, sans que l'un ou l'autre se
trouve froissé de la liberté prise par son con-
joint.

Chose extraordinaire, et que je n'ai observée nulle
part ailleurs dans le monde, à titre de coutume :
il est rare, parmi les populations des campagnes de
l'intérieur de Ceylan, qu'une femme ne soit pas la
maîtresse de tous les frères de son mari, avec le
consentement de ce dernier. Tous alors réunissent
leurs propriétés et vivent en commun, sans la
moindre gêne.

J'ai vainement cherché le *pourquoi* d'une habitude aussi contre nature ; les raisons qui m'ont été
données sur place sont tellement absurdes que je
n'ose les relater ici.

Un collecteur anglais, avec qui je m'entretenais
de cette coutume, me dit qu'elle avait eu pour résultat de constituer de grandes propriétés, en diminuant le nombre des membres de la famille. Il se
pourrait que ce fût là un des motifs sérieux de
cette conduite.

Quoi qu'il en soit, je constate que la polyandrie
est beaucoup plus commune à Ceylan que la poly-
gamie. En réalité, la liberté des mœurs permet de
dire qu'il n'y a point de liaisons sérieuses, et que la
femme qui a plusieurs maris n'exige pas d'eux une
fidélité qu'elle ne leur accorde pas.

Les femmes sont en général fort jolies, malgré leur teint bronzé. Vives, alertes, elles ornent leur chevelure avec goût, et portent un costume qui laisse complétement à nu le torse entier, qu'elles ont fort beau; un simple pagne de soie ou de cotonnade, suivant les fortunes, et c'est tout.

Il est à remarquer que les femmes rhodias et parias, qui sont les rebuts de la population, et que l'on rencontre dans les ports vendant leurs charmes aux matelots de toutes les nations, sont les seules qui se couvrent la poitrine, à l'aide d'une espèce de camisole sans manches, qui est un signe de prostitution.

Une anecdote à ce sujet.

Lord Torrington, successeur de sir Colin Campbell, venait d'être nommé gouverneur de Ceylan. Quelques jours après son arrivée à Colombo, il fit une excursion dans l'intérieur de l'île, avec trois ou quatre de ces ladies aux cheveux couleur filasse, à l'air sentimental et rêveur, le tout panaché de chapeaux jaunes, de robes vert-pomme et d'ombrelles roses, comme l'Angleterre en déverse chaque année plusieurs cargaisons sur le continent, avec les couteaux de Birmingham et les aiguilles de Scheffield.

Arrivée dans un village, la troupe fut reçue par une vingtaine de jeunes filles qui venaient lui offrir des fruits et des cocos pour se rafraîchir. En apercevant les charmantes Cyngalaises, qui se présentaient à elles les seins nus, les cheveux épars et retombant jusqu'aux hanches en boucles soyeuses et parfumées, les pudiques vierges d'Albion se voilèrent la face en poussant, dans leur patois harmonieux, une

série d'*aho* et \le *shoking* à faire envoler les petits
oiseaux qui gazouillaient dans les tamariniers.

Grand émoi ! on n'osera plus se promener dans
les petits sentiers : la morale effarouchée de trois
ou quatre filles sur le retour, qui portent toujours
à la ceinture leur petit flacon de brandy, et crayon-
nent, sans sourciller, sur leur album, l'Apollon du
Belvédère ou l'Hercule arrêtant le quadrige, sans
la feuille de vigne, exigeait que l'on changeât les
mœurs de ce peuple; et quelque cuistre de recteur
anglican brochant sur le tout, une ordonnance fut
rendue, portant que toutes les femmes, sans distinction de caste et de religion, eussent dorénavant à se
couvrir les seins et les épaules.

A peine cet arrêté pris par le gouverneur, malgré
son conseil, qui connaissait mieux le pays, fut-il
connu, qu'une morne stupeur s'empara de tous ces
pauvres gens, qui payent sans murmurer pour que
les blancs les laissent en paix, mais qui préfére-
raient mourir plutôt que de renoncer à leurs antiques coutumes.

Voilà donc d'un trait de plume toutes les femmes
de Ceylan rangées dans la catégorie des parias et des
filles de joie des ports.

De tous les côtés de l'île des pétitions arrivèrent
au gouvernement; les femmes soulevèrent leurs
maris, leurs frères, refusèrent de payer l'amende
et de rien changer à leur costume; la première qui
fût sortie couverte eût été chassée à l'instant et de
sa famille et de sa caste.

Il fallut céder devant cette imposante manifestation, et l'ordonnance fut rapportée, au grand regret

des pudiques ladies et de l'imbécile de pasteur qui avaient causé tout le tapage.

D'aucuns penseront, les bureaucrates français par exemple, qu'en persévérant on eût eu raison de cette résistance : ceux qui connaissent le pays savent qu'il ne serait pas plus facile de plier les Indous à nos mœurs, à notre civilisation, que de leur ravir leur soleil, et d'acclimater leurs fruits et leurs plantes dans nos froides et brumeuses contrées.

Les hautes classes, dont les Anglais se servent pour gouverner plus facilement les masses, ont acquis un certain vernis de surface qui pourrait donner le change à un observateur superficiel. Au fond, elles n'ont fait que raffiner leurs vices au contact des Européens et en acquérir d'autres qui leur étaient inconnus.

Il n'est pas un Cyngalais, même parmi les hauts fonctionnaires, qui ait abandonné ses préjugés de caste. Et les Anglais eux-mêmes, qui trouvaient leur intérêt à laisser ces divisions qui rendent les révoltes plus difficiles, les ont maintenues avec soin, et se soumettent à toutes leurs exigences dans leurs relations avec les natifs.

Primitivement, lors de la conquête brahmanique, les Cyngalais ne furent divisés qu'en quatre castes : les rois, xchatrias, — les prêtres, brahmes, — les commerçants, waysias, — les bas artisans et les laboureurs, soudras. Ce sont les mêmes divisions que celles imposées à la presqu'île de l'Indoustan, et je renvoie aux pages que je consacrerai à la grande terre l'étude de ce fonctionnement théocratique, créé pour perpétuer le pouvoir des prêtres, et qui eut dans l'Inde beaucoup plus d'importance qu'à Ceylan.

Dans cette île, la révolution religieuse opérée par Buddhah renversa de bonne heure les castes comme pouvoir politique, pour ne les laisser subsister que dans les relations de la vie privée.

Aujourd'hui les quatre grandes castes primitives n'existent plus : elles se sont subdivisées en une foule d'autres, représentant les différents métiers et professions exercés par le peuple; et l'état des mœurs, barrière infranchissable il est vrai, concontribue plus à maintenir leur existence que la loi.

Il serait difficile de les dénombrer toutes. En voici quelques-unes, prises dans les subdivisions les waysias et des soudras. Quant aux deux castes des rois et des prêtres, bien que les hautes classes de Ceylan aient la prétention de leur appartenir, sous le nom de radjah-wansé et de brahmina-wansé, elles renferment en elles les éléments les plus hétérogènes et n'ont point conservé la pureté des castes indoues.

Les welalés. — Cultivateurs, forestiers et jardiniers.

Les nilmakarheia. — Bergers, conducteurs d'éléphants et dompteurs de chevaux.

Les atchari. — Forgerons, menuisiers, sculpteurs, constructeurs de maisons.

Les haunaouli. — Tailleurs, brodeurs de châles, fabricants de sellerie et harnachement pour chevaux et éléphants.

Les tchandos. — Fabricants de liqueurs fermentées extraites du palmier et du cocotier.

Les karawés. — Pêcheurs, constructeurs de canots, plongeurs de nacre et de perles.

Les hella-baddès. — Potiers.

Les ambatia. — Barbiers.

Les haoumis. — Dompteurs d'éléphants sauvages.

Les rahda-baddès. — Blanchisseurs.

Les tchaléas. — Écorceurs de cannelle.

Les hakourou. — Fabricants de jagre ou sucre de palmier.

Les haounou-baddès. — Fabricants de chaux.

Les pawnayo. — Moissonneurs, faucheurs, fabricants de fagots, garçons d'écurie.

Les totah-védah. — Chasseurs de tigres, panthères et autres animaux.

Les padouhas. — Fondeurs, industriels.

Les barraoua-daddès. — Tisserands, danseurs, musiciens, fabricants de tam-tam et autres instruments.

Les oli. — Porteurs de statues des mauvais génies, dans les assouriahs ou processions.

Les bohis. — Porteurs de palanquins, courriers des rajahs.

Les han'i. — Vanniers.

Les pandarons. — Mendiants.

Les pali. — Blanchisseurs des basses classes.

Les radaya. — Écorceurs de bois de teinture.

Les kinnera-baddès. — Fabricants de cordes et de nattes.

Les gattarous. — Criminels ou issus de criminels mis hors la loi.

Les yaka-karou. — Maraudeurs, qui passent pour adorer le diable.

Les marrakala. — Issus des musulmans, venus de la côte d'Arabie, tous pêcheurs et plongeurs de perles.

Les ouatsa. — Étrangers, sang mêlé, et Chinois ou issus de la race jaune.

Les parias ou rhodias. — N'appartiennent à aucune caste, n'ont d'autre moyen d'existence que la maraude, dévorent les cadavres des animaux morts et sont repoussés de toutes les maisons comme des êtres impurs.

Il est à remarquer que les missionnaires de la loi du Christ, de celui qui a dit : « Laissez venir à moi les souffrants, les déshérités et les faibles », se soumettent à ce préjugé, et ne sont ni les moins empressés ni les moins durs quand il s'agit de chasser du temple ce pauvre paria, bouc émissaire de l'extrême Orient.

Ils s'en tirent d'une façon singulière. Si nous ne proscrivions point le paria de nos églises, disent-ils, nous en chasserions toutes les autres castes, qui ne consentiraient jamais à s'abriter sous le même toit que lui. Voilà où nous en sommes en fait de morale évangélique. Autrefois on disait — il est vrai que c'est si vieux : — Entre deux fautes, entre deux péchés, il n'en faut admettre aucun. Escobar est arrivé, qui a dit : Entre deux péchés, il vaut mieux commettre le moindre que le plus grand.

Tout un droit nouveau est né de là, celui de la fin par les moyens.

Parmi toutes ces castes, trois seulement se gardent, avec un soin extraordinaire, de toute liaison, de tout mélange même passager avec les autres : ce sont la caste des bohis ou porteurs de palanquins, celle des tchaléas ou écorceurs de cannelle, et celle des Atchari ou forgerons, sculpteurs et constructeurs. Aussi jouissent-elles d'une renommée qui les place beaucoup au-dessus des autres.

Dans le cours de ce voyage, nous aurons l'occasion de faire connaissance avec une foule d'habitants de villages appartenant à ces différentes castes ; nous les verrons agir, se marier, exercer leur profession. Du fait naîtra d'elle-même l'étude plus approfondie des mœurs... Je crois qu'il est plus intéressant de conduire le lecteur dans l'Inde, à travers une série de faits et d'anecdotes, de le faire voyager avec soi, à pied, en charrette à bœufs, à dos d'éléphant, de le faire assister aux mariages, aux cérémonies religieuses quand il s'en présente, de l'initier au jour le jour à la vie de l'Indou, que de lui donner le résultat de sa propre expérience, en des récits, des études et des descriptions privés de mouvement et d'originalité.

Cependant la fin de mon séjour à Kaltna approchait, et mes aimables hôtes, fidèles à leurs promesses, faisaient leurs préparatifs pour m'accompagner ; on remettait à neuf les roues des charrettes à provisions qui devaient nous suivre. Tanapassary, le forgeron de la plantation, forgeait des pièces de rechange du matin au soir, assisté d'Amoudou qui lui servait de frappeur. La force athlétique du négro émerveillait les Cyngalais au delà de toute expression : pendant des heures entières il manœuvrait le plus lourd des marteaux du forgeron, sans qu'une goutte de sueur vînt perler sur sa peau.

On voyait bien qu'il était né au milieu des sables de la Nubie. Comme ce brave garçon savait bien se faire pardonner son unique défaut, son trop de faiblesse pour la bouteille! Il ne faudrait pas croire que je lui eusse ordonné d'aider le forgeron dans son travail. Non; il avait pris d'amitié Tanapassary et il le lui montrait, à sa manière à lui, en le soulageant de la partie la plus rude de son ouvrage.

D'autres ouvriers étaient employés au charronnage; d'autres construisaient une tente-abri, pour le cas où nous serions obligés de camper dans les bois de la montagne, où les villages sont plus rares et les asiles ou bengalows forts éloignés. D'autres préparaient les provisions de vin, de sucre, de liqueur, de café. Sous la vérandah, une demi-douzaine de couturières, sous la direction de Mᵐᵉ Duphot, installaient les rideaux du haoudah, dans lequel cette dernière devait habiter, sur le dos de l'éléphant Nirjara.

Le haoudah de voyage est une véritable petite chambre munie de fenêtres et de portes, et dans lequel femmes et enfants sont à l'abri de tout danger, aussi bien des maraudeurs que des fauves. Il suffit de choisir pour porteur un éléphant de confiance. Le noble animal, qui est plutôt un ami de la maison qu'un serviteur, ne vous trahira pas.

Un jour, un ami me demandait ce que j'avais vu de plus curieux, de plus intéressant dans mes voyages.

— L'éléphant, répondis-je.

— Bah! me dit mon interlocuteur, un éléphant!

ça se voit partout. Et, avec cet accent persifleur qui
est le propre du Parisien, il ajouta :

— J'en ai rencontré deux ou trois sur les boule-
vards; il est vrai qu'ils se rendaient au cirque.

Non, l'éléphant ne se rencontre point partout...
La pauvre bête que vous traînez à l'arrière d'une
voiture, que vous exhibez dans les foires avec l'accompagnement obligé de tigres, lions et chacals,
n'est plus un éléphant. Regardez son œil triste et
morne. Pendant que Jack lui apporte son déjeuner, qu'on lui fait déboucher une bouteille, que le
cornac fait claquer son fouet, il songe aux grands
bois entourant des lacs sans fin où s'est écoulée son
enfance; il voit ces horizons lointains, bordés par
l'Océan ou des montagnes bleuâtres, ces vastes
plaines dans lesquelles l'herbe verte lui montait jusqu'à la bouche et qu'il pâturait à son aise; il songe
à ces vents tièdes et parfumés du soir qui donnaient
la vie à ses puissants poumons, aux fruits qu'il avait
l'habitude de secouer sur l'arbre, à tout ce qu'il aimait enfin, et qu'il ne reverra plus.

Un jour on l'a pris par surprise : son maître
qu'il aimait, l'a vendu en lui disant de suivre
l'étranger; il l'a suivi docilement, ne croyant pas
qu'on voulût le tromper, lui qu'aucune force
humaine ne pourrait contraindre s'il refusait d'o-
béir; il est monté sur un navire, puis il s'est fait
l'esclave, le serviteur, le gagne-pain de celui qui
l'emmenait. Tout de dévouement et de bonté, il
adoptera sa nouvelle famille, il sera gai devant le
public et ne malmènera point trop Jack qui lui
mange, en le servant, ses meilleurs fruits.

Oui, mais le soir, quand il sera seul dans cette cage qu'il broyerait d'un coup d'épaule s'il voulait reconquérir sa liberté, il pleurera, le pauvre colosse, en pensant à la côte de Coromandel, à l'île de Manaar, près desquelles il se baignait dans ses jeunes années; il pleurera, car il mourra bientôt décrépit et phthisique, emporté par un climat sous lequel il ne peut vivre, alors que dans les grands bois de Ceylan et les jungles de l'Indoustan, son aïeul, deux fois centenaire, est encore plein de force et de santé.

Vous tous qui assistez à cette agonie qui dure dix à quinze ans, vous êtes-vous jamais demandé ce que doit souffrir, pour mourir, ce géant intelligent, qui pense, se souvient, aime et regrette?

Savez-vous qu'il vit trois siècles dans son pays, que la nature lui a donné une santé égale à sa force et à sa taille, et une intelligence, la première en ce monde après celle de l'homme? Vous doutez-vous bien de ce qu'il faut de douleurs morales et de tortures physiques pour démolir en quelques années cette puissante machine?

Et lui l'ami, le serviteur fidèle, il meurt un beau jour sans avoir songé à se venger.

Non, ce n'est point l'éléphant, cette pauvre bête qui lutte contre le souvenir et la mort.

Venez ici, sur les bords du lac de Kandellé, ou dans les vallées ombreuses du pic d'Adam, si vous désirez le voir dans toute sa vigueur et son intelligente majesté.

Il est merveilleux de voir, à Ceylan, comme cet animal se plie admirablement à toutes les exigences, à tous les besoins de son maître; tour à tour portefaix, bûcheron, commissionnaire, faucheur, fabricant de fagots, il obéit sur un signe, un mot, un geste, et accomplit le travail commandé avec une intelligence raisonnée des ordres reçus : cela ne fait pas l'ombre d'un doute.

Les anciens Cyngalais les employaient à la guerre, pour laquelle ils avaient, paraît-il, de merveilleuses aptitudes ; et l'histoire du pays est remplie de luttes et de combats dans lesquels les éléphants donnèrent au premier rang et se couvrirent de gloire, en s'entre-tuant plutôt que de céder. Les Portugais, qui les premiers fondèrent un comptoir dans cette île, furent mis en complète déroute, chaque fois qu'ils tentèrent de pénétrer dans l'intérieur, par des armées d'éléphants qui fondaient sur eux sans s'inquiéter de leurs armes à feu.

Quand un de ces animaux s'était distingué par un trait de courage, on le caparaçonnait d'or et d'argent, et s'il venait à être tué, on lui faisait de superbes funérailles et on brûlait son corps sur un bûcher.

Suivant les historiens cyngalais, les éléphants guerriers étaient embrigadés en compagnies et corps d'armées, avec des chefs dont ils reconnaissaient parfaitement les insignes, et auxquels ils obéissaient aveuglément.

A ceux que cette assertion ferait sourire d'incrédulité, je rappellerai que les Romains furent battus, à Tusculum et à Héraclée, par le roi d'Épire, Pyrrhus; et que ce dernier ne dut ses victoires qu'à un corps d'éléphants dressés au combat, qui, dans chacune de ces rencontres, chargea en tête de l'armée et mit en déroute les soldats de Scipion.

Pour être plus pacifique aujourd'hui, l'éléphant n'en remplit pas ses fonctions avec moins de zèle et d'intelligence. On ne peut le conduire, en raison de sa force extraordinaire, que par la douceur et le raisonnement. Que ferait la violence sur un animal qui, d'un coup d'épaule, peut briser chaînes, poteaux, palissades et murailles, et pour qui ce n'est qu'un jeu de casser, d'un coup de trompe, les reins à un tigre ou à un rhinocéros?

Mais son éducation est facile à faire. En peu de temps il comprend votre langage et exécute vos ordres avec une dextérité et une promptitude vraiment étonnantes.

Suivez le long des chemins un éléphant que son cornac accompagne : ils font peut-être un long voyage, peut-être est-ce l'éléphant sacré d'une pagode qui va faire un pèlerinage au Gange, pour rapporter sa charge de cette eau sainte qui sert à fabriquer l'eau lustrale des cérémonies.

Approchez-vous : l'Indou converse avec son compagnon de voyage, qui attache sur lui ses petits yeux pétillants d'intelligence et de malice, tout en faisant mouvoir autour de sa tête, comme des ailes de papillon, ses deux grandes oreilles, dont il semble s'éventer.

Vous entendriez certainement une conversation dans ce genre, sorte de monologue que l'éléphant interrompt de temps à autre par des cris indiquant parfaitement qu'il comprend son interlocuteur :

— Eh bien, Andjàli, lui dit l'Indou en l'appelant

par son nom; veux-tu me donner ta trompe pour que je monte sur ton cou? Je suis las de marcher.

L'animal passe sa trompe du côté opposé au cornac.

— Tu ne veux pas : je vois ce que c'est, tu préfères que je reste à côté de toi pour te tenir compagnie. Eh bien, vrai, tu n'es pas raisonnable, songe que nous marchons depuis le jour; si tu n'es pas plus complaisant pour moi, je ne te dirai pas l'histoire de la belle Nichdaly, enlevée par Vischnou, et ce soir tu n'auras point de jagre (sucre de palmier) ni de riz grillé.

Andjâli, à qui la perte du récit des aventures de la belle Nichdaly paraît peu sensible, en entendant parler du jagre et du riz grillé, qui sont deux mets pour lesquels il professe un véritable culte, adoucit sa voix, qui donne alors comme un son de trombone, déroule sa trompe, soulève son cornac et l'asseoit sur ses épaules.

— Là, dit l'Indou, je te reconnais bien, gourmand; il n'y a rien de tel que cela pour te faire marcher. Allons, bon, où vas-tu maintenant? Ce n'est point une raison, parce que tu aperçois un champ de cannes à sucre, pour te déranger de ta route.

Et l'éléphant de s'arrêter tout à coup, de balancer sa trompe, de pousser de petits grognements, et de s'arranger si bien que le cornac, voyant qu'il fait trop de peine à son gros compagnon, descend d'ordinaire, et lui achète un faix de ces succulentes cannes, que l'animal mâche en se dandinant et en clignant les yeux d'un air béat et satisfait.

Mais il n'est pas au bout de ses peines. Qu'il n'obéisse pas au moindre signe, qu'il donne un sujet quelconque d'ennui à son conducteur, et ce dernier va lui reprocher pendant toute la journée ce cadeau qu'il lui a fait, pendant que, pour l'apaiser, l'éléphant lui caressera la figure avec sa trompe, ou, par manière de jouer, lui enlèvera son turban.

Je ne saurais trouver une comparaison qui me paraisse plus juste : l'éléphant et son cornac, en campagne, ressemblent à deux enfants qui s'en vont par les chemins, riant, sautant, se disputant quelque peu, et finalement restant toujours bons amis. On ne saurait se faire une idée du caractère gai de cet animal, ni des bons tours qu'il aime à jouer à l'un et à l'autre dans les habitations où il est familier.

Parmi les domestiques attachés à la maison de son maître, il en est toujours quelques-uns qu'il affectionne beaucoup, et d'autres qu'il ne peut sentir : affection et haine sont parfaitement raisonnées, et ont toujours pour origine les attentions ou l'indifférence avec lesquels on le traite. Il n'est sorte de prévenances qu'il n'ait pour ceux qu'il aime. Portent-ils un fardeau, il les en décharge ; les rencontre-t-il au dehors, il les prend sur son dos pour rentrer à l'habitation ; il leur obéit, bien qu'ils ne soient point chargés de lui commander, ce qui est une grande concession de l'animal, qui connaît parfaitement ceux qui ont droit à son obéissance. Il rapportera de la forêt, où il va se promener, des fleurs, des fruits à leur intention.

Quant à ceux qui, pour une raison ou pour une autre, lui déplaisent, il ne manque jamais une occasion de leur jouer de petites farces, sans importance il est vrai, mais qui ne sont pas toujours du goût de ceux qui les subissent : il les pousse dans les petits étangs qui servent à arroser les rizières, mange le riz de leur déjeuner quand il est cuit à point, les inonde d'eau à l'aide de sa trompe, ou les balance en l'air, en les tenant suspendus pendant quatre à cinq minutes par les pans de leur chemise.

S'il aperçoit tout à coup son maître pendant qu'il se livre à un de ces exercices, à la grande joie du camp allié, il prend immédiatement un air indifférent et s'en vient lui caresser la figure : il a peur d'être grondé, et cherche à prévenir l'orage par son amabilité.

Il est un fait dont l'évidence ne saurait se nier : c'est qu'il comprend tout ce qu'on lui dit, assemble ses idées, raisonne, procède par comparaison, et a une prodigieuse mémoire.

En lui accordant tout cela, je vais bien moins loin que les Indous encore, qui lui accordent presque autant d'intelligence qu'à l'homme.

Cela est sans doute exagéré, mais en restant dans les bornes que j'indique, on est certainement dans le vrai.

Si vous ne voulez point accorder ces qualités à l'éléphant, s'il ne raisonne pas, s'il ne sait pas associer ses idées, les comparer entre elles et juger, vous n'expliquerez jamais comment ce colosse, qu'aucune force humaine ne saurait contraindre, se

lègue de famille en famille pendant les deux siècles
de son existence, et arrive à l'heure de sa mort
sans avoir fait le moindre mal, même à un enfant.

Si l'éléphant ne raisonne pas, ne juge pas, vous
n'expliquerez jamais, d'une manière logique, ces
preuves multipliées d'intelligence et de raisonnement qu'il donne tous les jours.

Il est vrai de dire que les qualités intellectuelles
de cet animal (j'éprouve presque un remords à l'appeler ainsi) ne sont mises en doute que par les gens
qui ne l'ont jamais vu à l'œuvre dans son pays d'o-
rigine.

Je vais citer quelques traits dont j'ai été témoin
et dont je puis garantir la parfaite authenticité. Je les
choisis parmi les moins extraordinaires, ne voulant
point me faire appliquer le dicton du « voyageur
qui vient de loin ! »

Si j'écrivais pour des Orientaux ou uniquement
pour un de nos compatriotes qui ont habité ces
contrées, je ne m'entourerais point d'autant de précautions oratoires.

A quelques lieues de Pondichéry, il existe une
pagode célèbre du nom de Willenoor, qui reçoit, à
l'époque des grandes fêtes de mai, une foule de
cinq à six cent mille pèlerins, accourus de tous les
côtés de l'Inde entière. Cette pagode possède un
certain nombre d'éléphants sacrés et, parmi eux,
un éléphant quêteur.

Deux fois la semaine, ce dernier se rend dans les
villages et à Pondichéry, accompagné de son cornac,
et quête au profit des brahmes de Willenoor. Que
de fois, travaillant sous la vérandah, entouré de

tattis (rideaux de vétiver), du premier étage de ma maison, n'ai-je pas vu sa grosse trompe soulever le rideau mobile et se balancer pour me demander une pièce de menue monnaie, qu'il aspirait de ma main dans sa trompe à dix centimètres de distance au moins.

Je ne manquais jamais de lui donner une petite pièce pour sa pagode, et pour lui une livre de pain que mon domestique trempait dans la mélasse, dont il était très-friand. Comme on le pense bien, nous étions devenus en peu de temps deux amis. Il ne m'avait jamais vu qu'en déshabillé, c'est-à-dire en mauresque légère de soie du pays et à travers les colonnettes du balcon de la vérandah.

Un jour j'eus à me rendre à Willenoor pour affaires. J'arrivai à midi ; le soleil incendiait la terre ; personne dans les rues ou sous les vérandahs, tout le monde faisait la sieste.

Ma voiture s'était arrêtée sur la place principale, sous un manguier, et j'allais me diriger vers la maison du thasildar, chef du village, lorsque tout à coup, de la pagode qui se trouvait en face, sort au galop un monstrueux éléphant noir. Il arrive sur nous, et avant que j'aie eu le temps seulement de me reconnaître, il m'enlève, me place sur son cou et reprend à toute vitesse le chemin de la pagode : il me fait traverser la première enceinte, celle du grand étang des ablutions, et me conduit droit au quartier des éléphants.

Arrivé là, il me dépose à terre, au milieu de tous ses camarades ; c'était l'éléphant quêteur qui m'avait reconnu. Il poussait des petits cris, accompa-

gnés de balancements de trompe et de battements
d'oreilles, que sans doute ses amis traduisirent à
mon avantage ; car au moment où le thasildar, suivi
de quelques brahmes de la pagode, accourait chercher l'explication de l'événement, ils purent me voir
tranquille et complétement rassuré, au milieu de
ces monstrueuses bêtes qui me faisaient une véritable ovation.

— C'est extraordinaire, dit un des brahmes : je
ne les ai jamais vus faire autant d'amitiés à personne.

Je lui expliquai mes petits cadeaux hebdoma-
daires à l'éléphant quêteur.

— Cela ne m'étonne plus, me répondit-il ; il a
déjà conté cela à toute la bande, et les gourmands
vous font fête pour en obtenir autant.

— Se pourrait-il ? fis-je avec étonnement.

— J'en suis parfaitement sûr. Voulez-vous en
faire l'épreuve ? Passez le bras autour de la trompe
de votre ami et faites-lui signe de sortir avec vous ;
ils vous suivront tous. Laissez-vous conduire, et
vous allez voir où ils vont vous mener.

Je suivis de point en point la recommandation :
l'éléphant quêteur et moi nous prîmes les devants,
les neuf autres emboîtèrent immédiatement le pas,
échangeant entre eux des cris de contentement. Nous
franchîmes la porte de la pagode, et ils me conduisirent tout droit chez un boulanger indigène. J'eusse
été stupéfié d'étonnement, si je n'eusse déjà connu
la merveilleuse intelligence de ces animaux.... Arrivé là, on comprend que je dus m'exécuter, et je
leur fis cadeau à chacun d'un pain enduit de ce

précieux sirop de canne dont ils font leurs délices.

Le brahme avec qui j'avais déjà lié conversation, et qui était professeur de philosophie au temple de Willenoor, m'apprit que de temps en temps l'éléphant quêteur échappait à leur surveillance, et allait quêter pour son compte jusqu'à Pondichéry; et comme il connaissait parfaitement le bazar où il allait à la provision à son tour, il s'y rendait, déposait tout l'argent qui remplissait sa trompe sur la table d'un marchand de fruits, et mangeait des cannes à sucre, des ananas, des bananes, des mangues et du jagre autant que l'Indou voulait lui en donner.

Le fait suivant s'est également passé sous mes yeux.

Chacun sait que l'on parvient à habituer l'éléphant à faire n'importe quel travail. Aussi je ne m'inquiète point de relater des traits se rapportant uniquement à cet ordre d'idées. Je préfère relever ceux qui indiquent un véritable raisonnement de la part de l'animal.

Dans les habitations, on fait en général boire les bestiaux dans de grandes auges en bois remplies avec de l'eau de puits à l'aide d'une pompe. On en use ainsi pour que l'animal désaltéré ne touche pas à l'eau stagnante et putréfiée des étangs.

Et c'est d'ordinaire un éléphant qui, de bon matin, pompe, pendant près d'une heure, pour remplir ces auges monumentales. Inutile de dire qu'habitué à ce service, il n'a pas besoin d'être commandé, et que tous les matins, une heure avant le lever du

soleil, il est à sa besogne, avec l'exactitude d'un
réveil-matin... qui marche.

J'étais un jour à Trichnapoli, chez un négociant
de mes amis, qui possédait une magnifique habitation à quelques lieues de la ville ; le soleil se levait ;
mon domestique venait de m'éveiller pour le bain.
En passant dans la cour, j'aperçus un gros éléphant
blanc qui pompait mélancoliquement en fermant les
yeux, ayant l'air de se distraire, par la pensée, de
cette ennuyeuse besogne. Il salua ma présence par
un joyeux battement d'oreilles, — car depuis deux
jours que j'étais arrivé, je lui avais donné force
friandises, — mais il ne se dérangea pas de son
travail : avant d'être libre, il devait remplir l'auge.

J'allais passer en le caressant de la main, lorsque
je remarquai qu'un des deux troncs d'arbre qui
soutenaient l'auge par chaque bout avait glissé de
côté ; il arrivait que l'auge, continuant à être sup-
portée d'un bout par l'autre tronc, allait se vider
sans qu'il fût possible de la remplir, dès que l'eau
serait au niveau du bord qui se trouvait en contre-
bas.

Je m'arrêtai pour voir ce qui allait se passer.

En voyant tomber l'eau par le bord inférieur,
l'éléphant allait-il abandonner sa besogne, la croyant
terminée, ou bien s'apercevant qu'il s'en fallait de
plus d'un pied que l'auge ne fût pleine de l'autre
bord, s'obstinerait-il à pomper jusqu'à ce qu'elle
fût pleine des deux côtés, ce qui ne devait jamais
arriver ?

Au bout de quelques minutes l'eau, en effet,
commença à s'écouler par le côté qui avait perdu

son soutien. L'éléphant, voyant cela, commença à donner quelques signes d'inquiétude ; mais comme il s'en fallait de beaucoup que l'autre bord plus rapproché de lui fût plein, il continua à pomper.

Voyant que l'eau continuait à s'en aller, il abandonna le manche de la pompe et vint observer de près le phénomène dont il ne paraissait point se rendre compte facilement ; trois fois il retourna pomper, trois fois il revint observer l'auge. J'étais tout yeux et impatient de voir comment cela allait finir. Bientôt un fort battement d'oreilles sembla indiquer que la lumière se faisait dans son intelligence.

Il vint flairer le tronc d'arbre qui avait glissé de dessous l'auge ; un moment je crus qu'il allait le remettre en place ; mais ce n'était pas, je le compris, le côté qui débordait, qui l'inquiétait, mais bien le côté qui ne voulait pas se remplir. Dès qu'il eut bien saisi la difficulté qui le préoccupait, il ne fut pas long à trouver le moyen d'en sortir. Soulevant l'auge, qu'il appuya pour un instant sur une de ses grosses pattes, il arracha le second tronc d'arbre avec sa trompe et laissa retomber l'auge qui, reposant alors de tous côtés sur le sol, put se remplir aisément.

A cette preuve d'intelligence raisonnée, que j'attendais cependant, tout en ne la prévoyant point aussi complète, il se passa en moi quelque chose d'étrange et que je ne saurais expliquer : les larmes me montèrent aux yeux, et je fus pendant quelques instants absorbé par une foule de pensées sur cet éternel problème de l'âme et de la vie, constamment

agité et toujours insoluble. Cet éléphant ne venait-
il pas de me démontrer qu'il était mille fois plus au-
dessus du ver de terre rampant que je ne pouvais
avoir moi-même la prétention d'être au-dessus de
lui ?

Et alors...

Dans toutes les habitations, les femmes et les
enfants sont ses favoris, et il serait dangereux pour
un étranger de faire le simulacre de les frapper en
sa présence.

Il faut le voir conduisant à la promenade les enfants de son maître : on n'a rien à craindre, ni des
serpents, ni des fauves, ni des tourbières, ni des
étangs ; il veille avec plus de sollicitude que le domestique le plus zélé.

Il s'en va à pas comptés, le long des petits chemins, réglant sa marche sur celle des bambins,
leur cueillant des fleurs, des fruits sur les arbres,
maraudant des cannes à sucre ; sur un geste, cas-
sant une branche pour ceux qui veulent se faire des
fouets ou des bâtons. Il faut entendre toute la bande
joyeuse : Tomy, par-ci ; Tomy, par-là.

— Moi, je veux manger cette grosse mangue qui
est là-haut. Et Tomy de cueillir la mangue.

— Moi, je veux ce papillon. Et Tomy de s'approcher doucement de la pauvre bête et de l'attirer
dans sa trompe par aspiration.

— Moi, je veux cette belle fleur jaune qui est là,
au milieu de l'étang. Et Tomy d'aller dans l'eau
jusqu'au cou pour aller chercher la fleur.

Au moindre bruit dont il ne se rend pas bien
compte, s'il aperçoit au loin dans le fourré un cha-

...ommence à mugir de colère, et malheur à qui essayerait de lui enlever un des enfants confiés à sa garde...
(Kaltna, page 215.)

IMP. E. MARTINET.

cal ou une hyène, vite il rassemble toute la nichée entre ses pieds de devant, sous la protection de sa trompe : il commence à mugir de colère, et malheur à qui essayerait de lui enlever un de ses enfants; tigre, lion ou homme seraient en un instant broyés contre terre.

Dans les saunderbounds du Gange, pays plat, marécageux, couvert de jungles et de rizières, vraie patrie du grand tigre royal du Bengale, les combats entre ce fauve et l'éléphant, protégeant les troupeaux, les serviteurs ou les enfants de son maître, sont presque journaliers.

Les tigres de cette espèce sont tellement féroces, qu'ils ne refusent jamais la lutte, dont le résultat est invariablement pour eux d'être broyés sous les pieds de leur terrible adversaire.

Autant l'éléphant est impitoyable dans ses combats avec le tigre, l'ours, le rhinocéros, à qui il ne fait jamais grâce, autant il est doux, bon, humain avec les animaux inoffensifs. C'est à un point que, quel que soit l'empire que vous puissiez avoir sur lui, vous ne parviendrez pas à lui faire écraser un insecte.

On connaît ces petits animaux que les enfants appellent des *bêtes à bon Dieu;* la même espèce existe dans l'Inde, quoiqu'à peu près de moitié plus grosse. J'ai souvent vu, à titre d'expérience, prendre un de ces insectes, le placer sur une surface plane, les dalles d'une cour par exemple, et commander à un éléphant de l'écraser en lui posant le pied dessus; ni son maître, ni son cornac, ne parvenaient jamais à l'empêcher de lever forte-

ment le pied en passant sur la petite bête, dans
l'intention bien évidente de ne lui faire aucun mal.
Si, au contraire, vous lui commandiez de vous l'apporter, il la prenait délicatement au bout de sa
trompe, et vous la mettait dans les mains, sans lui
avoir même froissé les ailes.

Nirjara, l'éléphant chéri de Mme Duphot, était un
admirable animal. Il appartenait à la race blanche,
qui est la plus intelligente entre toutes; âgé de
trente à quarante ans, il était dans toute la force
de la jeunesse, presque l'enfance, puisqu'il ne devait acquérir son entier développement que passé
cinquante ans.

Il n'était point né dans les habitations. Pris à la
chasse, par les autres éléphants qu'on emploie à
cet usage, on l'avait donné en cadeau à sa maîtresse
actuelle; aussitôt qu'il avait été habitué à sa nouvelle situation, sans esprit de retour à la vie libre
des montagnes, Mme Duphot en avait fait immédiatement le gardien de ses deux jeunes enfants, et
le compagnon de toutes ses courses, de tous ses
voyages.

Pour les plus simples promenades même elle en
était arrivée à délaisser complétement la voiture
pour le haoudah porté par Nirjara.

Là, disait-elle souvent, nous jouissons, mes enfants et moi, d'une sécurité que ne sauraient nous
donner les chevaux les plus doux et les mieux dressés. Nirjara n'a besoin ni de mors ni de bride, nous
le conduisons d'un mot et d'une caresse.

Le bel animal, qui n'avait pas d'autre emploi
dans la maison, était complétement libre d'aller et

de venir où bon lui semblait; mais il s'éloignait peu; toujours à portée du sifflet de sa maîtresse, pour laquelle il avait une affection fanatique, il accourait au moindre signal. Je l'ai vu souvent accroupi à quelques pas de la vérandah, suivre de l'œil, pendant des heures entières, tous les mouvements de sa maîtresse, l'interpellant de temps en temps par de petits cris qu'il adoucissait le plus possible, sans parvenir cependant à les rendre harmonieux.

Sur un signe de Mme Duphot, Nirjara aurait massacré toute la maison, et cela se conçoit. Tous les jours, en sus de son herbe fraîche, elle lui faisait faire un pain de huit livres, moitié riz, moitié farine de maïs, amplement enduit de sirop de canne, et le lui faisait manger elle-même aux heures de ses repas.

On lui fabriquait exprès de la boisson rafraîchissante avec de la canne écrasée dans l'eau, et le gaillard trouvait cela fort de son goût. Se mettait-on dans la tête, par un temps humide, qu'il fût malade? vite une bonne infusion ainsi composée : trois litres d'eau, un litre de sirop de canne à sucre, un litre de vin, avec force cannelle et clous de girofle, pour appeler la chaleur à la peau. — Tiens, Nirjara, bois bien chaud, cela te fera du bien! et la grosse bête avalait le tout en une lapée, en clignant benoîtement des yeux, et le vase vidé, il regardait vingt fois au moins si on n'allait pas le remplir à nouveau de la bienfaisante liqueur.

M. Duphot disait souvent en plaisantant :

— Un de ces jours il va trouver le secret, et vous

verrez le farceur se mettre à tousser, pour se faire servir du vin chaud.

Quelquefois aussi, pour contrarier son aimable compagne, il ajoutait : — Si j'ai commis quelques bonnes actions dans ma vie, et que j'aie le choix de la récompense, je demanderai à revenir dans le corps de Nirjara.

On voit que montée sur cet éléphant, et protégée par lui, Mme Duphot ne devait avoir rien à redouter de l'excursion que nous allions entreprendre.

Nos préparatifs terminés, nous fixâmes notre itinéraire de la manière suivante : il fut convenu que nous nous rendrions à petites journées de marche à Kandy, capitale de l'intérieur de l'île, par le pic d'Adam et les monts Kotmalé ; et de Kandy, par Atgalé, le fort Dowal et Kandeloor jusqu'à Nallandé sur l'Ambaar, affluent du Mahavellé-Gangea, que je devais remonter seul avec Amoudou jusqu'à Trinquemalé.

La petite ville de Nallandé, située à environ quatre-vingt-dix milles de Kaltna, fut fixée comme le point extrême de l'excursion de la famille Duphot et le lieu de notre séparation.

Nous ne devions parcourir ensemble qu'un espace de trente lieues environ ; mais les difficultés de la route à travers les bois et les montagnes, jointes à ce que nous ne voyagions ni de nuit ni aux heures les plus chaudes de la journée, devaient exiger dix jours au moins pour franchir cette distance. Il n'est pas inutile de dire que j'avais acheté pour mon propre compte une charrette à bœufs, et engagé un hohis pour porter nos provisions personnelles et

nous conduire, Amoudou et moi, jusqu'à Trinquemalé.

M. Duphot emmenait avec lui un train vraiment
princier. Dix voitures à bœufs, huit chevaux de
selle de rechange, deux éléphants, deux palanquins
et leurs porteurs en cas de maladie d'un de nous,
Nirjara avec le haoudah de sa maîtresse et trente
domestiques des deux sexes, avec tentes, vaisselle,
batterie de cuisine, lits et hamacs, nous accompa-
gnaient. Tous les soirs, à six heures, quel que fût
l'endroit où l'on se trouvait, on installait le campement, gardé par les éléphants en cas de mésaventure nocture et de visite des fauves.

La tente s'installait en moins de rien, avec ses
hamacs et ses lits-divans; la cuisine se faisait en
plein vent, et notre table était servie avec argenterie et porcelaine, ni plus ni moins qu'à l'habitation. Une grande quantité de volailles, de gibiers
de toutes sortes, achetés dans les villages, venait se
joindre à nos provisions; mais la véritable base de
notre nourriture se composait surtout de carry,
qui est bien l'excitant et le réconfortant en même
temps le plus agréable et le plus énergique que je
connaisse.

Au bout de quelques jours de voyage, pour ma
part, je ne touchais plus à autre chose.

Voici, pour les gourmets, la recette de ce mets
divin :

Le meilleur carry, à mon sens, est celui que l'on
fait avec une volaille grasse.

Emincez un gros oignon, le plus fin que vous
pourrez, et faites-le revenir au fond d'une casserole

avec du beurre frais; quand il est à point, c'est-à-dire bien roux, vous ajoutez en délayant, dans le beurre chaud, une forte cuillerée de pâte à carry, et vous mouillez presque instantanément avec un demi-litre de bouillon de poulet et un verre de lait de coco frais.

La pâte à carry se compose d'une foule de graines exotiques pilées fraîches toutes ensemble, appelées dans l'Inde massales.

La volaille, découpée proprement en morceaux, suivant les jointures, est alors mise à cuire dans ce jus, dont il doit rester à peine un demi-verre, réduit comme un coulis au moment de servir.

Avant de dresser dans le plat, il faut ajouter une demi-cuillerée de jus de citron.

La volaille, ainsi préparée, se mange avec du riz cuit à l'eau, salé et légèrement coloré au safran, en guise de pain.

La pâte fraîche à carry de l'Inde peut se remplacer, en Europe, par la poudre sèche des différentes graines qui la composent, que l'on trouve chez tous les marchands de comestibles, mais qu'il faut refuser énergiquement si sa marque ne vient point de Calcutta. Le verre de lait de coco se remplace facilement par un verre de lait d'amande très léger. Trois amandes pilées suffisent à le faire.

Ce plat, des plus simples en apparence, est des plus difficiles à bien réussir, à ce point que je n'ai jamais pu rencontrer en Europe un cuisinier qui le sût préparer. On ne sert d'ordinaire, sous ce nom de carry, qu'une horrible mixture dont pas un Indou ne voudrait goûter.

Un filet Chateaubriand se compose de beurre, de filet de bœuf et de pommes de terre. Qu'y a-t-il en apparence de plus simple, et qui ne sait cependant la différence qu'il y a à manger ce plat préparé par les soins d'un artiste ou par ceux d'un gargotier ?

Je demande excuse pour cette recette, que d'aucuns traiteront peut-être de hors-d'œuvre mal placé en un récit de voyage; d'autres, au contraire, la mettront à profit dans un intérêt de gourmandise cosmopolite que je me garderai bien de blâmer, et pour cause.

Le deuxième jour de notre départ, nous dépassions la ville de Ratnapoor, située à l'extrémité de la province de Saffragam, et célèbre par les topazes, rubis, saphirs, émeraudes et autres pierres précieuses que l'on trouve dans les torrents des environs. Après une halte de quelques heures, nous nous engagions dans les gorges boisées qui conduisent au pic d'Adam; sur le soir, nous atteignîmes à mi-côte un campement de bûcherons.

Depuis plus d'une demi-heure, en montant, nous entendions le bruit de la cognée, qui retentissait dans les hauteurs, répercuté par les échos des vallons. L'instrument se relevait et s'abaissait avec une régularité mécanique, sans cesser un instant, sans diminuer de vigueur dans les sons qu'il produisait, et nous donnait une très-haute idée de la force musculaire de l'ouvrier qui le maniait.

A un des tournants du sentier que nous suivions, nous fûmes obligés de nous ranger sous bois, pour livrer passage à deux énormes éléphants noirs, qui descendaient la côte, portant à eux deux un de ces arbres gigantesques qui servent à la construction des navires, et que l'on embarque à Colombo pour les ports de tous les pays.

En arrivant sur le plateau, nous eûmes l'explication de cette force et de cette régularité des coups de cognée que nous entendions depuis si longtemps.

Nos bûcherons étaient quatre éléphants qui, une énorme hache à la trompe, sous la surveillance d'un Malabar, abattaient et ébranchaient les arbres qu'on leur indiquait, tandis que leurs camarades que nous avions rencontrés descendaient dans la vallée ces arbres qu'on n'eût peut-être point pu transporter sans eux.

Sans se détourner de leur ouvrage, les éléphants nous saluèrent d'un battement d'oreilles, et Nirjara, tout étonné, s'en fut droit à l'un d'eux observer de près ce genre de travail si nouveau pour lui. Quelques cognées de rechange se trouvaient à ses pieds : il en prit une et allait chercher à imiter ses camarades, lorsque Mme Duphot, craignant qu'il ne se blessât par une maladresse bien justifiable à un premier essai, lui ordonna de remettre l'instrument où il l'avait pris, ce qu'il fit aussitôt, sans témoigner la moindre mauvaise humeur. Le soleil baissait rapidement : deux heures de marche au moins nous séparaient encore du sommet du pic d'Adam; nous résolûmes de camper en cet endroit.

On se ferait difficilement une idée de la sauvage beauté du paysage qui nous entourait.

Aussi loin que les regards pouvaient s'étendre,

ce n'était que vallées profondes et ombreuses, pics de montagnes revêtus jusqu'à leur sommet de forêts éternelles, précipices aux dimensions monstrueuses, tapissés d'une végétation tellement luxuriante qu'on eût dit des océans de verdure dont les flots étaient soulevés par des vagues invisibles:

Et quels tons merveilleux semés de tous côtés sur les ombrages vert sombre, sur les pics inondés de lumière, dans les réduits ombreux, sur les cascades qui tombaient à grand bruit, par le soleil couchant.

Au moment où il nous disait adieu, caressant de ses derniers rayons l'extrémité des branches des gigantesques flamboyants aux fleurs rouges, notre campement était déjà installé et faisait l'admiration d'une cinquantaine de Cyngalais tchaléas des deux sexes, qui habitaient un petit village situé en pleine forêt, à une demi-portée de fusil à peine de l'endroit où nous nous étions arrêtés.

Ces braves gens se mirent à notre disposition pour aider nos domestiques dans leur ouvrage, et après avoir décoré de nattes neuves et de fleurs la plus belle maison de leur aldée (petit village), ils vinrent l'offrir à Mme Duphot, qui y passa la nuit sous la garde de Nirjara, qui faisait trembler la forêt de ses mugissements chaque fois qu'un chien, un chacal ou un Cyngalais s'approchait trop près de la case où reposait sa maîtresse, ou qu'il percevait dans le lointain des vallées, montant jusqu'à lui, les hurlements des jaguars ou les cris rauques et saccadés de la panthère noire de Ceylan, en quête de nourriture.

Nous reprîmes notre ascension deux heures avant le jour, car nous voulions arriver au sommet du pic d'Adam assez à temps pour assister à l'admirable et sublime spectacle du soleil levant, venant éclairer cette nature d'une aussi grandiose beauté.

Au moment où il émergea de l'immense plaine de verdure qui, du pied des montagnes, s'étend à l'infini jusqu'à l'Océan, dont nous devinions la bordure bleuâtre autour du rivage plutôt que nous ne l'apercevions, une immense émotion s'empara de nous. Je ne pense pas qu'il puisse être donné à l'homme de contempler un spectacle plus magique, plus imposant, plus en dehors des proportions ordinaires auxquelles l'œil est habitué.

C'était en sens inverse le spectacle de la veille, avec cette différence qu'au lieu d'être à mi-côte, nous dominions du sommet du pic les deux versants des monts Kotmalé et à soixante mille à la ronde la contrée tout entière.

Je renonce à décrire les merveilles de cette nature équatoriale qui fait pousser des lianes, des fleurs et des arbres du fond des vallées au sommet les plus élevés des montagnes, qui sème à profusion sur les champs et les bois, les vallées et les monts, les mille nuances de la palette magique du prisme solaire, vous enivre de lumière, d'air tiède et embaumé.

Sur un rocher de granit noir, à quelques pas de nous, un de nos guides nous montra une empreinte assez semblable à celle que ferait un pied fortement imprimé dans la terre humide.

Suivant la légende indoue, cette empreinte appartient à Adam, et c'est de là que le premier homme partit avec sa femme Hèva pour gagner la grande terre.

D'après les traditions bouddhiques, cette empreinte aurait été laissée par Sakia-Mouni ou Bouddhah lui-même.

Je donne ici ces deux légendes, dont le lecteur appréciera facilement l'intérêt au point de vue de l'étude des origines des religions anciennes et modernes, qui toutes, sans exception, ont puisé à la même source, celle des Védas ou écritures sacrées de l'Inde.

La légende bouddhique est inédite. Quant à celle des Indous adorateurs de Brahma, elle émane des livres saints, et a été traduite et publiée pour la première fois par moi, dans la *Bible dans l'Inde* : je ne fais donc que me citer.

« Promenez-vous dans toute la pointe orientale de l'Inde et dans l'île de Ceylan, où la tradition s'est conservée dans toute sa pureté. Interrogez l'Indou dans son humble paillotte ou le brahme dans le temple, tous vous rediront cette légende de la création de l'homme, telle que nous allons la relater ici d'après le Véda. Dans le Bagavéda-Gita, Christna la rappelle en quelques paroles à son disciple Ardjouna et à peu près dans les mêmes termes que les livres sacrés.

» La terre était couverte de fleurs, les arbres ployaient sous les fruits, des milliers d'animaux prenaient leurs ébats dans les plaines et dans les airs, les éléphants blancs se promenaient paisiblement sous l'ombrage des forêts gigantesques, et Brahma

13.

comprit que le moment était venu de créer l'homme, qui devait habiter ce séjour.

» Il tira de la grande âme de la pure essence un germe de vie, dont il anima deux corps qu'il fit mâle et femelle, c'est-à-dire propres à la reproduction comme les plantes et les animaux, et il leur donna « l'ahancara », c'est-à-dire la conscience et la parole, ce qui les rendit supérieurs à tout ce qui avait été créé, mais inférieurs aux dévots ou anges et à Dieu.

» Il distingua l'homme par la force, la taille et la majesté, et le nomma Adima (en sanscrit, le premier homme).

» La femme reçut en partage la grâce, la douceur et la beauté, et il la nomma Hèva (en sanscrit, ce qui complète la vie).

» En effet, en donnant une compagne à Adima, le Seigneur complétait la vie qu'il venait de lui donner, et en posant ainsi la base de l'humanité qui allait naître, il proclamait l'égalité de l'homme et de la femme sur la terre et dans le ciel.

» Principe divin qui a été plus ou moins méconnu par les législations anciennes et modernes, et que l'Inde n'abandonna que par l'influence délétère des prêtres, à l'époque de la révolution brahmanique.

» Le Seigneur donna alors à Adima et à sa femme Hèva l'antique Taprabam des anciens, l'île de Ceylan, pour habitation. Ile bien digne par son climat, ses produits et sa splendide végétation, d'être le paradis terrestre, le berceau du genre humain.

» — Allez, leur dit-il, unissez-vous et produisez

des êtres qui seront votre image vivante sur la terre, des siècles et des siècles après que vous serez revenus à moi.

» Moi, seigneur de tout ce qui existe, je vous ai créés pour m'adorer pendant toute votre vie, et ceux qui auront foi en moi partageront mon bonheur après la fin de toute chose. Enseignez cela à vos enfants, qu'ils ne perdent jamais mon souvenir, car je serai avec eux tant qu'ils prononceront mon nom.

» Puis il défendit à Adima et à Hèva de quitter Ceylan, et il continua en ces termes :

» — Votre mission doit se borner à peupler cette île magnifique, où j'ai tout réuni pour votre plaisir et votre commodité, et à répandre mon culte dans le cœur de ceux qui vont naître. Le reste du globe est encore inhabitable; si, plus tard, le nombre de vos enfants s'accroît tellement que ce séjour ne soit plus suffisant pour les contenir, qu'ils m'interrogent au milieu des sacrifices, et je ferai connaître ma volonté.

» Ceci dit, il disparut.

» Alors Adima, se retournant vers sa jeune femme, la regarda. Son cœur bondit dans sa poitrine à la vue d'une aussi parfaite beauté. Elle se tenait debout devant lui, souriante dans sa virginale candeur, palpitante de désirs inconnus. Ses grands cheveux se déroulaient en se tordant autour de son corps, enlaçant dans leurs spirales capricieuses et son pudique visage et ses seins nus, que l'émotion commençait à soulever.

» Adima s'approcha d'elle en tremblant. Au loin,

le soleil allait disparaître dans l'Océan, les fleurs
des bananiers se relevaient pour aspirer la rosée
du soir; des milliers d'oiseaux au plumage varié
murmuraient doucement au sommet des tamariniers et des palmistes; les lucioles phosphorescentes commençaient à voltiger dans les airs, et tous
ces bruits de la nature montaient jusqu'à Brahama,
qui se réjouissait dans sa demeure céleste.

» Adima se hasarda alors à passer la main dans la
chevelure parfumée de sa compagne : il sentit
comme un frisson parcourir le corps d'Hèva, et ce
frisson le gagna. Il la saisit alors dans ses bras et
lui donna le premier baiser, en prononçant tout bas
ce nom d'Hèva, qui venait de lui être donné.

» —Adima ! murmura doucement la jeune femme
en le recevant. Et, chancelante, éperdue, son beau
corps se ploya sur les bras de son époux.

» La nuit était venue, les oiseaux se taisaient dans
les bois; le Seigneur était satisfait, car l'amour venait de naître, précédant l'union des sexes.

» Ainsi l'avait voulu Brahma, pour enseigner à
ses créatures que l'union de l'homme et de la
femme, sans l'amour, ne serait qu'une monstruo-
sité contraire à la nature et à sa loi.

» Adima et Hèva vécurent pendant quelque temps
dans un bonheur parfait : aucune souffrance ne venait troubler leur quiétude; ils n'avaient qu'à
étendre la main pour cueillir aux arbres les fruits
les plus savoureux; ils n'avaient qu'à se baisser
pour ramasser le riz le plus fin et le plus beau.

» Mais un jour une vague inquiétude commença à
s'emparer d'eux. Jaloux de leur félicité le prince

des Rakchusos, l'esprit du mal, leur souffla des désirs inconnus.

» — Promenons-nous dans l'île, dit Adima à sa compagne, et voyons si nous ne trouverions pas un lieu encore plus beau que celui-ci.

» Hèva suivit son époux. Ils marchèrent pendant des jours et des mois, s'arrêtant au bord des claires fontaines, sous les multipliants gigantesques qui leur cachaient la lumière du soleil.

» Mais à mesure qu'ils avançaient, la jeune femme se sentait saisie d'une terreur inexplicable, de craintes étranges.

» — Adima, disait-elle, n'allons pas plus loin; il me semble que nous désobéissons au Seigneur. N'avons-nous pas déjà quitté le lieu qu'il nous a assigné comme demeure?

» — N'aie point peur, répondait Adima; ce n'est point là cette terre horrible, inhabitable, dont il nous a parlé.

» Et ils marchaient toujours. Ils arrivèrent enfin à l'extrémité de l'île de Ceylan. En face d'eux, ils virent un bras de mer peu large, et de l'autre côté une vaste terre, qui paraissait s'étendre à l'infini; un étroit sentier, formé de rochers qui s'élevaient du sein des eaux, unissait leur île à ce continent inconnu.

» Les deux voyageurs s'arrêtèrent émerveillés; la contrée qu'ils apercevaient était couverte de grands arbres; des oiseaux aux mille couleurs voltigeaient au milieu du feuillage.

» — Voilà de belles choses, dit Adima; et quels bons fruits ces arbres doivent porter! Allons les

goûter, et si ce pays est préférable à celui-ci, nous
y planterons notre tente.

» Hèva tremblante, supplia Adima de ne rien faire
qui pût irriter le Seigneur contre eux.

» — Ne sommes-nous pas bien ici? Nous avons de
l'eau pure, des fruits délicieux. Pourquoi chercher
autre chose?

» — Eh bien, nous reviendrons, dit Adima. Quel
mal y a-t-il à visiter ce pays inconnu qui s'offre à
nos yeux?

» Et il s'approcha des rochers. Hèva le suivit en
tremblant.

» Il prit alors sa femme sur ses épaules et se mit
à traverser l'espace qui le séparait de l'objet de ses
désirs.

» Dès qu'ils eurent touché la terre, un bruit épouvantable se fit entendre; arbres, fleurs, fruits,
oiseaux, tout ce qu'ils apercevaient de l'autre bord
disparut en un instant; les rochers sur lesquels ils
étaient venus s'abîmèrent dans les flots; seuls quelques rocs aigus continuèrent à dominer la mer,
comme pour indiquer le passage que la colère céleste venait de détruire.

» Ces rochers qui s'élèvent dans l'océan Indien,
entre la pointe orientale de l'Inde et l'île de Ceylan,
sont encore aujourd'hui connus dans le pays sous le
nom de Palam-Adima.

» Lorsque les vapeurs qui se rendent en Chine et
dans l'Inde ont dépassé les Maldives, le premier
point de côte indoue-cyngalaise qu'ils aperçoivent
est un sommet bleuâtre, souvent couronné de nuages, et qui s'élève majestueusement du sein des

eaux. C'est du pied de cette montagne que, suivant la tradition, le premier homme partit pour aller aborder sur la côte de la grande terre.

» Depuis les temps les plus reculés, cette montagne porte le nom de pic d'Adam, que la science géographique moderne lui a conservé.

» La végétation que les deux voyageurs avaient aperçue de loin n'était qu'un mirage trompeur suscité par le prince des Rakchusos pour les amener à la désobéissance.

» Adima se laissa tomber en pleurant sur le sable nu; mais Hèva vint à lui et se jeta dans ses bras en lui disant :

» — Ne te désole point; prions plutôt l'auteur de toutes choses de nous pardonner.

» Comme elle parlait ainsi, une voix se fit entendre dans la nue, qui laissa tomber ces mots :

» — Femme ! tu n'as péché que par amour pour ton mari que je t'avais commandé d'aimer, et tu as espéré en moi. Je te pardonne, et à lui aussi à cause de toi; mais vous ne rentrerez plus dans ce lieu de délices que j'avais créé pour votre bonheur. Par votre désobéissance à mes ordres, l'esprit du mal vient d'envahir la terre. Vos fils, réduits à souffrir et à travailler la terre par votre faute, deviendront mauvais et m'oublieront. Mais j'enverrai Vischnou, qui s'incarnera dans le sein d'une femme, et leur apportera à tous l'espoir de la récompense dans une autre vie, et le moyen, en me priant, d'adoucir leurs maux.

» Ils se levèrent consolés; mais désormais ils durent

se soumettre à un dur labeur pour obtenir leur nourriture de la terre. »

La légende bouddhique ne rattache point ce signe incrusté dans le granit à la création du premier homme, mais bien à l'incarnation du premier Bouddhah dans le sein de la vierge Avany et à sa naissance.

Voici le passage du Nirdhesa, un des livres sacrés des Bouddhistes, qui s'y rapporte :

« Lorsque la vierge Avany, qui avait été fécondée par un rayon de la Sagesse-Éternelle, sentit tressaillir dans son sein le divin Sakia-Mouni, elle reçut l'ordre d'aller s'établir dans quelque partie élevée du pays, afin que Bouddhah pût, en ouvrant les yeux à la lumière, contempler l'île entière qu'il venait régénérer par la bonne doctrine.

» Monté sur Dharma-Souria, l'éléphant sacré que le génie Koundasa avait dressé pour elle, elle abandonna la maison de son père et se laissa conduire au gré de sa monture, qui se dirigea tout droit du côté de la montagne appelée Samanta-Kounta (pic d'Adam).

» Arrivée au sommet de la montagne, elle vécut plusieurs mois avec la nourriture que lui apportaient les dévots qui se disputaient l'honneur de la servir, attendant l'heureuse délivre e qui devait combler de joie le ciel et la terre.

» Quand le moment fut arrivé, Sakia-Mouni sortit du sein d'Avany, qui le mit au monde sans douleur. En quelques instants il atteignit la taille d'un homme, sous les yeux émerveillés de sa mère qui se mit à genoux et l'adora.

» Le premier endroit de la terre ou Bouddhah posa le pied retint son empreinte, pour indiquer perpétuellement à ses adorateurs le lieu de sa naissance ; et celui qui, chaque année, vient pieusement contempler ce signe divin, ne voit point se prolonger pour lui les jours d'impureté, il peut offrir le sacrifice avant l'ablution prescrite. »

Je me borne à citer ce passage du Nirdhesa, qui rappelle en peu de mots la légende, en conseillant d'aller gagner des jours de pureté par un pèlerinage annuel. Le récit de la légende entière d'Avany, la vierge mère, d'après le Maha-Wansé et les traditions bouddhiques, demanderait un volume.

Lorsque le soleil commença à dorer les sommets du pic d'Adam, je fus témoin d'un phénomène connu, bien des fois rapporté par les voyageurs, et que j'avais déjà eu l'occasion d'observer moi-même.

On a dit bien des fois que l'éléphant s'agenouillait devant le soleil levant et semblait l'adorer.

Il se peut que l'intelligent animal, qui affectionne du reste cette pose au repos, ait pu donner lieu à ce récit en la prenant juste au moment propice ; mais, malgré les facultés extraordinaires que je me plais à lui reconnaître ; je ne puis croire que l'éléphant raisonne assez son intuition pour la traduire par une manifestation extérieure aussi caractéristique.

Voici, à ce sujet, ce dont j'ai été à même de m'assurer nombre de fois et dont je puis certifier l'entière exactitude :

Quand un éléphant aperçoit les premiers rayons du soleil, s'il est livré à lui-même, c'est-à-dire s'il n'est point contraint par l'ordre de son maître à

poursuivre son chemin ou à continuer son travail,
il se tourne du côté de l'astre qui se lève, et, la
trompe tordue en spirale autour d'une de ses défenses, ce qui est un des signes de méditation du
colosse, l'œil fixe et perdu dans l'espace, il regarde,
observe, cherche sans doute le secret de cette lumière qui vient inonder la terre et dont sa raison
n'est point encore assez développée pour lui rendre
compte!

Je n'ai jamais assisté sans une certaine émotion à cette espèce d'extase, à ces efforts évidents
du monstrueux animal pour diriger sa pensée.

Il connaît son maître, ses amis, comprend leur
langage; les arbres, les fleurs, les fruits, toutes les
productions de la nature sont distinguées par lui.
Il sent quand il fait bien ou mal, s'attend à une
récompense ou à une réprimande. Il se fait une
idée de tout, si incomplète que soit cette idée. Au
soleil semble commencer son inconnu, et l'attention
méditative qu'il lui accorde chaque matin indique
que le phénomène dépasse son intelligence.

Montons quelques degrés plus haut, arrivons à
l'infini, et voilà l'homme lui-même pas plus avancé
que l'éléphant.

Nirjara et ses deux compagnons, que nous avions
laissés sur un plateau inférieur, pour ne pas en-
combrer le sentier qui conduisait au pic, que du
reste ils eussent difficilement escaladé, ne manquèrent point de rendre à l'astre bienfaisant leur
hommage contemplatif et muet.

Après une légère collation composée de thé et de
sandwichs, nécessitée par l'air frais du matin, nous

rejoignions notre caravane et commencions à descendre les versants opposés des montagnes, du côté du district de Dimbola.

Les vallées boisées que nous traversions à chaque instant arrachaient de nos poitrines un cri d'admiration, et cependant nous n'étions pas des nouveaux venus dans le pays, cette végétation ne s'offrait point à nos yeux pour la première fois.

En outre du pittoresque et du grandiose des sites, des points de vue splendides qui s'offraient à nous à chaque pas, notre attention était constamment distraite par des myriades d'oiseaux et d'animaux de toutes sortes. Je n'ai jamais vu nulle part, pas même à Bornéo et à Java, une nature aussi animée que celle de Ceylan. Sur chaque branche d'arbre était un singe, derrière chaque feuille un ara, un oiseau de paradis ou un rat palmiste.

Sur le soir, nous arrivions à Kotmalé, sur le Diosbage, un des plus grands affluents du Mahavellé-Gangea, dont nous devions suivre le cours jusqu'à Kandy.

Aucun événement extraordinaire ne signala notre parcours des monts Kotmalé à cette ville capitale de l'intérieur, dans laquelle nous ne séjournâmes que quelques heures. Les instants de mes compagnons de voyage étaient comptés, et des intérêts commerciaux de premier ordre ne permettaient pas à M. Duphot de consacrer à ce voyage même un seul jour au delà du temps qu'il s'était fixé.

Je regrettai, dans l'intérêt de mes études sur les antiquités indoues, de ne point passer une huitaine au moins dans la ville des anciens rajahs de Ceylan,

et je renvoyai à l'époque de mon retour un examen
plus sérieux de Kandy et de ses monuments histo-
riques. Je me promis également de visiter en détail,
en abordant par l'île de Manaar, les provinces du
Nord-Ouest, de l'Ouest et du Sud, que j'avais été
obligé de laisser de côté dans la diagonale que je
suivais de Galles à Trinquemalé et à Jaffnapatam.

Je n'eus donc que le temps d'entrevoir le palais
des anciens rois, magnifique édifice dont la façade
importante s'étend sur un espace de plus de deux
cent cinquante mètres de longueur, et le Patheri-
pouch, large tour hexagonale de deux étages,
au sommet de laquelle les rajahs se montraient à
leur peuple, chamarrés d'or et de diamants, les
jours de grandes fêtes. Après un coup d'œil aussi
rapide sur l'Amavellé ou habitation des femmes de
race royale, nous reprîmes notre marche dans la
direction de Nallandé.

Que de richesses archéologiques je laissais derrière moi, sans parler de la fameuse montagne de
granit de Domboul, qui domine de plus de trois cents
mètres les montagnes et les bois qui l'entourent,
et que des générations de sculpteurs ont fouillée de
la base au sommet, creusant dans le granit même
une demi-douzaine de temples dédiés à Bouddhah.

N'ayant pas abordé Kandy par ce côté, nous n'a-
vions point pu visiter également le fameux tunnel
creusé dans le Kurunaigalah par le gouverneur anglais sir Edward Barnes, dans le but d'asseoir définitivement la domination anglaise dans les provinces du centre.

Une vieille légende, conservée pieusement dans

le cœur de tous les Kandiens, prétendait qu'aucune domination étrangère ne pourrait s'établir dans le pays, tant qu'une des montagnes qui entouraient Kandy ne serait point percée de part en part par les envahisseurs. Les prêtres entretenaient avec soin cette croyance, qui suscitait des révoltes périodiques dans la contrée.

Sir Edward Barnes, connaissant l'empire que la superstition exerce sur l'esprit de ces peuples, fit commencer un beau jour le percement d'une de ces montagnes. Pendant tout le temps que dura le travail, les prêtres annonçaient chaque matin tantôt que le feu du ciel allait dévorer les travailleurs, tantôt que la montagne allait s'écrouler sur eux.

Mais rien n'y fit : les Chinois, qu'on avait fait venir à dessein pour qu'on ne pût les influencer par la peur, achevèrent leur ouvrage. Les Kandiens furent frappés de stupeur, et, reconnaissant que les dieux n'étaient plus avec eux, ne cherchèrent plus à secouer la domination étrangère.

Après trois stations à Atgalé, Dowal et Kandeloor, nous arrivâmes à Nallandé, terme du voyage de M. et Mᵐᵉ Duphot.

Rien n'est triste comme ces séparations : après deux mois et demi de vie commune, il fallait nous quitter. D'impérieux devoirs m'appelaient moi-même à Pondichéry, et je ne pouvais retarder mon arrivée au delà d'un mois, ce qui était à peu près le temps que devait prendre mon voyage d'exploration.

Le chagrin réel que mes hôtes de Kaltna paraissaient éprouver, et qui m'étreignait le cœur, me fit prendre un parti héroïque. Au lieu de passer quatre

ou cinq jours avec eux dans cette station, ainsi
que cela était convenu, le soir même de notre campement à Nallandé je fis préparer ma charrette,
j'avertis le bohis conducteur de bœufs, Mouttou-
Samy et Amoudou, de se tenir prêts. Et j'annonçai,
avec des larmes plein les yeux, à M. et à Mme Duphot, que le lendemain, au lever du soleil, je con-
tinuerais mon voyage.

— Comment! s'écria la jeune femme de mon
ami... Elle s'arrêta interdite du tremblement de sa
voix et se tut. Son mari, ému au delà de toute expression, me serra la main silencieusement. Tous
deux avaient compris que je brusquais mon départ pour en finir plus tôt avec la douleur de les
quitter.

Le repas du soir fut des plus tristes. Je voulais
leur faire mes adieux, pour me mettre en marche
avant le lever du soleil; ils ne voulurent rien entendre et exigèrent que je déjeunasse encore avec
eux le lendemain matin.

En me dirigeant près de la charrette dans laquelle mon lit était installé, j'entendis derrière un
arbre quelques sanglots étouffés. Je m'approchai...
c'était Amoudou inconsolable qui faisait ses adieux
à Anniama, la brune Cyngalaise qui avait touché
son cœur et que le gaillard avait été assez roué
pour faire comprendre parmi les domestiques de la
suite de M. Duphot.

Le lendemain matin, à sept heures, ma carabine
sur l'épaule, suivi de ma charrette à bœufs et de
mes deux domestiques, devenus en peu de temps
bons amis, je remontai à pied le cours de l'Ambaar.

En échangeant nos derniers adieux, on me fît jurer de revenir. Je tiendrai parole.

Trente lieues environ me séparaient de Trinquemalé ; nous franchîmes la distance en sept jours, ce qui est un véritable tour de force, eu égard aux difficultés de toute nature que nous avions à surmonter.

Nous dûmes, pendant les nuits surtout, redoubler de précautions. La contrée que nous traversions est, de Nallandé au lac Kandellé et à Tamblegam, couverte des plus dangereux animaux : jaguars, panthères noires, chats-tigres, serpents boas et de toute espèce, crocodiles monstrueux, semblent s'être donné rendez-vous dans cette province, la moins peuplée de toute l'île. Je ne parle pas des éléphants sauvages qui pullulent dans les bois, le long du cours du Mahavellé, et qui ne sont dangereux que si on les attaque.

Quelques Anglais se donnent parfois le passe-temps de les chasser. En outre que pour moi le meurtre de pareils animaux, qui ne font pas de mal et se privent si aisément, est un véritable meurtre, je trouve cette chasse parfaitement odieuse et lâche, car il est impossible de tuer l'éléphant autrement qu'à l'affût et en sûreté, sur un rocher qu'il ne peut gravir ou dans un arbre trop gros pour qu'il puisse le déraciner !... S'il allait l'attaquer courageusement en face, je ne donnerais pas cher de la peau du gentleman.

Nous arrivâmes sans encombre sur les bords du lac artificiel de Kandellé, ouvrage construit par les brahmes après leur conquête, pour arroser les terres qu'ils avaient attribuées aux pagodes pendant la saison sèche; et de là à Tamblegan, petite ville située au fond de la baie de Trinquemalé, dans une position des plus pittoresques.

Rien n'était coquet et gracieux à voir comme cette aldée, littéralement noyée dans les arbres, les lianes et les fleurs.

Nous tombâmes au milieu d'une grande fête qui mettait en révolution tout le pays. Cette partie de l'île n'est habitée presque que par des Indous de la côte de Malabar ou de Coromandel. Un des plus riches habitants, de la caste vellaja, qui se prétend issue de race royale, mariait sa fille à une autre vellaja de Négapatam, sur la grande-terre, et les castes des deux époux, de Tamblegam à Ceylan et Negapatam, dans le sud de l'Inde, étaient convoquées : le village avait plus que triplé de population. De tous les côtés de la province également étaient arrivés en foule des gens de toutes castes et de toutes conditions, pour assister aux fêtes, qui devaient être merveilleuses, si on en jugeait par la richesse du vellaja Nalla-Tamby-Modeliar, père de la jeune fille.

J'étais à peine installé dans un bengalow, sur les bords de cette baie ravissante où je me proposais de me reposer quelques jours, que j'aperçus un flot de turbans, aux nuances les plus variées, se dirige de mon côté; en tête se trouvait un gros Indou habillé de mousseline, soie blanche et or, couvert de diamants, et marchant à l'aide d'une canne à pomme d'or enrichie de rubis, que les castes royales ont seules le droit de porter.

C'était Nalla-Tamby-Modeliar, qui ayant appris

l'arrivée d'un Européen dans le bengalow des étrangers, venait m'inviter à la fête qui allait avoir lieu. Cela est d'usage et je m'y attendais, d'autant plus que je venais de lui envoyer, comme au chef du village, mon ordre de réquisition, signé du gouverneur général, qui me permettait d'exiger que la vaisselle, la literie du bengalow et les moustiquaires fussent mis à ma disposition.

Comme on le pense bien, j'acceptai cette invitation, qui cadrait parfaitement avec mes projets de séjour.

La fête devait durer pendant quinze jours au moins, et l'on contait des choses invraisemblables des quantités de provisions de toute nature qui avaient été faites à cette intention, ainsi que de la richesse des cadeaux qui devaient être faits aux brahmes officiants.

Les feux d'artifice venaient du Bengale, les essences d'Allahabad; il avait fallu un navire pour apporter la cargaison de pagnes de toutes couleurs, et d'étoffes de cotonnades destinées à faire des distributions de vêtements à tous les mendiants, pandarous et fakirs, et qui avaient été achetées aux fabriques de Tranquebar.

Une douzaine d'éléphants blancs étaient caparaçonnés à neuf.

Et enfin, ce qui émerveillait le plus la foule et donnait la plus haute idée de la caste et de l'influence de Nalla-Tamby, une troupe de jeunes et jolies devadassi, bayadères, était arrivée la veille, de la fameuse pagode de Chelambrum, dans la Carnatic, pagode célèbre dans l'Inde entière pour le talent

14

et la beauté de ses danseuses sacrées. Avant de faire assister le lecteur à ces fêtes somptueuses et d'une originalité piquante d'intérêt, et pour qu'il saisisse mieux le sens symbolique des cérémonies religieuses, je désire lui parler des bayadères.

Ces prêtresses de l'autel et de l'amour ne sont connues en Europe que par les récits fantaisistes de voyageurs qui ne se doutent pas qu'il faut de longues années pour pénétrer le sens des institutions de l'extrême Orient : je désire les montrer sous leur véritable jour.

La réputation de ces vierges folles mérite bien que je leur consacre un chapitre spécial.

TROISIÈME PARTIE.

LES BAYADÈRES

Suivant la légende, les bayadères ont une origine céleste : elles descendent des Apsaras, courtisanes ou danseuses du ciel d'Indra.

Les poëtes les font sortir de la mer, pendant que les Devas, génies des sphères inférieures, et les Assouras, esprits malins constamment en lutte avec les dieux, fouettaient les vagues blanches d'écume pour essayer d'en obtenir l'amrita, c'est-à-dire l'ambroisie.

Elles se mirent immédiatement à danser sur les flots, si séduisantes et si belles de formes, que les Devas et les Assouras, oubliant leur besogne, se livrèrent un combat terrible pour s'en emparer.

Les Devas, victorieux, les conduisirent à leur chef Indra, qui en fit immédiatement les danseuses ordinaires du ciel, en leur adjoignant les gandharbas ou musiciens célestes, qui seuls, jusqu'à ce jour, avaient eu le privilége de charmer les loisirs de sa cour.

Une de ces déesses, ayant eu commerce avec un mortel qui l'avait séduite par ses chants, mit au monde une fille qui, ne pouvant habiter le ciel à cause de son origine terrestre, fut confiée à des brahmes qui l'élevèrent dans l'intérieur de la pagode, où dès l'âge le plus tendre elle se mit à danser d'instinct devant les statues des dieux.

Elle eut de ses nombreuses amours sept filles qu'elle éleva à danser comme elle, dans le temple, les jours de cérémonie, et trois fils qui furent tout naturellement destinés à la profession de musiciens.

C'est de là que descendent les devadassi ou bayadères, et les musiciens actuels des pagodes.

Les bayadères ne se marient jamais : attachées au service des dieux, elles ne peuvent être en puissance d'aucun homme; mais liberté pleine et entière leur est laissée de former des liaisons passagères, à condition toutefois qu'elles ne refuseront jamais leurs faveurs aux brahmes à qui elles sont dues.

Primitivement, elles ne devaient point se donner à d'autres, et celles qui observaient strictement cette loi étaient réputées rester constamment vierges.

Les brahmes furent les premiers à prostituer leur sérail, pour s'en faire une source féconde de revenus.

Les enfants qui naissent de ces femmes n'ont pas de caste : les filles sont bayadères comme leur mère, les fils sont musiciens; le père est toujours inconnu.

J'ai vu quelques-unes de ces danseuses qui étaient presque blanches. C'est le sang européen qui avait fait des siennes. Mais elles étaient moins belles que les autres. Les yeux étaient moins grands, les pieds et les mains moins fins d'attache, la poitrine et les hanches moins fournies et moins riches.

C'est une chose extraordinaire mais réelle, car j'ai pu en observer la vérité dans les diverses provinces de l'Inde : le mélange des peuples occidentaux avec cette belle race indoue ne produit, la plupart du temps, que d'affreux et difformes rejetons qui ne valent guère mieux au moral qu'au physique.

D'où vient cette étrangeté, en présence surtout du croisement des races blanches et nègres, qui donne souvent de si beaux résultats ?

Ne serait-il point permis de dire, en risquant une opinion, que peut-être la race indoue se rapproche trop de la nôtre comme type et comme forme, ce qui doit créer une infériorité dans les produits ? Un fait qui tendrait à prouver ce que j'avance, c'est que les enfants des Portugais et des femmes indoues sont incomparablement moins bien que ceux de même provenance, mais de pères appartenant aux races du Nord, Danois ou Écossais, par exemple.

La vie que mènent les bayadères ne les prédispose pas à la fécondité : aussi leur nombre décroîtrait-il avec rapidité, s'il ne s'augmentait journellement par l'offrande que les parents de certaines castes font à la pagode de leur troisième fille, mais avant l'âge de cinq ans; au-dessus elles ne seraient point acceptées, car, pour qu'elles soient admises dans l'intérieur du temple, il faut des preuves physiques et morales de virginité.

Les attributs physiques étant souvent trompeurs, il faut que l'âge ne permette pas de douter.

La caste des tisserands passe pour celle qui fournit le plus de sujets à ce harem religieux. Dans certaines contrées même, le Malayala par exemple, elle jouit pour cela d'un privilége exclusif, et s'en fait le plus grand honneur. Il est vrai de dire cependant que cette caste n'est point très-estimée, et que les Indous des hautes classes ne consentiraient jamais à livrer leurs filles aux brahmes.

Dès qu'une jeune fille est entrée dans la pagode, elle est perdue pour sa famille qui ne peut jamais et sous aucun prétexte la réclamer; elle perd sa caste, et, jusqu'au moment où l'âge aura déformé ses traits et sa taille, tout son temps est acquis au service du temple et de l'amour.

Des maîtres experts dans les poses plastiques, qui forment toute la danse orientale, sont chargés de la préparer pour les cérémonies, et une vieille matrone, bayadère sur le retour, l'initie aux secrets les plus honteux de la débauche.

C'est surtout dans l'art le plus raffiné du vice qu'elle doit exceller, pour ranimer les sens affaiblis et énervés des vieux brahmes et des riches Indous qui les emploient pour leurs plaisirs.

Les femmes sont en général si faciles dans l'Inde, que les jeunes indigènes préfèrent de beaucoup se choisir une maîtresse à leur gré, dans leur caste, au luxe coûteux d'entretenir une bayadère, qui doit se faire une loi de ne jamais refuser ses faveurs au plus offrant, la dîme des dons devant revenir aux brahmes. Ces derniers ne plaisantent point sur ce chapitre, et ne permettraient pas aisément une faiblesse du cœur qui se traduirait par une diminution dans les revenus.

L'éducation que du reste reçoivent ces femmes ne les prédispose guère à de sérieux attachements.

J'ai été témoin, cependant, d'un fait excessivement curieux, qui doit trouver sa place ici. On me saura gré de le narrer, mélangées que se trouvent les aventures d'une bayadère des environs de Bénarès aux traits de mœurs les plus singuliers de la vie des Européens dans l'Inde.

Au mois de janvier 1866, fatigué par des études sérieuses qui, jointes aux ardeurs du climat, avaient un peu altéré ma santé, et ayant devant moi deux mois de loisir à dépenser, j'acceptai l'hospitalité qu'un compatriote, établi dans les Nielguerries, m'avait offerte gracieusement dans la plantation de thé et de café qu'il dirigeait pour le compte d'une maison de Madras; et, un beau soir, j'arrivai à Salem, au cœur même des montagnes, dans l'habitation de mon ami, enthousiasmé par la splendide nature que j'avais sous les yeux et qui n'a pas sa pareille au monde.

Figurez-vous les gorges de la Suisse couvertes de grenadiers en fleur, de lauriers-roses, de flamboyants aux fleurs rouges : partout une végétation d'une puissance inouïe.

La vigne et tous les fruits d'Europe croissent pêle-
mêle avec les fruits des tropiques, au milieu de
toutes les fleurs que la terre peut produire. Et dans
l'herbe, au penchant des coteaux, la violette unit
son parfum à celui de la fraise des bois. Et tout cela
est éclairé par ce soleil de l'Inde qui prête une
beauté et un coloris indescriptibles à tout ce qu'il
échauffe et inonde de ses rayons.

De tous côtés murmurent des ruisseaux, s'élan-
cent des cascades qui vont se perdre dans de petits
lacs aux eaux si limpides et si pures, que l'on aperçoit passer dans les bas-fonds de grands poissons
rouges, au nageoires jaunes ou vertes, qui semblent
se poursuivre en se jouant au milieu des algues,
des lotus et des plantes de nénuphars bleus.

Sur chaque pointe de rocher sont suspendus des
chalets féeriques, construits avec le bois noir et odorant du bith, et noyés dans des flots de verdure; ils
servent d'habitation aux planteurs.

Chaque fois que j'ai rencontré de semblables
lieux, et ils sont nombreux dans l'Inde, je n'ai pu
m'empêcher de songer à quel point l'homme serait
heureux si, bornant ses désirs, il savait se contenter
des beautés que la nature lui départit avec usure.

Je trouvai là toute une petite colonie de Français,
planteurs pour leur compte, ou directeurs de plan-
tations, qui se réunissaient tous les soirs chez mon
ami, qui possédait la plus vaste habitation, pour entendre la vie à leur manière, et tuer de leur mieux
cet insecte multiforme qu'on appelle l'ennui, et qui
parfois, dans la solitude, ronge et abâtardit les intelligences les mieux trempées.

Inutile de dire que je fus accueilli avec la plus grande cordialité et comme une heureuse diversion à la monotonie de leur existence habituelle.

Prenez un Français n'importe où, sur le boulevard ou en province, transportez-le dans l'intérieur de l'Inde, et repassez six mois après. Infailliblement, si ses occupations ne le forcent pas à une existence mouvementée, il est en train de s'énerver, d'anéantir les meilleures forces de son esprit, et de mener enfin l'existence toute de nonchalance et de paresse des Indous.

Il passe son temps à aspirer la fumée du houkah, étendu sur une natte de rotin ou de vétivert, à humer le café odorant des Nielguerries, et à cultiver la beauté bronzée; dangereuse sirène, avec sa tournure de statue antique et ses ardeurs sauvages de Messaline, qui a bientôt fait de pervertir les sens et d'abrutir l'imagination de son adorateur.

L'image de la patrie, de la famille, s'efface peu à peu : il ne décachette même plus ses lettres; les bandes des journaux restent intactes, et si rien ne vient secouer sa léthargie, l'infortuné mourra dans l'Inde au milieu de quatre ou cinq femmes et d'une nombreuse progéniture.

Il en est pour qui une pareille vie est pleine de charmes, qui laissent couler leurs jours sans nul souci du reste du monde, s'habillent, se nourissent à la manière indoue, et perdent de gaieté de cœur tout esprit de retour.

J'en ai connu un, ancien élève de Burnouf, esprit brillant et cultivé, qui était venu dans l'Inde pour continuer et approfondir ses études de sanscrit, dans l'espérance d'aborder un jour le collége de France, et de montrer enfin un professeur sachant autre chose en sanscrit que des règles grammaticales. Il avait de la fortune, ce fut sa perte !

Enthousiasmé par ses études sur le passé grandiose du pays qu'il habitait, parvenu en peu de temps à parler le sanscrit grâce à un brahme qu'il avait pris à sa solde, bien vu de tous les Indous dont il savait la langue et à qui il ouvrait libéralement sa bourse dans les jours de disette, il prit l'Inde en telle affection qu'il résolut de s'y fixer.

Lorsque je lui fus présenté, il vivait entouré de trois brahmines (les plus belles femmes de l'Inde à cause de la pureté de leur sang) qu'il s'était procurées toutes jeunes à prix d'argent, et qui lui avaient déjà donné chacune plusieurs enfants.

Ces femmes, qu'il entourait d'un luxe qu'elles n'auraient jamais rencontré dans leur famille, paraissaient lui être excessivement dévouées; mais, d'un autre côté, elles s'étaient tellement emparées de son esprit que, chaque matin, elles l'habillaient en brahme officiant, le paraient du cordon sacré, et lui faisaient offrir le sacrifice à Wischnou, dont il ornait la statue de fleurs, après l'avoir pieusement enduite d'huile de coco.

Dans les premiers temps, il ne s'y prêtait qu'en riant et par complaisance pour ses femmes; mais peu à peu il en était arrivé à accomplir cette besogne le plus sérieusement du monde. J'aime à croire cependant que la conviction n'y était pour rien.

Je suis sûr que quand il mourra, ses funérailles

seront faites avec toute la pompe du cérémonial indou, car les brahmes, qui trouvent toujours chez lui du riz à discrétion et de l'argent pour leur pagode, ont, pour faciliter ces relations qu'ils exploitent, accrédité dans la foule l'opinion qui suivant eux, leur a été révélée par les astres, que l'âme d'un pieux fakir est venue animer le corps de leur ami, et que, par conséquent, les Indous peuvent l'admettre dans leur sein.

Ce qui ajoute à l'illusion, c'est qu'aucune des brahmines n'a souffert que ses enfants fussent élevés autrement que d'après le rite indou, et qu'elles se prétendent les femmes d'un brahme venu de l'Himalaya, contrée dont les habitants sont aussi blancs que les Européens.

De pareils exemples sont moins rares qu'on pourrait tout d'abord le penser, et s'il n'est pas commun de trouver des gens qui, grâce à l'argent, à leur connaissance du pays et de la langue, savent se faire adopter par les natifs, à chaque pas on rencontre, dans les faubourgs des villes, des hommes qui vivent sous la paillotte de l'Indou et n'ont plus d'européen que le nom.

C'était pour réagir contre cette propension à une paresse rêveuse, qui ne vous rend plus apte qu'à la vie matérielle, que ce petit groupe de Français de Salem se réunissait le plus possible pour combattre l'ennemi commun, et causer de la France que presque tous désiraient ardemment revoir.

Le premier soir de mon arrivée fut employé à faire plus ample connaissance entre nous, et, cela va de soi, à parler de Paris!

Étendus dans de longs fauteuils renversés, sous la vérandah de l'habitation, les uns fumaient de délicieux cigares de Trichnapoli et de Rangoun, tandis que d'autres se contentaient de modestes cigarettes que de petits Indous accroupis à nos pieds roulaient habilement avec du tabac parfumé de Coringuy.

Et la causerie allait son train, vive, animée et pleine d'impromptu. Nous en étions, je crois, à nous conter mutuellement les différentes circonstances qui nous avaient jetés à trois mille lieues de nos parents, de nos amis, sur la côte de Coromandel, quand l'un de nous, qui semblait écouter d'un air mélancolique et distrait, et qui jusqu'à ce moment n'avait pris qu'une part indirecte à la conversation, s'écria tout à coup :

— Eh bien, moi, c'est Paris qui m'a fait fuir Paris... et je ne suis pas près d'y rentrer, je me trouve trop bien ici.

— Voilà Albert, firent ses compagnons en chœur, qui va se lancer dans le paradoxe !

— Paradoxe si vous voulez, répondit ce dernier ; c'est qu'alors le paradoxe, par le temps qui court, est devenu vérité. Voyons, soyez francs ! Est-ce que, à part notre nouvel ami qui, paraît-il, est venu dans l'Inde pour étudier de vieux manuscrits, passion honnête que je ne partage pas tout en l'estimant, nous ne sommes pas tous ici des déclassés qui ont préféré l'exil et le travail à la vie d'expédients ?

» Est-ce que tous nous ne sommes pas partis après avoir mangé jusqu'au dernier écu de notre patrimoine ? Ayez donc le courage de l'avouer.

» Pour moi, je vous le répète, je suis fort bien ici. Paris commençait à m'agacer les nerfs quand je l'ai quitté; il étouffait sous la construction, le plâtras, les machines, l'architecte et l'ingénieur. Le Limousin était en train de devenir entrepreneur de bâtisse, l'entrepreneur se faisait banquier, le banquier député, et tout le monde actionnaire.

» C'était la grande fièvre des écus; on n'enterrait plus que des morts qui laissaient des millions et des galeries pleines de Raphaël et de Van Crouten. Et si Jérôme Paturot eût repris en sous-œuvre ses bitumes du Maroc, l'idée eût ma foi réussi. C'était écœurant. »

Il ralluma son cigare, et comme il vit que chacun de nous s'éventait en se berçant dans son fauteuil, il continua :

« — Oui! c'était écœurant.

» Et, au milieu de tout cela, la sinistre police correctionnelle ne jugeant plus que des commis qui avaient filouté leurs patrons pour pouvoir prendre rang dans cette course échevelée du luxe malsain et deshonnête, des caissiers retour de Belgique entre deux gendarmes; et des banquiers qui avaient eu le tort de prendre la hausse pour la baisse, parce qu'ils avaient vu des confrères faire ainsi et se réveiller millionnaires.

» Et, sur une autre scène, la jeunesse dédaignant la famille et les amours honnêtes.

» Ah! les sauteuses au plat visage! Ah! les voleuses d'honneur! en ont-elles tué de mes pauvres amis! Et tous de belles intelligences. Je cueille au hasard.

15

» L'un s'est fait sauter la cervelle dans une mansarde par un jour de décembre. Un autre est mort de la poitrine. Un troisième de douze balles. Un des meilleurs, mon camarade d'enfance, pour les fuir, est allé se battre en Pologne : cela l'a conduit en Sibérie.

» J'en ai rencontré un dans l'Inde, correcteur dans une imprimerie de Madras.

» Et bien d'autres que j'ai vus tomber plus bas encore.

— Et, comme dit la chanson, ajouta mon hôte, tu n'as pas trente ans.

— Tu as raison, répondit le jeune homme, que cette boutade dérida; mon expérience n'est pas encore bien vieille, mais avoue que l'antiquité valait mieux que cette bâtarde époque. Qui nous rendra Laïs et Aspasie? Celles-là, du moins, n'atrophiaient point le cœur et l'esprit, et il restait toujours assez de force à l'intelligence pour savoir, comme l'orateur d'Athènes, s'il fallait payer aussi cher un repentir.

— Comme on voit bien, dit celui qui l'avait déjà interrompu, que ce sont les femmes qui t'ont expédié pour l'Inde ! Mais cela ne t'a guère corrigé; à peine débarqué, tu t'es lancé dans une série d'aventures qui, plus d'une fois, ont failli avoir un dénoûment fatal : témoin l'enlèvement de ta bayadère de la pagode de Mirzapoor, au-dessus de Bénarès, dont tu devrais bien nous raconter les étranges péripéties. Cela ferait diversion aux idées mélancoliques que tu voudrais nous faire partager. L'histoire

est inconnue de tous, et je n'en sais moi-même
que quelques épisodes.

Le sujet sembla lui plaire; car il commença
ainsi sans trop se faire prier :

« — C'est en 1863, le 11 février, que le paquebot des Messageries impériales, l'*Alphée*, me
déposa à Calcutta, léger de bagage et d'argent, et,
deux jours après, je partais pour Bénarès, où m'attendait une place dans une indigoterie, qu'un négociant de Paris, ami de ma famille, m'avait procurée
par un de ses correspondants.

» Je ne vous ennuierai pas de descriptions :
vous connaissez aussi bien que moi les lieux dont
je parle, et la magnificence des rives du Gange, que
l'on côtoie en bateau à vapeur.

» Tout me paraissait d'un merveilleux étrange.
Cela se conçoit : les plaines du Bengale ne ressemblent pas tout à fait aux buttes Montmartre, ni les
Indous aux naturels de Suresnes, et je ne connaissais
à peu près que cela avant de quitter la France. Mais
ce qui me frappait le plus était de voir tous les
matins, au lever du soleil, des groupes de deux ou
trois cents personnes qui venaient faire leurs ablutions sur les rives du fleuve, parmi lesquelles des
femmes, d'une remarquable pureté de formes, se
montraient dans toute la splendeur d'une nudité
que rien ne voilait à nos yeux.

» Parfois, quand le navire, forcé par les sinuo-
sités des bas-fonds, passait trop près des rives, et
qu'elles nous apercevaient au-dessus du bordage,
elles s'enfuyaient comme une troupe d'oiseaux effa-

rouchés, et couraient se cacher dans les hautes herbes.

» Je fus, pendant tout ce voyage, dans un perpétuel enchantement.

» Je passe rapidement sur mon arrivée et mon installation dans l'indigoterie, et constate seulement que l'Inde continua à me séduire de plus en plus. J'avais rêvé cette vie de paresseuse nonchalance qui convient admirablement à ma nature, à mes goûts. Un an après, je parlais l'indoustani comme un natif, et mangeais du carry aussi épicé et pimenté que celui d'un métor.

» A deux lieues de la plantation se trouvait la pagode de Mirzapoor, dont les bayadères venaient quelquefois, aux approches des grandes fêtes, danser dans les maisons des riches babous et de quelques Européens privilégiés, pour recueillir des offrandes.

» Nous eûmes occasion de les recevoir pour la poudja de Cali.

» De prime abord, les danses de ces charmantes filles ne m'avaient plu que médiocrement. Les comparant à nos ballerines d'Opéra, je m'étonnais qu'elles ne connussent ni les entrechats ni la valse sur les orteils. J'eus vite fait de changer d'avis, et leurs poses pleines de poésie plastique et de passion me font prendre en pitié aujourd'hui les elfes, les willis et les gymnasiarques de la rue le Peletier.

» Le jour où les bayadères vinrent à la plantation, j'en remarquai une nouvelle dans la troupe, qui éclipsait toutes ses compagnes par sa grâce, sa beauté et sa jeunesse.

» Elle paraissait triste et jetait sur la foule des regards sauvages, comme une biche arrachée à ses halliers et mise en cage.

» Elle ne dansait pas.

» Je ne perdais de vue aucun de ses mouvements, et vaguement je devinai en elle d'étranges ardeurs de liberté.

» Grâce à quelques pièces d'argent, j'appris d'un des musiciens de la troupe que cette jeune fille, qui n'était plus un enfant depuis quelques mois à peine, avait été vouée à la pagode par sa mère, morte du choléra sur les marches du temple, pour reconnaître les soins dont les brahmes l'avaient entourée à ses derniers instants.

» Les prêtres s'étaient emparés de leur proie, fondant les plus belles espérances sur les enchères ayant pour but la virginité de la nouvelle bayadère, auxquelles les riches babous et rajahs n'allaient pas manquer d'assister.

» Je m'approchai d'elle et lui dis en indoustani :

» — Pourquoi ne danses-tu pas ? Est-ce la mort de ta mère qui attriste ton cœur ?

» Elle me répondit d'un air méprisant :

» — Je ne suis pas de la caste de ces filles.

» — Pourquoi ta mère a-t-elle pu consentir à sacrifier son enfant à la pagode ?

» — Son corps sera livré aux pisatchas (vampires) pour avoir fait cela !

» — Sais-tu que ton cou ne portera jamais le tali (marque du mariage), et que chaque jour ta beauté sera vendue par les brahmes à quelque vieillard qui payera tes caresses au poids de l'or ?

» A ces paroles, ses yeux éclatèrent d'un feu sombre, et ses lèvres murmurèrent quelques mots que je n'entendis pas.

» Je poursuivis :

» — Sais-tu que tu n'as plus de caste, que tes compatriotes ne t'admettront plus dans l'intérieur de leurs maisons, près de leurs filles et de leurs femmes, car il faudrait faire, après ton départ, les cérémonies de la purification ? Tu n'es plus qu'une bayadère !

» — Que t'importe, à toi qui n'es ni de ma race ni de ma religion ? Pourquoi me parles-tu de ces choses ?

» — Veux-tu fuir avec moi ?

» — Non.

» — Seule ?

» — Oh ! oui, je retournerai dans l'Himalaya, nul ne pourra savoir ce qui s'est passé ici.

» — Tu n'es donc point des environs de Bénarès ?

» — Je suis née dans le Népaul, sur les bords de l'Arouna.

» — C'est bien, je m'occuperai de toi, aie confiance, et je trouverai le moyen de te rendre à ton pays.

» Quand les bayadères furent parties, je me mis à réfléchir à ce que je venais de promettre, et je ne pus me dissimuler que la prudence n'avait pas tout à fait guidé mes paroles.

» Soustraire une bayadère à l'autorité des brahmes était un acte qui devait infailliblement me les attirer tous sur les bras, et, bien que je pusse échapper facilement à une plainte portée par eux devant la justice régulière anglaise (50 francs, c'est le tarif), il me restait à redouter d'infaillibles vengeances se traduisant par des agressions nocturnes et des attentats de toute nature, de la part des fakirs (fanatiques à la solde des prêtres), que rien n'arrête quand il s'agit de venger une insulte faite à leurs lois religieuses.

» Enfin de compte, le poison, cette arme essentiellement indoue, devait sûrement jouer le dernier rôle, en cas que les autres moyens ne vinssent pas à réussir; et je savais que sur l'ordre des brahmes, pas un de mes domestiques n'eût hésité à me l'administrer.

» Je n'avais pas d'amour pour cette femme; on n'éprouve guère ce genre d'affection pour les beautés de l'Orient : elles irritent vos désirs par la perfection de leurs formes, la beauté de leurs yeux, la grâce de leurs attitude, mais ne font jamais éclore dans l'âme ces sensations inconnues que seules la pudeur, l'honnêteté et les chastes vertus peuvent engendrer.

» Cependant, je désirais ardemment. C'était assez pour mon caractère, et, méprisant toute crainte, je résolus de mettre tout en œuvre pour rendre à la liberté la jeune fille, et me faire aimer d'elle.

» Je ne m'ouvris de mon projet à personne, j'eusse été blâmé, et il entre dans mes idées de ne jamais revenir sur une décision prise.

» Pour réussir dans la première partie de mon entreprise, je n'avais pas de grands efforts d'imagination à faire. Les bayadères ne sont point gardées, et celle que je protégeais eût pu parfaitement s'enfuir seule, sans avoir aucune difficulté sérieuse à vaincre, aucun obstacle matériel à franchir.

» Mais une fois dehors, elle savait parfaitement que toutes les maisons lui seraient fermées, et qu'un mot d'ordre lancé par les brahmes franchirait plus vite qu'elle les trois cents lieues qui la séparaient de son pays.

» Mon plan arrêté, il fut facile de le lui faire connaître, en me rendant dans une des maisons européennes que les bayadères devaient encore visiter avant la fête de Cali.

» Il s'agissait simplement pour elle de quitter la pagode pendant la nuit qui devait précéder la fête de la déesse, et de venir me rejoindre dans la maison assez isolée que j'habitais, et dont j'aurais soin, le moment venu, d'éloigner tous mes domestiques. Je ne sortirais pas pour aller à sa rencontre, car il était de toute nécessité, pour dérouter les soupçons, qu'aucun Indou ne pût me voir cette nuit sur le chemin de la pagode.

» J'ajoutai que les brahmes, occupés pendant quinze jours par la grande poudja, ne pourraient, durant tout ce temps, s'occuper de sa disparition ni faire des recherches, et qu'il me serait facile de profiter de ce temps pour la mettre à l'abri de toutes poursuites.

» Je lui expliquai ceci très-brièvement, en ayant l'air, pour tout le monde, de tenir une simple conversation sur les bijoux dont elle était ornée, au moment où les dames européennes qui assistaient à la danse s'étaient curieusement approchées, attirées par les rubis et les cachemires de ses compagnes.

» D'un signe elle m'indiqua qu'elle avait compris, et il me sembla que ses regards s'arrêtaient sur moi avec plus de douceur qu'à notre première entrevue.

» J'attendis avec une impatience fiévreuse le jour que j'avais indiqué pour sa fuite, ignorant si elle aurait le courage d'exécuter mes prescriptions. Dès que la nuit fut venue, je donnai congé à tout mon personnel, en l'honneur de la fête du lendemain, et cinq minutes après j'étais seul.

» Le sang affluait vers mes tempes, il me semblait entendre les battements de mon cœur.

» Je me mis à me promener dans le jardin, pour chercher de l'air, car j'étouffais. Le sable des allées, en criant sous mes pas, me causait une sensation d'émoi indescriptible. Deux sentiments s'agitaient en moi : il y avait quelque chose de l'amant qui attend sa première maîtresse, et de l'homme qui vient de commettre un crime.

» Au détour d'un sentier, une ombre se dressa subitement devant moi. J'allais pousser un cri de surprise, quand je devinai la jeune bayadère, plutôt que je ne la reconnus, car elle était enveloppée des pieds à la tête dans un pagne sombre, et la nuit, une nuit sans lune, ne permettait pas de voir à trois pas devant soi. Elle avait pu arriver jusqu'à moi sans que ses pieds nus eussent trahi sa marche.

» Je l'entraînai dans l'intérieur de l'habitation, tellement ému qu'il m'était impossible de prononcer une parole, et je la serrai frénétiquement dans mes bras, sans me rendre compte de mon action. Elle ne me repoussa pas, mais je la sentis trembler, et bientôt elle éclata en sanglots.

» Je fis tous mes efforts pour la calmer. Tout à coup elle me dit :

» — Je n'ai plus ni caste, ni parents, ni amis. Je suis au-dessous d'une métranie (balayeuse), tu peux me prendre pour aller puiser ton eau au Gange et faire ton bain ; les parias seuls consentiront à manger avec moi.

» Grand fut mon étonnement en entendant ce langage : je ne savais pas encore à quel point la femme indoue est *réellement femme* par l'imagination, et surtout par les sensations nerveuses que le soleil de feu de son pays développe outre mesure.

» Elle continua en tremblant comme une feuille :

» — Ne me chasse pas. Qui voudrait me donner le riz et le safran ? Je serais réduite à laver les morts avant qu'on ne les porte au bûcher sur les bords du Gange, et je renaîtrais pour purger cette impureté pendant mille générations, dans le corps d'un chacal. Que veux-tu que j'aille faire dans mon pays ? Les brahmes m'y poursuivront, ils diront à tous : Celle-là a été consacrée au culte de Cali, et elle s'est enfuie du sanctuaire sacré, protégée par un bélatti (étranger).

» Je la pris avec transport dans mes bras. Et la berçant comme un enfant, je lui dis doucement :

» — Oui, tu es à moi, et je te garderai, je n'ai point peur de tes brahmes. Qu'ils viennent te chercher ici. Je te ferai un nid dans la soie et le cachemire, et tu seras la ranie (reine) de la maison, et si l'on t'insulte, tu verras qu'un bélatti sait défendre ce qu'il aime.

» Je continuai longtemps encore sur ce ton :

l'étrangeté de l'aventure, les sensations nouvelles
que cette femme excitait en moi, sa splendide et
virginale beauté, tout contribuait à m'exalter. La
brise de nuit rejetait à flot dans les appartements les
parfums des fleurs et des arbres. Ivre de bonheur, je
me plaisais à accumuler toutes les expressions les
plus exagérées de la poétique orientale, et quand
je m'arrêtais, elle me disait, souriante et tout à fait
calmée : Encore! ainsi qu'un enfant dont on charme
la veillée par des contes fantastiques. Ses longs
cheveux s'étaient déroulés sous ma main en boucles
soyeuses et parfumées; je pressais sa taille souple
et moite. Si ce que j'éprouvais n'était pas de l'amour,
c'était au moins du délire.

» Le lendemain, quand je m'éveillai, je la trouvai
enroulée à mes pieds sur le divan, et dormant d'un
paisible sommeil. Je passai quelques minutes à la
contempler, ravissante dans sa pose nonchalante et
lassée. Et, interrogeant mon cœur, je me dis que
j'étais prêt à tous les sacrifices pour la conserver.

» Née dans les Haats, elle n'était point bronzée
comme les filles du Sud; son teint frais et délicat
avait les reflets blancs et mats de la perle de nacre :
c'était bien, et comme type et comme formes, la
plus splendide créature que l'on puisse rêver.

» Au moment où elle ouvrit les yeux, elle me regarda en souriant; puis, tout à coup, songeant à sa
situation, elle s'élança tout effrayée dans mes bras
en me disant :

» — Cache-moi! cache-moi, ils vont venir!

» Mais je lui persuadai qu'elle n'avait rien à craindre chez moi, où nul Indou n'oserait s'introduire,

et je lui annonçai que j'allais prendre immédiatement mes mesures pour sa tranquillité et la mienne.

» J'avais adopté un parti, qui sans me mettre à
l'abri des embûches et des vengeances secrètes,
devait à peu près sûrement m'éviter les tracasseries
de la police anglaise, qui, toujours protectrice de
ses compatriotes dans ces sortes d'affaires, ne devait pas manquer de saisir avec empressement
l'occasion de molester un Français.

» Radhamonie, ainsi s'appelait la jeune fille, savait
écrire : je lui fis rédiger en indoustani une déclaration par laquelle, affirmant qu'elle n'avait été
consacrée bayadère que contrairement à sa volonté,
elle implorait la protection des lois dans l'asile
qu'elle s'était librement choisi chez moi, pour se
soustraire à l'autorité abusive des brahmes.

» Je portai moi-même ce papier au juge de la
station, que fort heureusement je connaissais, et qui
se trouvait être par hasard un esprit libéral et distingué.

« Après avoir entendu mes explications, il m'assura que rien ne viendrait légalement troubler notre
quiétude; mais, ajouta-t-il, je ne puis vous promettre que ce qui est en mon pouvoir. Défiez-vous
des guets-apens, ne sortez le soir que bien armé, et
faites attention à votre cuisinier. Je suis dans l'Inde
depuis trente-cinq ans, et j'ai déjà vu bien des
morts par les terribles végétaux de ces contrées,
qui donnent un poison que la science est la plupart
du temps impuissante à reconnaître.

» J'appris, dans la journée, que les brahmes
avaient déjà eu connaissance du lieu de retraite de

Radhamonie et porté plainte contre moi, soutenus par le rajah de Mirzapoor, qui, quelques jours avant, avait compté à la pagode quatre mille roupies, et devait prendre livraison de la jeune bayadère, après la poudja de Cali.

» Rien ne vint en apparence, pendant quelque temps, troubler ma tranquillité; mais je me tenais constamment sur mes gardes, persuadé que j'étais que les brahmes, repoussés par la police, grâce aux précautions que j'avais prises, ne manqueraient pas d'employer toute leur puissance pour m'atteindre d'une autre manière.

» Radhamonie, qui les redoutait plus encore que moi, car elle les connaissait mieux, m'avait fait renvoyer tous mes domestiques indous pour m'entourer de musulmans; mais il m'en restait deux, le mali et le dorouan (jardinier et portier), que j'avais été forcé de garder; car les musulmans se prétendent de trop bonne race pour se charger des travaux impurs ou serviles confiés à ces deux serviteurs.

» Inutile de dire qu'ils étaient l'objet d'une continuelle surveillance.

» Au bout de quelques mois, je pensai que nos ennemis secrets devaient avoir renoncé à leurs projets, et, me départissant d'une foule de précautions qui étaient pour moi un perpétuel sujet d'ennui, je repris peu à peu mon train de vie habituel.

» Mais Radhamonie, dont la tendresse exaltée ne partageait pas mon insouciance, assistait à la préparation de mes aliments, filtrait et purifiait mon eau, se jetait à mes genoux le soir pour m'empêcher

de sortir, et ne se relâchait pas un seul instant de
la garde assidue qu'elle faisait autour de moi.

» Bien lui en prit : elle me sauva la vie.

» Les brahmes débutèrent dans leur vengeance par
un coup de maître, qui me fit comprendre immédiatement, qu'échappé par miracle, je devais tôt
ou tard avoir le dessous dans cette lutte dont la
ruse faisait la principale force.

» Voici l'aventure qui me détermina de suite, et
sans hésitation, à quitter la contrée pour me soustraire au sort qui m'attendait.

» Une nuit, comme nous dormions paisiblement
sur les nattes recouvertes de divans qui servent de
lits dans ces contrées, je me sentis tiré doucement
par la chevelure, et j'entendis, à demi éveillé,
Radhamonie qui me disait à voix basse :

» — Sur ta vie, ne fais pas un mouvement, reste
immobile sur ta natte, ou nous sommes perdus
tous les deux.

» A ces mots, qui venaient si étrangement troubler
mon sommeil, je sentis un frisson de terreur me
parcourir tout le corps. Je ne suis point prompt à
m'émouvoir, mais l'annonce si imprévue d'un danger que je ne comprenais pas encore était bien faite
pour me glacer d'épouvante.

» — Qu'y a-t-il? dis-je rapidement.

» — Nous sommes envahis par les cobra-capella,
répondit Radhamonie. Il y en a au moins deux
cents dans la chambre; je viens de voir à l'instant
tomber, par notre fenêtre ouverte, trois masses
noires que je suppose être des sacs, et qui devaient
en être pleins. Ce sont assurément les fakirs de la

pagode qui ont fait le coup. Écoute les serpents commençant à s'agiter et à s'allonger sur le rotin du parquet. On a dû certainement les faire jeûner longtemps pour les rendre plus terribles.

» De toutes parts, en effet, autour de nous, éclataient des sifflements gutturaux, mêlés de petits cris assez semblables aux gloussements de la poule qui vient de trouver un insecte.

» Je connaissais trop la nature de ces bruits étranges pour pouvoir douter un seul instant de leur provenance.

» — Maintenant que tu es averti, me dit Radhamonie, je vais essayer de sortir. Si je suis mordue, j'aurai toujours le temps d'appeler des domestiques, qui iront chercher un charmeur.

» L'imminence du danger m'avait rendu toute mon énergie, et j'ordonnai à ma courageuse compagne de ne point bouger.

» — Je veux te sauver! me dit-elle avec feu.

» — Je t'en supplie, Radhamonie, reste immobile auprès de moi, lui répondis-je; je t'aime! sans toi la vie ne m'est plus rien. Si tu fais un pas dans la chambre, je te suis, et nous mourrons ensemble.

» Elle se résigna!

» Et, sa main pressant la mienne, nous attendîmes avec anxiété et sans faire le moindre mouvement, ce qui allait se passer.

» Tout à coup je la sentis tressaillir. L'espace d'une seconde, et ce fut mon tour. Un corps froid et visqueux me traversait la poitrine. Je retins ma respiration. Il était parti. Un autre lui succéda, puis un autre, puis un autre encore. Cela dura plus de deux heures. J'étais anéanti et comme un cadavre.

» Il fallait que les horribles bêtes pussent se promener sur nous, comme sur un tronc d'arbre, comme sur un bloc de pierre, sans que rien vînt déceler la vie. Un instant d'oubli, et nous étions morts !

» Quelle souffrance morale ! quelle torture ! Je ne voudrais pas l'infliger à mon plus cruel ennemi.

» Le jour n'allait pas tarder à paraître. Nous l'implorions avec ardeur, car c'était la délivrance. Alors les sons de la musette bengalie, se firent entendre tout près de nous, et la porte de notre chambre s'ouvrit doucement.

» — C'est moi, le mali dit une voix. Êtes-vous morts ?

» — Non, répondit Radhamonie.

» — C'est bien, je vais rappeler les capelles.

» Et, disant cela, il reprit son instrument et se mit à en tirer des notes plaintives et aiguës, entremêlées de trémolos, qui, d'abord rapides et précipités, s'en allaient peu à peu en diminuant et finissaient comme un murmure. Presque instantanément les sifflements des serpents cessèrent.

» Le mali, continuant à jouer, descendit lentement dans le jardin par les escaliers de la vérandah, et bientôt nous l'entendîmes se perdre dans les bosquets. Plus de bruit autour de nous. Sans doute nous étions délivrés des serpents.

» Radhamonie, avant que j'eusse le temps de m'y opposer, s'élança hors du divan, et alluma rapidement une petite lampe suspendue au milieu de la chambre, et nous pûmes voir filer, le long de la muraille, cinq ou six serpents qui n'avaient point suivi le charmeur.

» Quelle immense joie inonda nos cœurs! Nous étions sauvés!

» Radhamonie, qu'une grande force morale avait soutenue, s'évanouit dans mes bras, et ne revint à elle que pour être saisie d'une crise nerveuse qui dura une partie de la journée.

» Dès que je pus la quitter, je m'en fus à la pagode, et là j'annonçai aux brahmes l'insuccès de leur tentative, en les prévenant qu'au moindre soupçon d'une trame nouvelle, j'étais tout disposé, non à m'adresser à la justice anglaise, mais à brûler la cervelle à quatre ou cinq d'entre eux. Je savais que ces menaces feraient beaucoup plus d'effet que la crainte d'une action légale, sur ces prêtres lâches et hypocrites; ils ne se contentèrent pas de protester de leur innocence, mais eurent encore l'audace de me dire qu'ils prieraient Siva de conserver mes jours.

» Règle générale, quand un prêtre annonce qu'il va prier son Dieu pour ses ennemis, si l'on est de ce nombre, c'est le moment de se défier.

» Quoi qu'il en soit, j'étais assuré de quelques moments de tranquillité, et je résolus de les employer à faire mes préparatifs pour fuir ce pays.

» En rentrant à la maison, je fis part de cette détermination à Radhamonie, qui l'accueillit avec la plus grande joie; elle m'apprit à son tour que le mali qui nous avait porté secours s'était enfui de sa case, et qu'elle le soupçonnait fort d'avoir été le

complice des fakirs qui avaient jeté les cobra-capella dans notre chambre.

» Probablement il avait craint, lors des recherches
de la justice, d'être sacrifié par les brahmes et de
payer pour eux, car il était paria, et il s'était dé-
terminé tardivement à venir à notre aide.

» Ou bien encore nous croyait-il déjà morts, et
voulait-il simplement éloigner les serpents de l'habitation. Nous ne sûmes jamais à quoi nous en
tenir sur ce sujet.

» Quinze jours après, nous partions pour Salem,
où m'appelaient de vieux amis, de bons et excellents
cœurs, qui s'ingénièrent pour me trouver une
autre position. Et voilà comment je suis planteur
de café dans les Nielguerries.

— Et Radhamonie? hasardai-je.

— Elle est ici. Nous avons notre petit cottage à
dix minutes d'ici, sur le flanc de la montagne. Mais
vous me faites songer que la veillée a été longue et
que la pauvre enfant doit m'attendre depuis longtemps.

J'eus occasion de voir, le lendemain, la jeune
bayadère, et je dus avouer que le portrait qu'on
m'avait fait d'elle n'était point flatté.

Je trouvai une jeune femme de dix-sept ans à
peine, belle au-dessus de toute expression, comme
le sont la plupart des femmes de ces races primitives du nord de l'Inde, qu'aucun mélange n'a alté-
rées.

Elle avait gardé le costume oriental; mais deux
années de cohabitation avec l'aimable garçon qu'elle
aimait l'avaient complétement façonnée aux habi-

tudes européennes. C'était, en somme, une charmante créature, digne de l'affection et du dévouement qu'elle avait inspirés.

Je n'ai rien changé à cette histoire, qui est authentique dans ses moindres détails. Puisse-t-elle causer au lecteur autant de plaisir que j'en ai eu à me l'entendre conter!

Quelque extraordinaire que puisse paraître la scène des cobra-capella, elle a eu de nombreuses éditions dans l'Inde, et presque toujours les tentatives de ce genre ont réussi. C'est, après le poison, l'arme la plus terrible des vengeances indoues, car il est à peu près impossible, avec le muet fanatisme des indigènes, de découvrir celui qui a payé la main qui a donné la mort.

Combien de voyageurs, trouvés sans vie dans des bengalows de l'intérieur, ont fini de cette façon, sans qu'il soit resté d'eux autre choses qu'une note sur les registres de la police anglaise : *Accidental death* « Mort par accident. »

. . . .

Dès que la bayadère qui a été consacrée toute jeune à la pagode devient pubère, sa virginité est littéralement mise à l'encan. Les offres montent souvent à des sommes fabuleuses, dix et quinze mille roupies, suivant la beauté du sujet, la richesse des concurrents, et le nombre de mois et d'années que la bayadère doit rester au pouvoir de son acquéreur.

Rien n'égale l'adresse des brahmes pour faire monter ces enchères, où l'orgueil de caste, d'influence ou de fortune joue un plus grand rôle que la passion.

Le rajah ne voudra pas être distancé dans ses offres par le babou, et ce dernier par des gens d'une classe inférieure à la sienne.

Aussi la jeune fille devient-elle, **la plupart du temps**, la proie de quelque vieillard impotent qui n'en peut profiter et la conserve soigneusement dans l'intérieur de son palais comme un objet de luxe. Mais l'éducation reçue porte ses fruits. On ne l'a pas impunément, pendant deux ou trois ans, exercée aux honteuses pratiques de son métier de prostituée; ce n'est pas en vain que l'on a peu à peu excité ses sens. Si bien closes que soient les portes du palais du rajah, et quelle que soit la surveillance dont on l'entoure, la bayadère saura forcer les unes, éluder l'autre, et se procurer des heures nombreuses de liberté... jusqu'à ce que, surprise en flagrant délit par le maître, elle soit renvoyée à sa pagode, où, à partir de ce moment, elle sera libre de se livrer à ses goûts en toute liberté.

Si ses débordements ont été trop publics, elle n'est plus reçue dans l'intérieur de la pagode, et va grossir la catégorie des filles faciles qui se donnent à toutes les castes. Mais, si bas qu'elle soit tombée, chose digne de remarque, elle ne partagera jamais la couche d'un paria.

Il est excessivement rare que la bayadère soit ainsi chassée du temple. Il faut qu'elle ait eu ouvertement commerce avec des gens de la caste la plus infime, ou qu'elle soit poursuivie par le ressentiment de quelque personnage influent, qui, en raison de ses cadeaux et offrandes, peut exiger beaucoup des brahmes. En général, ces derniers voient toujours de mauvais œil les filles consacrées tomber dans le domaine public.

Les enfants de la bayadère n'ont pas de caste : les filles suivent la profession de la mère, les fils sont reçus parmi les musiciens de la pagode.

Cependant il arrive parfois qu'un père supposé, assez crédule pour accepter une paternité des plus douteuses, prend soin lui-même de l'éducation d'un de ces enfants. Mais il ne peut parvenir à le faire accepter dans sa caste ni à lui laisser une portion de son héritage.

Le parent le plus éloigné ferait briser cette donation, illicite au point de vue des mœurs et de la loi indoue.

Inutile de dire que les enfants ainsi soustraits à l'autorité de la pagode y rentrent, d'ordinaire, comme fakirs, musiciens ou serviteurs.

D'où vient cette déconsidération qui s'attache à eux? Tire-t-elle son origine du respect religieux, qui les abandonne dès qu'ils ne font plus partie du service des dieux?

Faut-il croire, au contraire, que leur naissance libre est une tache que ne lave pas l'adoption religieuse des brahmes?

Il y a, je crois, un peu de ces deux choses dans la répulsion qu'éprouve l'Indou pour ces enfants de l'amour.

Si infime que soit votre position, en Orient et dans l'extrême Orient, vous êtes estimé du moment où vous pouvez dire le nom de votre père.

Il y a un peu de cette dualité d'idées dans l'opinion

que la bayadère donne d'elle à ses compatriotes. Fort honorée d'un côté, comblée de présents même par les gens les plus respectables qui n'ont jamais recours à ses talents, et, de l'autre, méprisée par le dernier des coolis, qui ne lui permettrait ni de manger ni de s'asseoir à côté de sa femme légitime.

Quand la bayadère meurt, la même singularité s'observe dans ses funérailles. Elle est brûlée avec tout le cérémonial et tout le luxe employés à la crémation des Indous des plus hautes castes, mais sur un emplacement différent, et ses restes sont jetés aux vents. Dans certaines provinces du haut Bengale, elle n'est brûlée qu'à moitié, et son cadavre est abandonné aux chacals et aux vautours.

N'y a-t-il pas là un profond enseignement? Sans s'en douter peut-être, et malgré l'abaissement de leur niveau moral, ces peuples ne rendent-ils pas ainsi un éclatant hommage aux chastes et pudiques vertus qu'ils ont chassées de leurs foyers?

Dans les temps primitifs de l'époque védique, la bayadère devait faire vœu de chasteté, et mener une vie solitaire et pure à l'abri des autels. Toute infraction à cette règle sévère était punie de mort. Mais ces prescriptions des premiers temps de la puissance brahmanique, entièrement oubliées aujourd'hui, s'en sont allées avec toutes les grandes choses de cette vieille civilisation indoue qui, après avoir illuminé le monde, peuplé l'Asie et l'Europe, donné ses traditions à Athènes et à Rome, s'est presque éteinte sur son sol.

Il me reste à parler de la danse de ces femmes,

dont l'Europe ne soupçonne même pas le caractère, et que la plupart des écrivains qui ont cherché à la définir n'avaient pas même eu occasion d'entrevoir.

Et cependant, c'est en général une des premières choses dont s'inquiète le voyageur, celle qui pique le plus sa curiosité.

A peine débarqué, il demande s'il ne pourrait point assister à une danse de bayadères. Le premier domestique venu lui assure que rien n'est plus facile, et qu'il n'a qu'à indiquer l'heure où il lui plaira de recevoir la visite de ces dames!...

On lui amène alors un troupeau de danseuses publiques, dont le métier est de se produire, sous la conduite d'un impresario, dans les fêtes des basses castes et même dans les cérémonies de mariage des parias qui peuvent se payer ce luxe, du reste peu coûteux.

Ces femmes se présentent devant l'Européen ébahi, saluent de la main, avancent et reculent en marchant en cadence, au son de deux petites rondelles de cuivre que l'on frappe l'une contre l'autre, prennent deux ou trois poses plus ou moins grimaçantes, tendent la main pour recevoir leur salaire, et prennent congé *du noble étranger.*

Et ce dernier de se dire : Ce n'est que cela? c'était bien la peine de venir d'aussi loin!

Il quitte l'Inde brouillé avec la bayadère, et le lui fera bien voir dans ses impressions de voyage; il ne se doute pas qu'on s'est moqué de lui, et qu'il n'a jamais vu une bayadère.

Ce n'est point non plus dans les cérémonies religieuses publiques, ni dans les fêtes de famille, qu'il faut aller voir ces danseuses, qui, bien authentiques cette fois, se bornent à mimer les exploits de quelques dieux ou les hauts faits d'un ancêtre de la famille puissante, qui a obtenu leurs concours des brahmes.

Il faut habiter l'Inde longtemps, se familiariser avec les usages, les coutumes, la langue du pays, n'être plus, en un mot, considéré comme un étranger, pour que vous puissiez obtenir d'un riche Indou ou d'un rajah dont vous avez conquis l'intimité, qu'ils consentent à produire devant vous les bayadères qu'ils entretiennent, et leur permettent de dévoiler à vos yeux étonnés leur danse palpitante de passion et de frénétiques entraînements. Et il n'est point, je vous l'assure, facile d'obtenir cela.

Un autre moyen est de séduire à prix d'or les brahmes d'une pagode éloignée de toute ville et de toute aldée, sûrs que leur complaisance ne sera point tellement connue qu'ils ne puissent la nier : peut-être vous admettront-ils, pour un soir, dans l'intérieur du temple.

Il y a quelques exemples de ces cas.

La vraie bayadère, on le conçoit, ne peut danser en public. Devant exalter les sens, qu'elle satisfait après, il lui faut l'ombre et le mystère; il faut qu'elle s'exalte par degré, que sa taille frissonne sur ses hanches, que sa gorge bondisse, que tous ses muscles tressaillent, que son corps se cambre sous l'excitation matérielle d'une extase frénétique.

Tantôt elle s'en va à demi courbée, les cheveux épars sur ses épaules nues, rampant sur la natte du salon, tordant ses membres comme une chatte lascive, dardant sur ceux qui la regardent ses grands yeux noirs, avec des éclairs pleins de feu, qu'elle sait rendre humides de langueur et de désirs. Tantôt elle envoie ses élans aux cieux, comme une vierge inspirée, dans des poses splendides d'invocation et d'ardeur. Tantôt c'est une folle en délire, se pâmant sous des plaisirs inconnus, comme les filles de Louvain ou les inspirées du cimetière Saint-Médard.

Puis à cela succèdent tout à coup les inflexions du corps les plus séduisantes, les plus molles, les plus provoquantes, avec des temps d'arrêt sur celles qui font le mieux valoir la cambrure des hanches, la souplesse de la taille et des mouvements, et la richesse de l'ensemble.

Un jour — c'était à l'heure de midi, alors que tous les bruits se calment, que la sieste commence, que tout s'éteint, tout s'incline devant ce brûlant soleil de l'Inde qui anéantit le corps et alanguit la pensée : — tous les rideaux de vétivert étaient baissés le long des colonnes des vérandahs; de temps à autre un bohis aux formes athlétiques, nu jusqu'à la ceinture, les aspergeait d'eau pour exciter la fraîcheur.

Nous étions étendus sur des nattes, au milieu d'un salon de marbre blanc, fermé de tous côtés par d'autres chambres elles-mêmes précédées de terrasses qui ne laissaient arriver le jour qu'avec peine, deux ou trois fois tamisé par les tattis. Le

Elles se mirent à danser... (Les Bayadères, page 279.)

IMP. E. MARTINET.

mystérieuse et discrète, et, à dix pas de nous, quatre femmes, à peine âgées de quinze ans, belles comme le sont les races de l'Himalaya, lascives par tempérament, dont tous les gestes, toutes les attitudes ont été formés dès l'enfance par un maître savant dans l'art d'émouvoir les sens. Quatre femmes, aux yeux noirs largement fendus, aux longs cils humides, les cheveux épars, la gorge nue, le reste du corps à peine recouvert d'une gaze de soie frangée d'or, venant animer cette obscurité et ce silence sans les troubler.

On eût dit quatre apparitions fantastiques, quatre houris du paradis d'Indra, descendues pour venir révéler aux hommes le secret perdu de la forme la plus pure et de la beauté la plus exquise.

Elles se mirent à danser...

Prenez les poses les plus gracieuses consacrées par l'art et les tableaux des maîtres, faites-leur succéder des élans de bacchantes enivrées par des libations et de mystérieux parfums; puis représentez-vous ces femmes se traînant à vos genoux, souples et caressantes, l'œil noyé, éperdu de langueur, le sein palpitant d'excitations fiévreuses, les membres tressaillant sous l'action du haschisch, comme aux approches d'une crise nerveuse ; et vous aurez une faible idée du spectacle étrange et fascinateur qui se déroulait devant nous.

Ces femmes étaient exaltées jusqu'au délire par une préparation extraite du gingembre, de la cantharide et du chanvre, et telle est l'adresse de ceux qui manipulent cet ingrédient, qu'il excite sans être nuisible d'une manière immédiate, et permet un long usage avant qu'on puisse en ressentir les effets destructeurs.

Il est impossible de soutenir impunément la vue de pareilles scènes! Ces émotions trop souvent renouvelées doivent conduire ceux qui se les procurent à une de ces vieillesses abêties, qui sont l'inévitable partage de tous les riches Orientaux, dont la vie n'a été qu'un perpétuel sacrifice aux plaisirs matériels.

Mais ce n'était pas tout encore.

La danse doit toujours finir, pour ces prêtresses de l'amour, par l'épuisement complet de toutes leurs forces. Si elles résistent aux premières exaltations, à ces spasmes qu'une longue habitude leur fait presque se procurer à volonté, elles se mettent à tourner sur elles-mêmes avec une incroyable rapidité, jusqu'à ce que, n'en pouvant plus et prises de vertige, elles tombent anéanties et demi-nues sur la natte du parquet.

J'hésiterais à le dire, si ce n'était d'une rigoureuse exactitude et un trait de mœurs bien significatif qui donne la mesure du niveau moral de ces peuples : c'est le moment choisi par les Indous pour leurs lubriques embrassements; il faut, pour réveiller leurs appétits, de la chair palpitante et pâmée, des femmes à demi folles d'excitations et toujours inassouvies...

La femme indoue est d'une rare sensibilité nerveuse. Aussi a-t-on l'occasion d'étudier à chaque instant ces étranges phénomènes d'hystérie que les prêtres ont si lontemps exploités en Europe comme des manifestations de possession du diable. Leurs précurseurs, les brahmes, continuent à expliquer ainsi ces curiosités physiologiques sans rencontrer un incrédule.

Dans chaque pagode il y a le prêtre exorciste, et cela rapporte gros! Nous le verrons *travailler* à Chelambrum, lieu célèbre où se rendent en foule les possédées de tous les pays, qui n'ont pu se faire guérir à domicile.

Avec une pareille constitution de la femme, l'Indou a peu de peine à façonner ses instruments de plaisir, et l'on peut dire qu'il est passé maître dans cet art.

Avare de son temps pour le travail, auquel il ne se livrera jamais sans y être forcé, il en est prodigue pour toutes les jouissances matérielles, qui seules lui paraissent dignes d'occuper sa vie.

C'est pour cela que, non content de peupler ses harems des plus belles femmes de toutes les provinces de l'Indoustan, il lui a fallu quelque chose de plus, il lui a fallu arriver jusqu'à la folie des sens, jusqu'à la souffrance dans la volupté. Et il a créé la bayadère.

QUATRIÈME PARTIE.

TRINQUEMALÉ

La veille du jour fixé pour le mariage de sa fille, Nalla-Tamby-Modeliar vint me rendre visite avec son gendre, jeune homme de dix-sept ans à peine, qui appartenait à une des premières familles de la caste des vellaja, de la ville de Négapatam, et se nommait Ponou-Rassendren-Modeliar (Modeliar est un titre qui appartient exclusivement à la caste des vellaja, et signifie, en tamoul, excellent). Ils venaient me renouveler leur invitation, et m'annoncer que je ne serais point seul d'Européen à la fête, sir John Hastley, l'assistant collecteur du district, ayant promis de s'y rendre avec toute sa famille.

Je fus contrarié d'apprendre si inopinément que j'allais me rencontrer le lendemain avec des dames. Il me restait à peine le temps de leur rendre une visite que je considérais comme obligatoire, un

usage, auquel la société anglaise tient par-dessus
tout, ne permettant point à un Indou, si haut placé
qu'il soit, fût-ce même un rajah, de présenter ses
invités européens les uns aux autres.

L'assistant collecteur est revêtu, dans les sous-
districts de l'Inde anglaise, de fonctions administra-
tives et financières. C'est une espèce de trésorier-
préfet.

Sir. John Hastley, assistant collecteur du district
de Trinquemalé et Tamblegam, habitait, à mi-chemin de ces deux villes, dans la baie de Kattiaar,
un délicieux cottage perdu sous bois, réunissant
tout le luxe et le confort que les Anglais savent se
ménager dans ces contrées, où ils règnent plus des-
potiquement encore que les anciens rajahs.

C'était un original, qui avait transporté dans son
habitation quelques-unes de ces grandes inventions
si utiles à l'humanité, dont s'honore la triomphante
Angleterre : les combats de coqs, les dogs et la
boxe. Il avait pour boxeurs ordinaires une demi-
douzaine de malheureux parias qu'il avait fait dresser par son palefrenier, et qui, tous les matins,
pour aider à la digestion du maître qui se pâmait
d'aise, essayaient de se démonter la mâchoire. Malgré tous les efforts de leur professeur, ancien habitué des *boxingmatchs* de la Cité, les pauvres diables
n'avaient point pris goût au métier, et ils y allaient
assez doucement, bien que sir John daignât les en-
courager lui-même de la voix et du geste en buvant
du grog. Au huitième verre de la divine liqueur, le
gentleman se mêlait d'ordinaire à la lutte, tapant
comme un bœuf sur ces malheureux, sous prétexte

de leur inculquer les vrais principes de cet art national. *England for ever !* Le tout se terminait par des lotions et des compresses sur les membres endommagés.

Mais sir John Hastley était membre de la Société protectrice des animaux, de Colombo, et il vous eût fait arrêter sans pitié, s'il vous eût vu frapper un chien hargneux pour défendre vos mollets.

Quand je me présentai à l'habitation de Kattiaar, je fus assez cordialement reçu par ce singulier personnage, grâce sans doute à la lettre que je possédais du gouverneur général, me recommandant aux autorités anglaises de tous les degrés. Mais comme milady et les misses étaient au bain, j'eus à supporter, avant de leur être présenté, une bonne heure au moins de renseignements sur l'élevage et le dressage des dogs, et sur « l'entraînement » des coqs de combat.

Quand milady daigna faire son apparition, sir John en était aux résultats donnés par le croisement des « benthams » avec les poules des « highlands » d'Écosse. Il s'arrêta cependant pour faire ma présentation.

Lady Hastley était une femme d'environ quarante-cinq ans. Elle avait passé de longues années sur le continent, savait son monde, et n'avait dans les manières rien de cette gourme empesée, de cette morgue orgueilleuse que les Anglais mal élevés croient de bon ton d'afficher en tous lieux. Avec beaucoup de grâce, elle me pria de leur consacrer quelques jours, après la fête à laquelle nous allions assister ensemble; et vraiment elle sut me charmer à ce point, avec ses airs d'amabilité, de simplicité et de franchise, que je regrettai sincèrement de ne pouvoir accepter son invitation. Je m'étais arrêté à Tamblegam pour me reposer un peu et faire quelques excursions dans l'intérieur, et je ne voulais point pour quelques jours m'astreindre au cérémonial d'un intérieur anglais.

Quand je rentrai le soir au bengalow, dans mon palanquin, je trouvai mon fidèle Amoudou en train d'oublier ses amours de Kaltna avec une jeune et jolie Malabaresse dont les fonctions consistaient à faire le bain, lorsque la *station* était occupée par quelques voyageurs.

Les bengalows que le gouvernement anglais fait construire pour ses fonctionnaires en voyage, et dans lesquels sont admis les étrangers recommandés, sont des plus confortables. Un nombreux personnel de domestiques est attaché au service de l'établissement. Les lits sont entourés d'amples moustiquaires; la table est des mieux montées en argenterie et en lingerie, et chaque chambre est garnie d'un large et élégant pankah.

A l'issue du dîner, je me rendis dans les rues de Tamblegam, où m'attendait le plus étrange de tous les spectacles.

Tous les parents et amis de Ponou-Rassendren-Modeliar, le futur gendre de Nalla-Tamby, la caste entière, pour mieux dire, étaient arrivés de la grande terre indoue à Tamblegam, pour assister aux fêtes du mariage. Toutes les maisons du village regorgeaient d'invités. Les vérandahs étaient illuminées; chaque branche des arbres qui bordaient les rues était garnie de lanternes aux mille couleurs, et la pagode étincelait dans la nuit sous les feux de Bengale et les artifices qui s'élevaient de tous côtés dans les airs. — On préludait aux réjouissances du lendemain.

De tous côtés étaient arrivés des jongleurs, des charmeurs de serpents, des sannyassis, des mendiants, des fakirs, pour exploiter la générosité et la piété crédule des assistants. L'un portait, enroulés autour de son corps, des cobra-capella, des trigonocéphales, terribles serpents dont il se jouait sans nul souci de leurs morsures, ayant aux poignets de petits corallilo, qui donnent la mort en quelques secondes, en guise de bracelets. Un autre se faisait suivre par un tigre privé, dont il se servait comme d'oreiller pour dormir sur les bords de la route. Les fakirs étaient au grand complet, agenouillés dans la poussière et priant en attendant l'heure d'exhiber aux yeux émerveillés de la foule les tortures qu'ils s'imposent en souriant, comme s'ils avaient vaincu la douleur.

Partout s'agitait une foule bigarrée, étrange; le flot humain prenait, sous le jeu des lumières, des aspects fantastiques.

A tous les coins de rue, des rapsodes (en sanscrit, *rapsaoda*) (1) chantaient, d'une voix traînante et nasillarde, les exploits innombrables de quelques dieux, ou les louanges de la famille des deux futurs époux; tandis que, sous les portiques de la pagode, sur les bords de l'étang sacré, et le long des vérandahs, de

_____

(1) *Raps*, radical du *rapsiami*, chanter, et *oda*, poésie.

monstrueux éléphants blancs ou noirs se reposaien
à demi accroupis, se rappelant de temps en temps
les uns les autres, et semblant, par les modulations
de leurs cris, se communiquer leurs impressions.
Les cornacs dormaient à leurs pieds dans la poussière, accablés de fatigue : ils arrivaient de tous les
côtés de l'île. Et les petits enfants sommeillaient
paisiblement dans le haoudah, sous la garde vigi-
lante de ces intelligents animaux.

Il y avait longtemps que la petite ville de Tamblegam n'avait vu un mariage aussi important que celui qui se préparait.

Nalla-Tamby-Modeliar était non-seulement chef
du district, mais encore chef de la caste des vellaja,
qui se prétendent de souche royale, c'est-à-dire
issus des anciens xchatrias de l'Indoustan.

Toute la partie nord-est et nord de Ceylan, qui
nous reste à visiter, étant habitée par des Malabars
originaires de la grande terre indoue, sans nous
livrer à une étude complète de leurs divisions de
castes qui ne sont point les mêmes que celles des
autres Cyngalais, et que nous nous réservons de
mieux faire connaître en conduisant le lecteur dans
l'Indoustan, il nous paraît utile cependant d'en dire
ici quelques mots pour l'intelligence de ce qui va
suivre.

Grâce au sanscrit et aux nombreux manuscrits que
l'Inde ancienne nous a légués, nous pouvons aujour-
d'hui remonter, avec une entière certitude historique, à vingt-cinq à trente mille ans en arrière de
nous. Qu'est cela encore, en présence de la science
qui, rencontrant l'homme dans les terrains ter-

tiaires, lui donne, par cela seul, une existence de plusieurs millions d'années !

A cette époque reculée du monde, la première autorité qui se produisit dans la société patriarcale fut celle du chef de famille, qui fut en même temps le prêtre de la religion naturelle. — Père et prêtre, en sanscrit *pitri*, en grec et en latin *pater*, pendant des siècles il n'y eut qu'un mot pour désigner les doubles attributions civiles et religieuses.

Le prêtre naquit donc du prestige de la famille, et son autorité n'en fut que plus forte. Aussi, lorsque peu à peu la famille devint la tribu, la tribu la peuplade, la peuplade la nation, le pouvoir sacerdotal grandit avec la population : il se sépara de l'autorité du père pour devenir un pouvoir impersonnel, exercé par une classe d'hommes à part, qui, pour mieux asseoir leur domination, se prétendirent envoyés par Dieu pour être les pasteurs des peuples, et ces hommes prirent le nom de brahmes, c'est-à-dire issus de Brahma, le Dieu créateur.

Pour établir solidement leur despotisme, les prêtres l'appuyèrent sur l'idée religieuse et imaginèrent cette exploitation de Dieu qui, depuis des siècles, par le miracle, le sortilége, le mensonge et les mystères, donnent de si beaux bénéfices.

Ils commencèrent par diviser le peuple en castes, et, pour que cet acte fût indiscutable, ils chargèrent Brahma lui-même de l'accomplir. — On voit cela d'ici : les braves gens revêtaient déjà leur air éternel de béatitude et de fourberie. — Dieu le veut... c'est Dieu qui parle... Nous ne sommes que les indignes exécuteurs de la volonté céleste.

Or ils découvrirent un beau jour, ces hommes, qu'en créant le monde, Brahma avait tiré l'homme de quatre parties différentes de son corps, indiquant ainsi l'infériorité relative et la dépendance où devaient être certaines classes vis-à-vis des autres. De sa bouche il produisit le brâhme, c'est-à-dire le prêtre, souverain maître de l'univers, qui n'a été créé que pour lui (en sorte que quiconque résiste aux brahmes, prêtres, lévites, derviches hurleurs, tourneurs, escamoteurs, est sans excuse, puisque nous n'existons que par eux et pour eux). Du bras de Brahma sortit le xchatrias ou le noble, le rajah, le roi, chargé de gouverner le monde sous l'autorité des prêtres. De sa cuisse naquit le vaysia, chargé, comme marchand, cultivateur, éleveur de bestiaux, artisan, etc., de nourrir les deux autres classes. De son pied, enfin, il tira le soudra, c'est-à-dire l'esclave chargé de servir à perpétuité les autres castes.

Comme on le voit, ce n'était pas mal imaginé. — A ce point même que la liquidation de toutes ces belles inventions sacerdotales dure encore.

Chaque homme, et ce fut la règle inflexible, ne put, ni pour services rendus, ni pour tout autre motif, sortir de la caste où il était né; et dès lors nulle ambition ne venant l'agiter, nul espoir d'une situation meilleure n'étant offert comme stimulant à son énergie, l'Indou, dont chaque pas, chaque mouvement, de la naissance à la mort, fut compté, réglementé par des habitudes et des lois, se plongea dans cette vie de rêve et de matérialisme qui est encore aujourd'hui sa seule préoccupation, et qui lui fait repousser tout changement comme un mal, tout progrès comme un crime.

Certes les brahmes se préparèrent ainsi une nation facile à dominer et impuissante à secouer le joug. Ils en obtinrent longtemps honneurs, dévouement, richesses et respect. Mais du jour aussi où les populations du Nord jetèrent un regard jaloux sur les richesses de l'Indoustan, du jour où l'invasion mogole s'avança contre eux, ce fut en vain qu'ils essayèrent de se défendre. Tous leurs efforts furent impuissants à galvaniser ce peuple qu'ils avaient atrophié pour assurer leur domination. Seuls les xchatrias se firent tuer pour conserver une domination que les prêtres partageaient avec eux ; et les brahmes, tout en implorant dans leurs pagodes un dieu impuissant à les sauver, virent s'écrouler leur puissance, grâce aux précautions prises par eux pour la conserver. — C'est en vain qu'ils crièrent à l'anathème, qu'ils menacèrent les envahisseurs d'une colère céleste qui se tourne toujours du côté des gros bataillons : les nouveaux maîtres s'installèrent paisiblement sur le sol qu'ils avaient conquis, et ne cédèrent la place que devant d'autres conquérants, étrangers comme eux.

Depuis, l'Inde a été la terre classique des invasions, et son peuple, abruti par quinze mille ans et plus de despotisme sacerdotal, s'est toujours soumis sans murmurer. Peut-être aussi le soudra n'assistait-il pas sans plaisir au renversement des hautes classes qui l'avaient si longtemps dominé.

Aujourd'hui, des quatre castes primitives de l'Inde, il n'existe plus que celle des brahmes, qui, tout en ayant perdu le pouvoir, a conservé sa pureté de race et une partie de son prestige religieux.

La population, livrée à elle-même, s'est subdivisée en castes à l'infini. Tout a été pour elle motifs à séparation : chaque profession, chaque métier a tenu à honneur de s'isoler complétement des autres. Enfin, quand tous les motifs de partager, diviser, fractionner, ont été épuisés, chaque caste à son tour s'est séparée en deux camps, aussi étrangers l'un à l'autre que s'ils n'avaient pas une origine commune : les partisans de la main droite et ceux de la main gauche.

Ceci demande explication :

Les Indous mangent avec la main, sans le secours d'aucun instrument. Quelle que soit celle qu'ils choisissent pour cette fonction, l'autre main est réputée impure, et ne doit jamais toucher aux aliments, réservée qu'elle est exclusivement aux ablutions secrètes. De là cette division dont je viens de parler. — Dans la même caste, les uns se servent de la main droite pour les repas, les autres de la gauche.

Et ainsi, pour la caste vellaja par exemple, il y a les vellaja de la main droite et les vellaja de la main gauche. Il en est de même pour toutes les autres castes.

Toutes les castes reconnaissent la supériorité de celle des brahmes. Mais, cette concession faite, chacune en particulier se proclame supérieure à toutes les autres. De là des luttes orgueilleuses d'influence et de richesse, qui vont parfois jusqu'à la ruine.

Autrefois, les rajahs et les princes de famille

royale avaient seuls le droit de porter une canne à
pomme d'or, de la dimension de celle de nos tam-
bours-majors. Les gouvernements européens qui se
sont emparés de l'Inde se sont réservé d'accorder
ce droit comme une décoration. Il faut voir à quel
degré de bassesse et de platitude descendent les
plus riches Indous pour conquérir cette canne, et
combien grassement ils payent les influences tripo-
teuses qui la leur font accorder. Vingt ans de sa vie
un Indou pétitionnera, implorera gouverneurs,
conseils, fonctionnaires de tous ordres. S'il obtient
la canne, il meurt content, et sa famille et sa caste
en ont pour plusieurs générations à s'enorgueillir
de la distinction obtenue. L'Européen s'amuse fort
de cette manie qu'il exploite. Il est juste de dire,
par contre, que l'Indou est non moins égayé par
les lambeaux d'étoffe rouges, jaunes ou verts que
nous cousons à nos boutonnières.

Entrez dans un tribunal à l'heure des ventes im-
mobilières, et si, par hasard, deux individus de
castes rivales, et à peu près égaux en richesse, se
trouvent en présence, misant le même lot, vous
pouvez être certain que l'immeuble doublera et
triplera de valeur. Que l'un dépense trente mille
roupies pour le mariage de sa fille, l'autre en dé-
pensera quarante. Que le premier donne, dans une
cérémonie religieuse, cinquante bœufs aux brahmes
officiants; huit jours après, le second fera offrir un
sacrifice et il donnera cent bœufs.

J'ai connu un riche banquier de la caste des
commoutys, qui, brouillé avec son gendre pour
quelque question de préséance, se mettait en tra-

vers de tous ses projets pour les faire échouer, et
qui paya trente mille francs un attelage qui n'en
valait pas cinq mille, uniquement pour la galerie, et
parce qu'il avait dit que son gendre n'aurait jamais
ces chevaux dans son écurie.

Pris par la vanité, l'Indou est capable des plus
étranges folies.

Disons aussi, pour être juste, qu'il donne parfois
des exemples de dévouement et de grandeur d'âme
dont notre histoire pourrait s'enorgueillir à juste
titre.

Il est un fait que je dois citer. — Je n'ai pas la
prétention de faire réparer une injustice : c'est impossible en France, aujourd'hui que nous râlons
sous une décrépitude administrative et bureaucra-
tique plus forte que la loi ! Mais enfin, j'aurai fait
connaître un trait de dévouement à notre pays, qu'il
est bon au moins qu'on n'oublie pas.

Je prends ce que je vais dire sous ma responsabilité personnelle.

Il y a, à Pondichéry, un Indou du nom de Sandira-Poulé, qui vit péniblement d'une modique pen-
sion de trois mille francs, avec sa nombreuse famille. Son grand-père a dépensé *douze millions*
pour la France, et Sandira-Poulé attend, dans le
besoin, que la France veuille bien se souvenir d'une
des plus grandes familles de l'Inde, qui s'est ruinée
pour l'honneur de son drapeau.

Ceci est de l'histoire :

En 1793, les Anglais assiégeaient Pondichéry par
Goudeloor et par la mer. Cette malheureuse ville,
célèbre pour sa fidélité à toute épreuve envers la

France, se défendait avec l'énergie du désespoir.
Elle n'avait aucun secours à attendre de la mère
patrie, qui luttait elle-même contre la coalition
étrangère.

Un beau jour, on ne put répondre au feu des
Anglais. Il restait de la poudre, mais on n'avait plus
de projectiles. On avait envoyé aux habits rouges
tout ce qu'il y avait de fer dans la ville : les balus-
trades des monuments, les flèches et les croix des
églises avaient fait de la mitraille.

Un conseil de guerre était assemblé. Le gouverneur et les vieux soldats qui en faisaient partie
pleuraient de rage, à la pensée de se rendre. Il y
avait là de vieux compagnons de Lally-Tollendal, de
Dupleix et de Mahé de la Bourdonnais. C'était dur,
pour ces braves, d'abandonner la vieille Pondy, la
ville des palais, comme on l'appelle sur la côte de
Coromandel.

Tout à coup, un Indou demande à parler aux
membres du conseil. On l'introduit. C'était le chef
de la caste des vellaja de Pondichéry, l'homme le
plus riche de tout le pays français, l'aïeul de Sandira-Poulé.

— Messieurs, dit-il simplement, apprenant que
vous n'aviez plus de munitions, et qu'on allait peut-
être se rendre, j'ai fait conduire aux remparts cinquante caisses d'argent monnayé en roupies. Ne
pensez-vous pas que cela fera d'excellente mitraille ?

A ces mots, la salle éclate en applaudissements.
On décrète que le chef des vellaja a bien mérité de
la patrie. Chacun regagne son poste aux remparts,
et la défense reprend avec plus d'enthousiasme.

Pendant vingt jours on cracha de la mitraille d'or
et d'argent sur les Anglais.

La Convention, émue par ce trait de dévouement,
ordonna, à titre de récompense nationale, le rem-
boursement des sommes que l'Indou avait offertes
aux canons de la France. Le ministre des finances,
Roland, liquida, par transaction, la somme à rem-
bourser à une dizaine de millions. Mais le payement
ne fut jamais ordonnancé. Le grand chef des vellaja, trop fier pour réclamer rien, mourut dans le
besoin, et son petit-fils, Sandira-Poulé, vit dans un
état voisin de la misère, dans une ville où sa famille
n'est déchue du premier rang que pour avoir trop
aimé et trop bien servi la France.

Il est vrai que Sandira-Poulé a reçu, pour lui et
ses héritiers à perpétuité, l'autorisation de porter
la canne à pomme d'or.

Cela est triste à dire; mais, chez les Anglais, la
récompense eût été à la hauteur d'un pareil dévouement.

Ce n'est pas que nous soyons moins généreux que
nos voisins. C'est que, depuis plus de soixante ans,
nous n'avons ni politique extérieure, ni politique
coloniale; nous n'avons même plus de gouvernement : nous ne sommes qu'un système administratif, — et l'on sait qu'en bonne administration, toute
la science consiste à faire payer le contribuable et
à élever le traitement des fonctionnaires, — ceux
de dix mille francs à douze mille, ceux de douze à
quinze, ceux de quinze à vingt; — quant au dévouement et à l'héroïsme, cela se chiffre par cinquante francs de gratifications.

Revenons aux castes indoues.

Il faut toujours un aliment à l'activité humaine. Enlevez à un peuple la liberté et la vie politique, et vous le rejetez dans les querelles byzantines, dans les discussions puériles, dans des disputes mesquines de préséance.

Dans les villes indoues, chaque caste a sa rue, dont elle prétend interdire la circulation pendant les fêtes qui lui sont particulières. Elle l'interdit également aux fêtes des autres castes, et il y a souvent danger de mort à enfreindre de pareilles défenses.

Certaines castes n'ont pas le droit d'aller en palanquin. D'autres, qui possèdent ce droit, ne le peuvent exercer que pendant les fêtes ou à des époques spéciales de l'année.

Tirer des boîtes, faire envoler des fusées, des flammes du Bengale, avoir de la musique pendant les cérémonies mortuaires, porter des sandales, se couper les cheveux d'une certaine manière, avoir droit à telle ou telle coiffure, posséder un attelage à un, deux ou quatre chevaux, manger sur une euille d'arbre, dans un plat de terre, de cuivre, 'argent ou d'or, porter sa barbe de telle ou telle façon, et mille autres coutumes qu'il serait trop long d'énumérer, forment autant de priviléges auxquels l'Indou tient plus qu'à la vie, non-seulement pour les exercer, mais encore pour en prohiber l'emprunt à tous ceux à qui leur caste n'y donne pas droit.

Soulevez-vous donc contre l'occupation étrangère, lorsque deux hommes ne peuvent ni manger ensemble, ni porter les mêmes vêtements, quand ils appartiennent à des castes différentes! — Aussi la révolte de 1857 contre les Anglais n'a-t-elle été qu'un soulèvement partiel des musulmans du Nord, des plus faciles à réprimer, et qui n'a pris des proportions épiques en Europe que grâce au lyrisme britannique, qui ne peut faire marcher trois soldats *à la queue leu leu* sans pousser des hurrahs frénétiques d'admiration. A force d'entendre crier par tous les journaux qui s'impriment en anglais dans le monde entier : « Quel héros que ce John Bull! » l'Europe se met à la fenêtre et regarde passer le héros.

L'histoire de cette fameuse guerre est à écrire pour l'enseignement du monde. — La voici en vingt lignes :

En 1856, lord Dalhousie, gouverneur général de l'Inde, confisqua, par un arrêté, le royaume d'Aoude, pour ce motif « que le roi d'Aoude ne savait pas gouverner son royaume ». — Cette phrase se trouve tout entière dans le décret.

La France ne protesta ni contre l'acte ni contre l'insolente impudence des termes employés par l'acte de confiscation. Cette brutale suppression d'une nation était une fiche de consolation accordée à l'Angleterre, qui aurait voulu continuer la guerre de Crimée.

A la suite de cet acte de piraterie *terrestre*, quarante à cinquante mille malheureux musulmans se soulèvent pour défendre leur nationalité. Ils s'emparent de quelques villes du Nord; mais comme, sur les deux cents millions d'Indous, pas un ne bouge, les révoltés n'osent aller de l'avant, et l'Angleterre a

tout le temps qu'il lui faut pour envoyer vingt mille
hommes, qui, à eux seuls, écrasent la prétendue
rébellion.

C'est le lendemain que John Bull fut véritablement un héros! Pour se venger d'avoir eu peur et
apprendre aux Indous à ne plus les déranger pour
rien, les Anglais firent pendant six mois des promenades militaires avec accompagnement de musique
et de mitraille, égorgeant des milliers de prisonniers, au commandement et à la parade du matin.
A Lacnow seulement, et d'un seul coup, hommes,
femmes, vieillards et enfants pêle-mêle, il y eut *sept
mille cadavres...*

Français! — lunatique, humanitaire, commis
voyageur cosmopolite du progrès, — regarde donc
une bonne fois ce qui se passe autour de toi et
comment les forts traitent les faibles, et tu ne te ré-
veilleras plus, un beau matin, à demi égorgé dans
ton lit, ta caisse et tes armoires vides, le tout pour
avoir cru que tu n'avais plus besoin de fermer ta
porte la nuit.

Les Anglais, qui trouvent leur intérêt à ces divisions de castes, les entretiennent plus que jamais,
et tant qu'elles existeront, ils n'auront à redouter
aucun mouvement sérieux. Peu importe à l'Indou
de basse caste, qui a toujours été opprimé, à qui
on n'a su donner aucune idée de nationalité et de
patrie, de payer l'impôt aux brahmes ou aux rajahs, aux musulmans ou aux Anglais. Quant aux
hautes castes, elles ne demandent qu'une chose :
c'est que le maître leur conserve leurs distinctions
et leurs richesses, suivant en cela l'exemple de

toutes les aristocraties du monde, qui ont toujours servi de marchepied aux envahisseurs ; elles se battent d'abord avec rage, avec furie : il s'agit de conserver le pouvoir ; mais le sol définitivement conquis, elles sont les premières à se rallier au vainqueur, qui leur conserve presque toujours leurs priviléges, ayant à son tour besoin d'elles pour s'implanter d'une manière durable sur le sol et recueillir tous les fruits de sa conquête.

Toutes ces castes si nombreuses, si divisées d'intérêts, toujours en lutte d'attributions et de préséances, rendront toujours le gouvernement de l'Inde des plus faciles à toute nation européenne qui parviendra à s'en emparer.

Le nord-nord-est de Ceylan, depuis Tamblegam et Trinquemalé jusqu'à Jaffnapatnam, est habité par des Indous originaires des côtes de Malabar et de Coromandel ; mais toutes les castes de l'Indoustan proprement dit n'y sont point représentées. Les seules qui aient une réelle importance sont :

1° La caste de vellaja, qui se prétend la plus relevée de toutes après celle des brahmes ;

2° La caste des commoutys, c'est-à-dire des banquiers, des armateurs, des gros capitalistes et spéculateurs ;

3° La caste des chettys, c'est-à-dire des marchands en tout genre ;

4° La caste jyadaval, ou des cultivateurs, planteurs et industriels agricoles.

Nous ne parlons pas de celle des brahmes, qui existe là avec le même prestige, la même autorité que sur la grande terre.

Au-dessous de ces castes il en existe une foule d'autres que nous aurons occasion d'étudier plus tard. Contentons-nous de celles que nous venons d'indiquer pour Ceylan, et qui sont les seules qui comptent réellement dans cette île.

Les parias y sont également en petit nombre. Nous nous occuperons d'eux dans l'Inde.

Les trois castes vellaja, commoutys et chettys frayent volontiers ensemble dans les fêtes et relations ordinaires de la vie, sans pouvoir s'unir entre elles par mariage. Elles jouissent à peu près des mêmes priviléges, les commoutys et les chettys ayant conquis, à prix d'argent et par de riches offrandes aux dieux, presque tous les droits qui ne sont pas le partage exclusif des brahmes.

Quant aux vellaja, ils les possèdent depuis longtemps, comme issus de la classe des guerriers et des aryas, c'est-à-dire des rois.

Malgré cela, et bien qu'ils acceptent des invitations les uns chez les autres, les vellaja traitent un peu les commoutys comme le faubourg Saint-Germain traite les financiers du quartier d'Antin.

Aux fêtes du mariage de la fille de Nalla-Tamby-Modeliar, tout ce que les castes commouty et chetty contenaient de distingué comme fortune, de Trinquemalé à Jaffnapatnam, avait été invité. Aussi chiffrait-on d'avance à une valeur de plus d'un million de roupies les cadeaux que la jeune mariée allait recevoir de tous côtés. — Tout invité doit son offrande, si minime qu'elle soit. Sous aucun prétexte il n'est permis de manquer à cet usage consacré par la tradition religieuse.

« Le saint ermite Vaïdhéva, dit la légende, étant tombé inopinément au milieu des fêtes du mariage de la belle Bahvany avec le puissant roi Viswamitra, et n'ayant rien à lui donner, arracha un poil de sa barbe, qu'il lui offrit plutôt que de manquer à l'usage sacré.

» Le poil du saint personnage fut enfermé dans une châsse d'or, et conservé longtemps comme un talisman par la dynastie de Viswamitra. »

... Quand j'achevai ma promenade dans les rues de Tamblegam, que je fus obligé de parcourir à nouveau pour regagner le bengalow, tout bruit avait cessé. Il ne restait plus que quelques heures de nuit. — Fakirs, charmeurs, mendiants, sannyassis, tigres, éléphants et cornacs dormaient dans la poussière, et c'est à peine si je pus me frayer un passage au milieu de tous ces corps étendus, qui prenaient les aspects les plus fantastiques sous la lueur fumeuse de monstrueuses boules de résine parfumée, qui brûlaient de distance en distance sur des trépieds.

Aux premières lueurs du jour, la fête commença.

Je n'oublierai jamais le spectacle qui frappa ma vue lorsque j'arrivai dans la maison de Nalla-Tamby et que j'eus pris place sous la vérandah à colonnes sculptées du premier étage. — Sir John et lady Hastley étaient déjà installés avec les jeunes misses, et, après les compliments d'usage, nous nous livrâmes entièrement à la curiosité.

Qu'on se figure une immense place bordée d'arbres gigantesques et de flambovants aux fleurs rouges. D'un côté, la maison de Nalla-Tamby; à l'autre extrémité, la pagode, élevant dans les airs sa masse imposante; et dans l'intervalle de plus d'un kilomètre qui les sépare, quinze à vingt mille personnes aux costumes les plus étranges et les plus variés, tous les invités et tous les habitants du district, rangés de chaque côté pour voir passer le cortége.

Tout était prêt. Les éléphants avec leurs haoudahs garnis de soie et de cachemire, qui devaient être offerts à la pagode, tenaient la tête du cortége avec leurs cornacs. Après eux venaient les bayadères, qui entouraient la statue de Vischnou dans un char magnifique traîné par douze buffles noirs. A leur suite, les deux palanquins, tout ivoire, or et soie, des deux futurs époux. — Les invités devaient prendre place immédiatement après, dans des chars de verdure et de fleurs, construits exprès pour la fête.

Tout le long du parcours, les charmeurs, les mendiants, les pandarons, les sannyassis, les fakirs, attendaient le signal.

Les musiciens ne pouvaient prendre part à la fête religieuse. Ils étaient réservés pour les réjouissances du soir.

Au moment où les premiers rayons du soleil atteignirent le triangle sacré du sommet de la pagode, les sons aigus de la trompe brahmanique se firent entendre dans le lointain, immédiatement suivis de frénétiques hurrahs poussés par la foule en réponse au signal parti du temple.

A l'instant même, Lackmy, la jeune fille de Nalla-

Tamby-Modeliar, et son fiancé, Ponou-Rassendren-
Modeliar, parurent et se placèrent dans leurs palanquins. Aussitôt, comme par enchantement, les
éléphants ouvrirent la marche, agitant en cadence
leurs monstrueuses trompes tout entourées de guir-
landes de fleurs; les bayadères se mirent à danser
en chantant autour de la statue du dieu; et chacun
prit son rang dans le cortége, à la suite de la famille
des deux époux.

Nous allions lentement, sous une pluie de fleurs
et de feuillage que des chocras (serviteurs), placés
de distance en distance, lançaient sur la foule. Des
boules parfumées brûlaient sur des trépieds. Les
mendiants, pandarons et sannyassis chantaient des
hymnes religieux sur notre passage. Vingt mille
poitrines répétaient le refrain sacré. Les charmeurs
jonglaient avec leurs serpents.

Tout à coup, un long frémissement parcourut la
foule. Les fakirs venaient de commencer leurs
épouvantables exercices. Rien ne saurait donner
une idée du spectacle étrange, sauvage, qui s'offrit
à nos regards.

De distance en distance, le long du chemin que
nous parcourions, des troncs d'arbres avaient été
fixés verticalement dans la terre. Au sommet de
chaque tronc était une roue mobile mise en mouvement avec rapidité, entraînant avec elle cinq ou
six corps humains qui rougissaient la terre de leur
sang. C'étaient les fakirs qui s'y étaient attachés
avec des crochets de fer passés dans les cuisses, les
reins ou les épaules. Ces pauvres misérables, fana-
tisés par les brahmes qui s'en servent pour accom-

plir leurs jongleries et leurs miracles devant la
foule émerveillée, souriaient et chantaient comme
s'ils eussent été sur un lit de roses.

Les fakirs sont élevés par les prêtres dans le plus
profond des pagodes. *La méthode d'entraînement,*
si nous pouvons nous servir de cette expression, à
laquelle ils sont soumis, n'est point connue, et les
brahmes gardent sur ce sujet, quand on les inter-
roge, un silence que rien ne peut rompre.

Tout ce que l'on peut savoir, c'est que ces fanatiques sont tantôt soumis à des privations et à
des tortures terribles, tantôt livrés à toutes les
excitations du plaisir et de la débauche la plus
raffinée.

Nous ne pouvons, on le conçoit, soulever ici un
coin de ce voile, et les mots, quelque prudents et
chastes que nous puissions les employer, ne par-
viendraient pas à adoucir les images de ces orgies
sacerdotales. Ces choses-là devaient se raconter aux
saturnales de Lesbos et de Gomorrhe.

Arrivés à la pagode, nous fûmes obligés, la famille de sir Hastley et moi, de laisser s'accomplir
la cérémonie religieuse sans nous, l'entrée du sanctuaire nous étant interdite comme à d'impurs bélatti (étrangers). Nous revînmes tranquillement, au
petit pas de nos chevaux, dans la maison de Nalla-
Tamby, traversant de nouveau les groupes de charmeurs et de fakirs dont je viens de parler.

Chose étrange : il n'est pas un seul Européen
dans l'Inde qui ait pu jusqu'à ce jour, soit par autorité, soit par corruption, obtenir des brahmes l'entrée du sanctuaire de leurs temples. Ils vous ven-

dront leurs bayadères, leurs femmes même, si l'on
sait s'y prendre et être discret; mais ils ne vous
permettront pas de pénétrer dans l'enceinte réservée de la pagode, quand bien même vous feriez
luire à leurs yeux tous les trésors de Kanawer ou de
Golconde.

Corruption d'un côté, fanatisme de l'autre : voilà
le résultat infaillible de tout despotisme sacerdotal.

La cérémonie religieuse dura peu. Elle se borna
à une simple ablution dans l'étang sacré de la pagode, car elle ne concordait pas avec les fêtes de la
nubilité de Lackmy, et à l'invocation suivante que
le brahme officiant récita en présence des deux
époux à l'autel du Lingam :

*
* *

Que Brahma unisse vos âmes d'un lien indissoluble, et que la
vertu soit ce lien. Que dans vos cœurs n'entre jamais ni le dégoût
ni l'oubli; un mari qui dédaigne sa femme est maudit de Dieu. Une
femme qui dédaigne son mari ne peut espérer d'entrer au séjour
céleste.

*
* *

Respectez dans votre union les époques qui ne sont point favorables, car celui qui se livre en tout temps aux plaisirs de l'amour
offense le Seigneur, qui pour ce fait ne lui accorde point une nombreuse postérité.

*
* *

Vous consacrerez à Dieu l'aîné de vos fils, car c'est lui qui ac-
complira sur votre tombe les cérémonies funéraires qui lavent les
dernières souillures, et qui vous permettront d'entrer dans le séjour
des âmes purifiées.

Lorsque le prêtre eut terminé sa prière, le cortége

reprit sa marche dans l'ordre qui avait déjà été observé, et comme Ponou-Rassendren-Modeliar n'habitait pas Tamblegam, la jeune femme fut reconduite à la maison de son père, qui servit de domicile conjugal pour la suite de la cérémonie.

Arrivés sous la vérandah de la demeure de Nalla-Tamby, Ponou-Rassendren offrit à sa jeune femme du riz grillé, un jeune chevreau à toison rouge et deux jeunes colombes.

Lackmy mangea le riz grillé en le partageant avec son mari, rendit la liberté aux deux colombes, et, ayant pris dans ses bras le jeune chevreau, elle franchit le seuil de la maison en prononçant les paroles suivantes :

Je suis vierge, n'ayant point encore connu d'homme. Que mes yeux se ferment pour toujours à la lumière plutôt que de s'arrêter sur un autre visage que celui de mon époux ! Que ma voix se sèche dans mon gosier plutôt que de prononcer des paroles d'amour qui n'iraient point à ses oreilles ! Que je meure plutôt que de laisser délier mon pagne par une autre main que la sienne.

L'invocation du prêtre brahme et ce serment de la jeune mariée datent de l'époque patriarcale indoue. — Le riz grillé, mangé en commun par les deux époux, indique leur union sur la terre. Les deux colombes qui s'envolent sont un signe de l'union de leurs âmes au ciel, s'ils savent traverser la vie ensemble et rester purs comme le jeune chevreau à toison rouge que la jeune femme reçoit de son mari. — Ce symbole est touchant de simplicité et ne manque pas de grandeur.

Après les paroles que Lackmy venait de prononcer, Ponou-Rassendren lui passa au cou un tali d'or, sorte de collier qui contient sur une plaque cylindrique le chiffre et le signe de la caste des deux époux.

Le mariage était accompli, moins une formalité des plus étranges dont nous allons rendre compte.

Manou, le plus ancien des législateurs de l'Inde, exposant les principes relatifs au mariage, a dit :

« Il est enjoint au sage de ne point s'allier à une femme affligée de phthisie, de dyspepsie, de lèpre blanche, d'épilepsie ou d'éléphantiasis.

» Qu'il prenne une femme bien faite, dont le nom soit agréable, qui imite la démarche gracieuse d'un cygne ou d'un jeune éléphant, dont le corps soit revêtu d'un léger duvet, dont les cheveux soient fins, les dents petites et les membres d'une douceur charmante. »

D'après ce texte, toutes les femmes atteintes d'une de ces maladies ou de quelque difformité secrète, et qui malgré cela se marient, peuvent être répudiées par leurs maris du moment où ils s'aperçoivent de ces infirmités. Mais si la maladie vient frapper la femme après le mariage seulement, il n'y a pas lieu à répudiation.

Pour prévenir toute supercherie, mais surtout pour empêcher que le mari ne vienne à répudier sa femme au bout de quelque temps pour une maladie contractée depuis le mariage, il est d'usage, dans les hautes castes surtout, pour qui un pareil événement serait un déshonneur, de dévoiler devant un certain nombre de témoins les charmes les plus secrets de la jeune femme, et de ne terminer le mariage qu'après avoir fait la preuve qu'elle n'est atteinte d'aucune des infirmités que Manou a considérées comme une cause de nullité.

Les témoins inscrivent leur déclaration sur un registre *ad hoc* tenu par le chef de la caste. Quatre sont choisis par le père et quatre par le mari. Les femmes n'étant pas admises en justice, les hommes seuls peuvent servir de témoins.

Sir John Hastley et moi fûmes désignés tous les deux, l'un par Nalla-Tamby et l'autre par Ponou-Rassendren, pour faire partie de l'aréopage. Les six autres témoins furent pris parmi les membres des deux familles.

Nous fûmes introduits dans un vaste salon garni de divans, dont les tentures soie et cachemire, par leurs mille nuances, chatoyaient agréablement aux regards. C'est là que la jeune Lackmy devait nous être présentée.

Si je n'eusse craint de froisser Nalla-Tamby et son gendre, j'eusse décliné l'honneur de faire partie de ce singulier jury. Dans leur liberté exagérée, les mœurs des Indiens ont presque toujours quelque côté séduisant et poétique ; mais cette coutume, cette exhibition légale avait quelque chose de brutal qui froissait mes sentiments intimes.

Comme je communiquais mes réflexions à sir John, une tenture, discrètement écartée dans le fond de l'appartement, laissa passer la jeune fille, qui s'approcha de nous, accompagnée d'une de ses suivantes et de la sœur de son mari.

Lackmy était enveloppée de la tête aux pieds dans

un pagne de cachemire frangé d'or. D'un geste
d'épaule elle rejeta l'étoffe, qui glissa le long de
son corps et s'enroula autour de ses pieds, et elle
parut à nos yeux éblouis dans tout l'éclat de sa virginale beauté.

Elle avait treize ans... l'âge où la femme atteint
son entier développement sous ces chaudes latitudes.

L'impression pénible que j'avais ressentie au
début s'envola rapidement, à la vue de l'admirable
créature que j'avais devant moi; et, laissant les
Indous faire leur métier d'experts, j'admirai dans
cette enfant une des plus parfaites beautés qu'il
m'ait été donné de voir sur cette terre classique de
la délicatesse et de la pureté des formes. Sir John,
le lorgnon incrusté dans l'œil, examinait comme il
eût fait d'un cheval de race.

Debout dans un flot de cachemire, à cinq pas de
nous, la tête inclinée, le regard inquiet de la biche
surprise dans les halliers, le corps légèrement
penché en avant sur ses genoux fléchissant à demi,
les épaules, la poitrine et les hanches largement développées, la jambe irréprochable, des mains et des
pieds d'un modelé et d'une finesse d'attache qu'on
ne trouve qu'en ce pays du soleil, le bras délicat
dans sa force, gracieusement ramené sous les seins...
Lackmy avait, sans s'en douter, pris une pose d'une
irréprochable chasteté, et l'on voyait, à sa pudique
anxiété, qu'elle ne sacrifiait pas sans souffrance à
cette stupide coutume.

La charmante jeune femme appartenait du reste
à une caste qui ne livre point ses femmes au pre-

mier venu, et qui punit même l'adultère par la répudiation.

Cela n'est, il est vrai, pas très-sérieux au fond, mais cela suffit pour donner aux femmes vellaja, et surtout aux brahmines, une réelle supériorité sur les femmes des autres castes.

Chaque fois que j'ai eu occasion d'apercevoir dans leur éblouissante nudité ces statues animées de l'Indoustan, j'ai éprouvé le plus vif regret de ne pouvoir traduire mes impressions par le ciseau ou le pinceau, de n'être ni sculpteur ni peintre, et j'ai compris le secret de l'art antique. Daouthia-Ramana, Aryavasta, les grands sculpteurs des bas-reliefs et des frontons des pagodes, Xeuxis, Praxitèle, Phidias, Appelles, les représentants de l'art grec, vivaient dans un commerce journalier et facile avec la beauté; les mœurs puritaines ne sauraient donner l'inspiration. Il ne s'agit pas de copier servilement un modèle, comme fait notre école classique; il faut aimer le modèle, il faut qu'il vous inspire, il faut de la liberté de mœurs et une nuance d'amour dans le pinceau. Sans cela, que voulez-vous faire?

J'ai vu vingt fois une femme nue poser devant des rapins dans un atelier, et j'ai trouvé cela cynique.

Mais je m'émeu quand je vois, par la pensée, Raphaël enlever, en frémissant, le dernier voile de la Fornarina, dont le corps palpite d'amour et de pudeur... ou la duchesse de Ferrare rejeter d'un geste superbe aux pieds du Titien qui l'implore au nom de l'art, sa tunique de velours, et paraître dans tout l'éclat de son opulente beauté.

Que voulez-vous donc rendre, copistes de modèles à cinq francs l'heure, qui travaillez de huit heures à midi dans vos ateliers quand le jour est bon, qui faites de la peinture un moyen honnête de gagner votre vie? Ne savez-vous donc pas que le génie c'est l'émotion qui passe du cœur à la main; que cela ne se peut acquérir en copiant machinalement le plâtre ou le nu, ou en drapant un mannequin; et qu'en somme beaucoup d'entre vous ont ravi à la société de bons tailleurs et d'excellents bottiers?

A l'unanimité, la belle Lackmy fut proclamée satisfaire à toutes les exigences de Manou, et notre déclaration au registre de la caste fut un certificat d'incomparable beauté.

Doucement émue par nos louanges, et heureuse de recouvrer sa liberté, la jeune femme se drapa en souriant dans son pagne, adressa le salam oriental à chacun des Indous, nous donna, à sir John et à moi, sa petite main à serrer, et disparut avec ses compagnes derrière le rideau qui séparait le salon des appartements intérieurs.

Quelques instants après, nous nous trouvions de nouveau réunis à la foule des invités, et la cérémonie finale du mariage put s'accomplir.

Nalla-Tamby, après avoir brûlé l'herbe sacrée du cousa sur un trépied d'or, unit définitivement les deux époux par cette simple formule :

« Vous voilà un seul corps et une seule volonté : pratiquez ensemble les devoirs prescrits par Manou et la sainte écriture. J'ai donné ma fille Lackmy à Ponou-Rassendren-Modeliar. »

A partir de ce moment commença la véritable
fête, qui devait durer au moins quinze jours. Pendant toute cette période de temps, ce ne fut que
repas sans fin, feux d'artifice, danses de bayadères,
chants interminables des rapsodes exaltant les hauts
faits des héros et des dieux. Sur toutes les places,
à tous les coins des rues de Tamblegam, les charmeurs s'étaient installés avec leurs tigres privés
et leurs serpents; les fakirs continuaient à s'imposer
les plus épouvantables tortures; et les sannyassis,
sortes de moines mendiants, étendus dans la poussière, roulaient pendant des journées entières leurs
chapelets en récitant des prières qui avaient le don
d'appeler sur la tête des deux époux une série d'interminables félicités.

Et chaque soir éclataient de nouveau, le long de
la baie circulaire de Tamblegam, dans les rues, sur
les terrasses des maisons, des milliers d'artifices bizarres aux flammes variées, qui ne cessaient qu'aux
premiers rayons du soleil.

Après avoir dansé pendant une heure ou deux,
en public, devant les nombreux invités de Nalla-
Tamby, les bayadères se retiraient chaque nuit
dans la pagode de Tamblegam, qui, vu son peu
d'importance, ne possédait pas de ces prêtresses du
culte et de l'amour.

A leur suite se glissait un certain nombre de
riches commoutys de Trinquemalé, de Koutchi-
vellé, de Kandawer, Kattiaar et autres lieux voisins, qui, attirés par la nouveauté et surtout la
beauté remarquable des vierges folles de Chelambrum, achetaient à prix d'or, des brahmes, le droit

de s'introduire dans le temple. Le reste de la nuit
s'écoulait, les boissons excitantes aidant, au milieu
des danses lascives et d'orgies impossibles à décrire... Cela était su de tout le monde à Tamblegam; mais les prêtres jouissent, là encore plus
qu'ailleurs, d'un tel prestige, qu'on ne trouvait
rien d'extraordinaire à cette exploitation de la débauche dans l'intérieur de la pagode.

Les Européens n'assistent qu'aux cérémonies du
mariage, et se retirent d'ordinaire avant le festin
du soir qui réunit tous les invités, bien qu'ils
soient somptueusement servis sur une table à part
quand ils veulent honorer le repas de leur présence. Ils en agissent ainsi pour laisser aux Indous
toute liberté de se réjouir sans contrainte.

Chose bizarre : dans les fêtes intimes, l'Indou,
qui est familier, libre même avec son hôte européen, est, en public, embarrassé, timide, et ne sait
quelle contenance tenir.

Nous n'eûmes garde de manquer à cet usage,
et, pour ne point gêner les hôtes de Nalla-Tamby,
nous nous retirâmes de bonne heure, malgré ses
protestations et celles de son gendre.

Lady Hastley m'offrit gracieusement une place
dans sa victoria, en me priant à dîner; mais je me
trouvais si fatigué que je lui demandai comme une
faveur de vouloir bien me laisser rentrer au bengalow, et il fut convenu que j'irais passer la journée
du surlendemain à Kattiaar.

— Nous organiserons une chasse aux éléphants
sauvages au lac Kandellé, me dit sir John; vous ne

pouvez point quitter Ceylan sans vous être procuré cette émotion.

J'allais lui communiquer la répugnance que j'avais à voir dresser de lâches guets-apens à ces intelligents et utiles animaux que les plus courageux n'osent attaquer de face. Mais le vindicara venait d'assembler les rênes, lady Hastley me salua une dernière fois de son éventail, et l'attelage disparut au milieu des lauriers, des acacias roses et des tamariniers qui bordent une des routes les plus enchanteresses que je connaisse, de Tamblegam à l'habitation de Kattiaar. Je me promis bien de faire connaître mes sentiments à sir John quand il me renouvellerait sa proposition.

La nuit était venue. Au lieu de me rendre directement au bengalow, je pris par un petit sentier détourné sur les rives de la baie, ce qui me permit de jouir d'un peu de tranquillité et de fraîcheur; agréable diversion aux bruits et aux excitations de toute nature de la journée.

Au jour indiqué, je me rendis à l'habitation de sir John, qui, après quelques paroles de bienvenue et les salutations d'usage, me fit admirer en détail les splendeurs de son installation.

La vie des Européens dans l'Inde est monotone ou fiévreuse, suivant qu'ils appartiennent à l'administration, à l'armée, ou qu'ils s'adonnent à la spéculation et au commerce.

Tout pousse au *far niente* sous ces brûlantes latitudes, et pour peu qu'on se laisse aller à une oisiveté énervante mais pleine de charme, on est bientôt au niveau des gens du pays, c'est-à-dire

bon à rien autre qu'à mener cette vie contemplative et rêveuse qui est le suprême bonheur des
Indous.

Chaque habitant est obligé d'avoir pour lui et sa
famille une vaste maison ouverte à tous les vents,
munie de vérandahs et de terrasses, pour recevoir
l'air avec abondance, et respirer le soir la brise de
mer, qui vient agréablement rafraîchir et reposer le
corps abattu par la chaleur du jour.

Dans les contrées trop éloignées de l'Océan pour
en recevoir les bienfaisantes fraîcheurs, des serviteurs spéciaux aspergent continuellement d'eau les
tattis ou rideaux de vétivert qui sont suspendus
entre les colonnes des vérandahs.

Le personnel nombreux des domestiques nécessaires au service se décompose ainsi :

1° Un dobochy ou chef de la domesticité, chargé
de la surveillance générale et des achats;

2° Un méti ou valet de chambre du maître de
maison, qui soigne son linge, ses habits, le sert à
table et veille à ce que le bain soit fait aux heures
convenables;

3° Une aya ou femme de chambre, rendant les
mêmes services à madame;

4° Deux aya couturières;

5° Un musulman tailleur;

6° Un cuisinier ou cousicara;

7° Un paya ou aide de cuisine;

8° Une taniégartchie, porteuse d'eau et laveuse
de vaisselle;

9° Un vélacoucara, chargé des lampes et de tous
les luminaires de la maison;

10° Un vindicara ou cocher;

11° Deux cavélères pour nettoyer les voitures et prendre soin des chevaux;

12° Deux pankahbohis pour faire mouvoir le jour et la nuit les pankahs des chambres;

13° Deux totoucara, un pour faire les bains et l'autre attaché au jardin;

14° Quatre bohis ou porteurs de palanquins;

En tout une vingtaine de domestiques dont on ne saurait diminuer le nombre en reportant sur les autres la besogne de ceux qu'on supprimerait. Les serviteurs indous ont fait des castes spéciales de leurs fonctions, et il est impossible d'obtenir d'eux la moindre des choses en dehors des attributions dans lesquelles ils se sont retranchés.

Et ce qu'il y a de plus fort, c'est que vous ne pouvez prendre aucun domestique en dehors de ces castes.

Primitivement, ces castes n'ont été certainement imaginées par les Indous qui ont consenti à servir les Européens, que pour diminuer le plus possible la besogne imposée à chacun d'eux. Aujourd'hui, elles se couvrent comme toutes les autres du prestige religieux, et si par hasard vous demandez un verre d'eau à votre vindicara (cocher), il appelle immédiatement votre dobachi, et lui transmet votre ordre, en vous disant : Ma caste me défend de faire autre chose que conduire la voiture.

Il suit de là que, quand on supprime un domestique, on supprime le service auquel il était attaché. Renvoyez les totoucara, et personne n'ira

18.

tient plus le jardin, et vous n'avez plus de bain **aux** heures où vous êtes accoutumé à le prendre;

Les cavélères, et vos chevaux ne mangent plus;

Le vèlacoucara, et votre maison n'est pas éclairée **le** soir;

Le cuisinier, et vous vous passerez de manger. Il vous reste quinze à vingt domestiques, mais pas un, fût-ce le méti attaché à votre personne, ne consentirait à vous faire seulement deux œufs à la coque.

Dès qu'un serviteur vous quitte, il faut le remplacer sur l'heure, si l'on ne veut être exposé à des désagréments souvent sérieux. Fort heureusement que le dobochy est chargé de ce soin, et comme c'est à lui que les maîtres s'en prennent au moindre retard, à la moindre irrégularité dans le service, il a l'habitude d'avoir toujours sous la main des gens prêts à remplacer ceux qu'il est obligé de renvoyer ou qui s'en vont volontairement.

Après le dobochy, sorte de maître Jacques qui s'occupe de tout dans la maison, et le méti, qui a soin de votre personne, les domestiques les plus précieux sont sans contredit les pankahbohis, chargés de tirer sur vos têtes, le jour et la nuit, cet immense éventail appelé pankah, dont chaque chambre est pourvue, et qu'ils mettent en mouvement du dehors par une corde qui traverse la muraille sans qu'ils puissent en rien plonger leurs regards dans les appartements.

Sous cet utile instrument, qui, lancé à toute volée, donne une fraîcheur délicieuse dans toute la chambre où il est mis en mouvement, on peut travailler, manger et dormir aux heures les plus chaudes de ce climat torride, sans en éprouver la moindre fatigue.

Malgré ce luxe de domesticité, la vie n'est point chère dans l'Inde; le salaire de ces serviteurs varie de cinq à dix francs par mois, et la nourriture ne leur est point due; le dobochy seul est payé quinze francs. Avec quelques centimes de riz, l'Indou fait ses trois repas par jour.

La volaille, le gibier, le poisson, les grosses viandes, tous les objets d'une consommation journalière sont d'un extraordinaire bon marché, et, pour cinquante francs par mois, on se loge dans un véritable palais avec jardins, écuries et dépendances.

A Pointe-de-Galles, Colombo, Kandy, et, sur la grande terre, à Bombay, Madras, Calcutta, partout où il y a de grandes agglomérations de population, les prix augmentent, mais dans une proportion qui n'a rien d'exagéré.

En somme, l'existence est large, facile pour tous, somptueuse au delà de toute expression pour les bien partagés, et si l'on peut surmonter les ennuis de l'acclimatation dans une contrée si différente des nôtres, on en arrive bientôt à perdre tout esprit de retour au milieu de cette grandiose nature, toute de poésie, de fleurs et de parfums.

Les jeunes gens se procurent à peu de frais le luxe d'une ou de plusieurs jeunes maîtresses indoues, pauvres créatures vendues par leurs parents un jour de disette, et que l'on change avec le sans-façon d'un sportman qui renouvelle son attelage.

Ignorantes, douces et soumises, il n'est pas rare

de voir ces femmes, qui manquaient de tout dans
la maison paternelle, heureuses de leur vie nouvelle, s'attacher peu à peu en silence, et pleurer
le jour du départ, quand le maître ne veut plus
d'elles.

J'en ai vu quelques-unes que leurs acquéreurs
avaient gardées, par insouciance sans doute, par un
peu d'affection peut-être, et je dois avouer qu'elles
étaient vives, caressantes, enjouées et souvent
pleines de cœur. Ne sortant jamais, n'ayant pour
toute promenade qu'un coin du jardin planté de
bananiers et de lauriers-roses, où était située leur
petite case, elles avaient gardé les manières enfan-
tines du premier âge, sans autre souci que celui de
se mirer dans leur bain, de natter leurs longs
cheveux, et, le soir venu, de s'accroupir comme un
jeune chien fidèle auprès du maître en quêtant un
regard, un sourire, que l'indolent ne leur accordait
pas toujours, occupé qu'il était à suivre les spirales
capricieuses de la fumée odorante de son houkah.

J'ai connu un jeune officier qui garda pendant
les quatre années de son séjour dans l'Inde une
jeune et charmante fille de Tranquebar qu'il avait
prise dès son arrivée. Doux et bon avec elle, la
traitant exactement comme une femme européenne,
il fut de sa part, en retour, l'objet d'une telle affection, d'un attachement si profond, qu'à son départ
la pauvre délaissée s'en fut à la campagne dans un
village retiré, pleurant sur celui qu'elle avait perdu
et refusant énergiquement toutes les propositions
qu'une aussi extraordinaire fidélité ne manqua pas
de lui attirer.

— Je reviendrai peut-être, lui avait dit son amant en la quittant. Et elle l'attendait avec cette foi robuste qui est le propre de l'amour et des naïves intelligences.

Ces exemples sont, il est vrai, très-rares dans l'extrême Orient, mais la faute en est aux populations abruties de ces contrées, qui ne voient aujourd'hui dans la femme qu'un instrument de plaisir.

L'abaissement de la femme, dans l'Inde, est dans les mœurs, mais n'est pas dans la loi, et il est triste de voir les Européens s'approprier sur ce point la morale relâchée des Indous.

De ces unions passagères, de ce mélange des deux races est née une population assez nombreuse aujourd'hui à Ceylan et dans toute la péninsule de l'Indoustan, qui a reçu des indigènes le nom de topas, et des Anglais celui de half-caste, c'est-à-dire demi-sang.

Flétris dès leur naissance par un stupide préjugé, élevés au hasard entre la misère et la réprobation, repoussés par les Indous, dédaignés par les Européens, ces sang mêlé, incapables de tout travail, orgueilleux sous leurs haillons, ne sont qu'un monstrueux assemblage des vices des deux races dont ils sont le produit.

Toutes les carrières de la magistrature, de l'armée et des différentes branches de l'administration leur sont fermées par ces mêmes Anglais qui, dans leurs meetings de la Cité, hurlent au hasard pour l'émancipation des nègres et la liberté des peuples. Et cependant, quel parti une bonne politique eût pu tirer d'eux! En les protégeant, en les relevant par l'éducation, on eût pu créer à côté des Indous un peuple mixte, éclairé, intelligent, plus actif que les indigènes, qui, avec le temps, se fût mêlé à eux, eût efficacement combattu les préjugés de castes qui s'opposent à la régénération de l'Inde, et fût peut-être parvenu à changer complétement ce pays de rêve et d'inertie qui, depuis des milliers d'années, dort sur ses institutions usées, engraissant l'étranger de son sang et de ses richesses.

Mais il serait absurde de venir demander à l'Angleterre qu'elle suivît une ligne de conduite aussi conforme à la civilisation et à l'humanité.

Les peuples qu'elle opprime n'ont pour elle qu'une valeur de marchandise; elle les traite comme ses cotons, son charbon, ses métaux. Bon gré, mal gré, il faut qu'ils rendent, il faut qu'ils comptent dans l'inventaire : tout est bon quand il s'agit de l'*intérêt anglais*.

Il faudrait voir ici comme ces hauts fonctionnaires anglais, dans le genre de sir Hastley, s'entendent à exploiter les inépuisables richesses de cette terre, dans l'intérêt de leur nation... et quelle vie de faste et de splendeur mènent ces nababs administratifs.

Deligt-House, l'habitation de sir John, était un véritable palais que l'Occident et l'Orient s'étaient épuisés à orner. Les jardins et le parc étaient admirables, la nature faisant ici presque toute la besogne du jardinier, qui n'a guère, au milieu de cette luxuriante végétation, qu'à tracer des allées et des labyrinthes.

Nous terminâmes notre visite par le korilah ou

habitation des éléphants, qui contenait quatre de ces splendides animaux, occupés, au moment où nous entrâmes dans leur demeure, à placer sur des claies leur provision de fourrage et de cannes à sucre sauvage, qu'ils avaient été chercher le matin sous la conduite du fils de leur cornac, un enfant de douze ans, dont l'autorité suffisait à les empêcher de flâner trop dans la jungle ou le long des rizières.

— A quoi vous servent ces animaux? demandai-je à sir John; car je pense bien que ce n'est point simplement par plaisir que vous les possédez.

— A chasser, me fut-il répondu.

— Je comprends cela pour le tigre du Bengale; mais le jaguar et la panthère noire de Ceylan valent-ils réellement la peine qu'on leur oppose un aussi rude adversaire?

— Vous avez raison; aussi la chasse dont je veux vous parler est-elle plus émouvante et surtout plus dangereuse que celle-là. Le district de Tamblegam et les environs du lac Kandellé sont couverts de marais et de forêts impénétrables, asiles d'immenses troupeaux d'éléphants sauvages : ce sont ces terribles hôtes de la jungle que nous allons de temps à autre troubler dans leurs réduits. A l'éléphant sauvage nous opposons l'éléphant civilisé, et il est rare qu'à chaque battue nous ne ramenions pas triomphalement deux ou trois de ces animaux, dont les nôtres se sont emparés et dont nous faisons cadeau aux Indous qui nous ont assistés. Il suffit d'un mois ou deux de bons traitements pour les adoucir et leur faire perdre toute envie de retourner dans leurs forêts. J'ai fait

préparer à votre intention une de ces chasses pour
demain. Vous n'avez, j'en suis sûr, rien vu encore
d'aussi extraordinaire, d'aussi imprévu, d'aussi fertile en émouvantes péripéties.

— J'ai cependant, dans les plaines du Bengale,
assisté, à dos d'éléphant, à la poursuite du grand
tigre des saunder bounds (marais du Gange).

—Ces deux choses ne se peuvent comparer l'une à
l'autre. Quand vous poursuivez le tigre royal, l'éléphant entre en fureur, charge à fond de train l'animal, et le broie sous ses pieds s'il parvient à le saisir
avec sa puissante trompe. Dans la chasse que nous
allons faire, les éléphants, admirablement dressés,
déploient pour réussir des qualités de ruse et de
finesse dont on ne saurait se faire une idée quand
on ne les a pas vus à l'œuvre. Il s'agit d'amener,
bon gré, mal gré, l'éléphant sauvage qu'ils sont parvenus à séparer du troupeau, à les suivre, et ils
n'emploient la force qu'à la dernière extrémité.
Conduite avec prudence, cette chasse n'est point
très-dangereuse; il ne faudrait pas cependant donner étourdiment dans le troupeau, qui, dans ce cas,
vous ferait payer cher votre témérité. Aussi est-il
d'usage de se laisser complétement diriger par les
Indous tchaléas, qu'une longue expérience de la vie
des bois et de la jungle met à même de mener à
bien ces sortes d'expéditions.

Heureux d'apprendre qu'il ne s'agissait point,
comme je l'avais cru d'abord, d'aller se mettre en
embuscade dans des lieux inaccessibles pour, de
là, envoyer lâchement une balle explosible dans
l'œil ou dans l'oreille de l'intelligent colosse, je me

fis une véritable fête de la journée du lendemain,
à laquelle ne devaient manquer ni les émotions, ni
les observations curieuses, ni les dangers... Sans
Amoudou, je terminais mon voyage dans les tourbières du lac Kandellé.

En regagnant l'habitation, où nous appelait la
cloche du déjeuner, sir John m'apprit qu'il attendait dans la soirée deux officiers de la station de
Trinquemalé, grands amateurs de cette chasse, et
qui devaient se joindre à nous avec leurs équipages. La journée tout entière fut employée en
préparatifs, car nous devions rester deux ou trois
jours dans la jungle, et mon hôte, tout entier aux
ordres qu'il avait à donner, me laissa jusqu'au soir
en compagnie de lady Hastley et de ses jeunes et
charmantes filles qui, par leur enjouement, le
charme de leur conversation et l'exquise distinction
de leurs manières, me procurèrent les heures les
plus agréables que j'aie passées depuis Kaltna.

Les grands spectacles de la nature ont leurs
charmes : parcourir les sites les plus agrestes qui
soient peut-être au monde, au milieu d'une végétation qui n'a pas son égale; se reposer le soir dans
un hamac improvisé, sous bois, dans la jungle ou
dans la gorge de la montagne, en entendant, au
milieu du calme des nuits, les fauves qui viennent
s'abreuver au torrent ou qui chassent dans les
sentiers déserts pousser leurs rauques hurlements, tout cela est saisissant, plein de poésie et
d'indescriptibles entraînements : mais il est des
heures où l'homme de la vieille Europe reprend le
dessus, où il a soif de conversation, de société, de

celle des femmes surtout, quand il a l'heur d'en rencontrer qui sont du monde et savent causer.

Exacts au rendez-vous, les deux officiers anglais de Trinquemalé arrivèrent à l'heure du thé, avec six magnifiques éléphants, leurs cornacs et toute leur installation de campement. Les animaux furent immédiatement conduits au korilah, où leurs camarades les reçurent avec mille caresses joyeuses : ils avaient l'habitude de chasser ensemble, et chaque fois qu'ils se revoyaient, ils comprenaient parfaitement que le lendemain allait être pour eux un jour de réjouissance.

Quelques heures avant le lever du soleil, tout fut prêt, et nous nous mîmes en marche dans l'ordre suivant :

Huit éléphants seulement étaient destinés à la chasse. Les deux autres, garnis de vastes et commodes haoudahs dans lesquels nous pouvions dormir à l'aise, nous servaient de monture.

Un vieil éléphant du nom de Manjari (perle) tenait la tête du cortége, portant sur le dos son cornac et le chef des nilmakarheia (chasseurs d'éléphants). Cet intelligent animal avait à lui seul direction de toute cette chasse, qu'il connaissait de longue date, et pour laquelle il s'était acquis une réputation méritée. Ses compagnons devaient ne jamais le perdre de vue, suivre son inspiration et se rallier à lui au moindre signal.

Derrière Manjari, les sept autres éléphants suivaient en colonne, portant chacun, en outre de leurs conducteurs, deux ou trois nilmakarheia.

Puis venaient Rohini (nom d'une déesse) et Balaja

(parfum de jasmin), les deux éléphants chargés de nous protéger, et qui ne devaient prendre part à la chasse que comme spectateurs.

Le major Daly et moi eûmes Rohini pour monture; sir Hastley et le capitaine Elphinston se placèrent sur Balaja.

Deux charrettes à bœufs, garnies de provisions de toutes sortes, fermaient la marche. Amoudou avait obtenu l'autorisation de s'installer sur le cou de Rohini, à côté du cornac.

Nous avions environ vingt milles, c'est-à-dire près de sept lieues à parcourir pour arriver sur les bords du lac Kandellé. Eu égard à l'arrêt obligé pendant les heures de fortes chaleurs, nous en avions pour notre journée, et la chasse ne pouvait commencer que le lendemain. Au lieu de prendre la grande route par Tamblegam, sir John donna l'ordre de suivre la pittoresque rivière de Kotti, dont un des affluents s'échappe du grand lac dont les rives, garnies de poules d'eau, de sarcelles, de canards dorés, de bécassines, de pluviers et d'une foule d'autres oiseaux aquatiques d'espèces particulières au pays, allaient être pour nous une distraction de tous les instants.

Je n'entreprendrai pas de décrire le merveilleux panorama qui se déroula devant nous de Kottiaar à Kandellé. Rien ne saurait rendre les effets magiques de ce soleil de l'équateur à travers les lianes en fleur, les branches des cocotiers, des flamboyants et des tulipiers, qui faisaient sur nos têtes des dômes de verdure que la lumière traversait en se jouant. Des milliers d'oiseaux passaient au-dessus

de nous, confondant leurs cris, leurs sifflements et
leurs chansons; la plainte de la colombe verte, dé-
diée à Vischnou, se mêlait au son de trompette du
radjouvala, au gazouillement du bengali et aux
roulades du boulboul, pendant que de grands singes
noirs à collier blanc, troublés dans leurs ébats, se
suspendaient aux branches pour nous regarder
passer.

Quand nous quittions la forêt pour nous rapprocher du cours du fleuve, suivant les caprices du
sentier que nous parcourions, les points de vue les
plus admirables s'offraient à nos yeux, changeant
d'aspect à chaque instant et nous montrant sous
toutes ses faces cette splendide nature cyngalaise,
devant laquelle je défie l'esprit le plus matériel de
ne point se sentir transformé.

Nous fîmes halte sur les dix heures du matin,
pour ne point braver sans nécessité les ardeurs du
soleil, auprès d'un petit village, du nom de Chetty-
Colom, presque uniquement habité par quelques
familles créoles d'origine portugaise.

Les gens qui se nomment créoles à Ceylan ne
ressemblent en rien à l'idée qu'on se fait d'eux en
Europe. Descendants dégénérés des anciens conquérants de l'Inde, abâtardis par l'oisiveté, oisifs
par orgueil, presque aussi bronzés que les topas
ou demi-sang, ils ne sont guère au-dessus de ces
derniers comme niveau moral. Ceux qui ont conservé quelques débris de fortune, ou sont, grâce à
un commerce facile, dans une aisance relative, s'efforcent encore de tenir un certain rang; mais si
peu que l'on pénètre dans leur intimité, on a vite

fait de s'apercevoir du vide de toutes ces intelligences, pétries de vanités européennes et de superstitions indoues.

Élevés pêle-mêle avec les enfants des domestiques, ils contractent dès le bas âge de pernicieuses habitudes, des vices même, dont ils ne parviennent jamais à se débarrasser plus tard. A part de rares exceptions, la société anglaise ne les admet pas dans son sein; tous les habitants qui ne sont point de sang pur sont du reste impitoyablement repoussés par elle dans toutes les colonies.

Les femmes de ces créoles métis ont de singulières idées sur la pudeur : habituées dès l'enfance à se montrer toujours demi-nues devant des serviteurs, sans s'inquiéter de leur sexe, elles continuent plus tard à faire leur toilette sans se préoccuper de leur présence; il y en a même qui se font masser au bain, sans aucun scrupule, par de jeunes Indous de seize à dix-huit ans, et il n'est point rare de voir ces privautés amener de tristes résultats.

L'argent seul décide de la classe où ces gens-là sont placés : amassent-ils quelque fortune, ils s'intitulent créoles; retombent-ils dans la misère, ils redeviennent topas ou sang mêlé. Plus ils sont bronzés, plus ils se rapprochent du Cyngalais, et plus ils affectent de parler de la pureté de leur race et de leurs ancêtres portugais. Ils s'appellent tous don Gomès, don Alonzo, don Albuquerque, don Juan da Sylva, et l'on ne peut s'empêcher de sourire en voyant la nullité morale de ceux qui portent ces noms retentissants. Durs, orgueilleux avec les créoles peu fortunés, qu'à leur tour ils repoussent

comme des sang-mêlé, ils contribuent peut-être
plus que les Anglais encore à enraciner le préjugé
de race, sans avoir rien pour étayer ces prétentions,
en admettant pour un instant que d'aussi absurdes
préjugés se puissent soutenir.

Un jour, une jeune dame française nouvellement
arrivée, rendait son salut à un topas qui, laborieux
et honnête, avait su se conquérir une certaine
estime.

« Vous saluez cette espèce de gens? lui dit une
créole dont la peau bistrée témoignait de l'origine.

— Mais, madame, lui fut-il répondu vivement,
si je plaçais l'honorabilité dans la couleur, qui donc
saluerais-je dans votre pays? »

Tous les actes de leur vie subissent la double
influence du préjugé européen et indou.

Superstitieux à l'excès, ils accordent même
créance aux démons de la religion catholique et aux
milliers d'esprits malins qui peuplent le panthéisme
indou.

Sont-ils malades, le médecin du lieu est appelé
pour la forme; il faut avoir l'air d'être assez riche
pour se payer un médecin anglais. Mais à peine a-
t-il tourné les talons, que le mestri, sorte de gué-
risseur indigène, vient leur appliquer des herbes
magiques et réciter des *mentrams* ou prières qui
ont le don de chasser la fièvre, la dyssenterie ou le
choléra.

Inutile de dire que la guérison, quand elle arrive,
est toujours attribuée aux jongleries du charlatan
indou. Et il est assez fréquent de les voir, en cas de
danger de mort, envoyer des cierges et des présents

à la chapelle chrétienne et à la pagode; si le
Christ est impuissant, Vischnou les sauvera certainement.

Aux grandes fêtes indoues des pagodes célèbres,
les aya et nourrices des enfants rapportent de leur
pèlerinage une foule de petites amulettes qui ont
été bénies par la main du brahme; les mères créoles
les acceptent avec reconnaissance et se hâtent de
les passer au cou de leurs babys, en compagnie d'un
ex-voto ou d'une médaille de la Vierge... Les enfants
sont ainsi garantis des deux côtés à la fois.

Essayez de leur démontrer la parfaite impuissance
de toutes ces amulettes d'un côté comme de l'autre,
ils ne vous comprennent même pas.

Les femmes créoles ne sont point mères dans ce
pays. A peine l'enfant est-il au monde, qu'il est
abandonné aux femmes indigènes, qui l'entourent,
il est vrai, des plus grands soins, car elles sont
douces, bonnes, et aiment l'enfant de leurs maîtres
à l'égal du leur; mais quelles habitudes peuvent-
elles lui donner jusqu'à l'âge de dix à douze ans
qu'il reste entre leurs mains?

Le soir, dès que l'enfant commence à parler et à
comprendre, ce sont des contes sans fin, où tous
les rakchasas, les dévas, les souparnas et autres
bons ou mauvais génies, viennent tour à tour, dans
des rôles effrayants, frapper l'imagination de ces
pauvres petits êtres, et imprimer peu à peu dans
leur intelligence d'absurdes croyances qui ne la
quitteront plus.

Plus tard, le prêtre veut déraciner tout cela, mais
il arrive avec les mêmes démons, les mêmes esprits

tentateurs et mauvais; ses histoires sont pour le moins aussi extraordinaires que celles de l'aya cyngalaise, elles s'adaptent admirablement aux contes fantaisistes des Indous, et il résulte de tout cela un fouillis inextricable de superstitions au milieu desquelles le malheureux créole se débattra toute sa vie, accordant aux unes et aux autres même confiance et même respect. Et quand il mourra, sa famille tiendra à honneur de continuer cette dualité de croyance : à côté du cierge catholique on placera dans un coin de l'appartement la lampe allumée au feu sacré de la pagode, et dont l'huile a été bénie par le brahme; et soyez sûr qu'il y aura au fond de la bière un bouquet de ces petites fleurs jaunes, au parfum âcre et pénétrant, que les Indous emploient dans toutes leurs fêtes pour conjurer le malin esprit.

Il ne faudrait pas croire que de pareilles aberrations soient seulement le partage des classes ignorantes; les créoles qui ont été étudier aux universités de Bombay, de Madras ou de Calcutta ne parviennent jamais à s'en débarrasser complétement. J'en ai connu un qui, contrairement aux habitudes de ses compatriotes, avait tenu à utiliser son temps; il était entré dans l'administration anglaise des travaux publics, et était arrivé à occuper à Colombo un poste relativement important. Eh bien, cet homme, qui passait pour très-intelligent dans son service n'aurait jamais mis sa cuiller dans un plat de carry sans réciter au préalable, en tamoul, un *mentram* qu'il tenait de sa nourrice, et qui passait pour un préservatif contre les mauvais génies, incessamment occupés à jeter des maléfices sur la nourriture, pour la rendre désagréable et malsaine.

Il n'osait avouer devant les Européens qu'il croyait à la vertu de son *mentram*, mais il ne se gênait point pour le prononcer en leur présence, en disant comme palliatif : « Il serait absurde d'attacher la moindre importance à cette invocation, je le sais, mais c'est une habitude d'enfance qui m'est chère ; elle me rappelle ma vieille aya que j'ai beaucoup aimée. »

Les brahmes se servent d'huile de coco, qu'ils parfument et bénissent, pour enduire les statues de leurs divinités ; les fidèles la recueillent pieusement quand elle découle des orteils des idoles, et lui attribuent les vertus les plus extraordinaires. Les aveugles auxquels l'huile sainte a rendu la vue, les bossus qu'elle a redressés, les agonisants qu'elle a rendus à la vie sont innombrables, si l'on s'en rapporte à la chronique religieuse, et, en faisant un constant usage de ce baume sacré, on est assuré contre la morsure des serpents et contre toute espèce de maladies. Notre homme s'en faisait apporter en cachette de la pagode la plus voisine, et s'en frottait tous les matins la nuque et l'estomac, suivant les prescriptions brahmaniques. Devait-il entreprendre un voyage, il s'en barbouillait tout le corps, prétendant que cela donnait de la souplesse et de l'élasticité aux membres, et vous rendait capable de longues courses sans fatigue. Mais il ne disait point le fond de sa pensée, et c'était, en réalité, pour éviter de fâcheuses rencontres.

Et cet homme, je ne saurais trop le répéter,

était fort au-dessus du commun de ses compatriotes.

Le petit village de Chetty Colom, sur la rivière de Kotti, habité, ainsi que je l'ai dit, par des créoles d'origine portugaise, avait sa légende historique. A en croire les descendants de ces hardis marins qui sillonnèrent la mer des Indes bien avant les autres nations de l'Europe, quelques compagnons de Lorenzo d'Almeida, qui découvrit Ceylan, s'étant égarés dans les forêts de l'île, et n'ayant pu rejoindre la flotte de l'amiral portugais, prièrent Kirti-Nissanga, rajah qui régnait alors à Kandy, de leur accorder des femmes, des esclaves et du terrain. Cette triple demande ayant été accueillie favorablement, les aventuriers vinrent s'établir sur les bords de la rivière de Kotti où se trouvaient les terrains concédés, et fondèrent ce village auquel les naturels avaient donné le nom de Chetty-Belatti-Colom, c'est-à-dire bourg des marchands étrangers, appelé plus communément Chetty-Colom.

Ce pauvre village compte à peine aujourd'hui une dizaine de familles, habitant des cases mi-indoues, mi-européennes, et ne se distinguant plus des familles indigènes ni par la couleur, ni par les mœurs. En réalité il y a longtemps que le sang de la Lusitanie a disparu sous le sang malabar ou cyngalais.

Chose remarquable cependant, les hommes portent le costume européen, et les femmes, qui, dans leur intérieur, n'ont que le simple pagne cyngalais, mettent pour le dehors de longues robes traînantes et des chapeaux fantastiques, fabriqués à l'emporte-pièce dans les ateliers de Soho-square pour les dames de la côte d'Afrique et les souveraines régnantes de la Malaisie.

Entre eux, ils ont également conservé l'usage du portugais. Et le major Daly m'affirma que ce village n'ayant pas eu de relations avec la mère patrie depuis sa fondation, les descendants des compagnons d'Almeida parlaient encore aujourd'hui le pur langage de l'époque de Camoëns.

Quelques instants après, sir Hastley me disait : « Ces gens-là s'imaginent parler le langage de la mère patrie, mais leur idiome n'est plus qu'un mélange de portugais, de tamoul et d'indoustani. »

J'allais mettre le major Daly et sir John aux prises et leur faire rompre une lance sur le terrain de la linguistique, lorsque le mestri ou chef du village, le senor Alvarès de Castro, vint présenter ses hommages à M. le collecteur et s'adressa à lui en portugais. Personne de nous ne comprenant cette langue, la question était vidée, et la conversation s'engagea en tamoul.

Après une halte de quelques heures, nous allions nous mettre en route pour atteindre le bengalow de Kandellé avant la nuit, lorsque des sons de la trompe indigène, partis du bord de la rivière, un peu au-dessous du village, attirèrent notre attention, et les cris de : *ingué va, ingué va !* « Venez ici, venez ici ! » nous ayant décidés à nous approcher, nous aperçûmes un monstrueux caïman qui se débattait dans l'eau, retenu par une forte chaîne au bout de laquelle était un croc de fer acéré qui lui avait traversé la mâchoire quand il avait essayé d'avaler l'appât destiné à le surprendre.

L'animal faisait des efforts gigantesques pour se
débarrasser, sans pouvoir y parvenir. Lianes, herbes, roseaux, tout ce qui se trouvait autour de lui
avait été haché en morceaux par sa terrible queue.
Il bondissait sur lui-même, retombant sur le sol marécageux qu'il commençait à teindre de son sang.
Quand il aperçut les éléphants qui nous avaient suivis, et que les cornacs avaient toutes les peines du
monde à empêcher de se jeter sur lui, il se rejeta
en arrière, tendant la chaîne de toutes ses forces et
cherchant à plonger dans le fleuve pour échapper
aux terribles ennemis qui venaient d'apparaître.

Cette manière de s'emparer du caïman est commune à Ceylan. Seulement l'animal est défiant; il
faut avoir soin de dissimuler habilement la chaîne,
de bien choisir son appât; un piége mal tendu ne
réussit jamais, et le caïman que l'on a manqué ne
revient plus à l'hameçon, il évente les ruses les
mieux combinées.

Quand le caïman s'est ainsi laissé prendre, ce
n'est pas une mince difficulté pour l'Indou que de
le tuer, s'il ne possède pas d'armes à feu.

Impossible de l'approcher, il est aussi terrible
au bout de sa chaîne que s'il était en liberté, et
tout imprudent qui ne se tiendrait pas à distance
serait immédiatement broyé et mis en pièces.

Aussi peut-on compter sur la prudence du Cyngalais pour s'abstenir de toute lutte personnelle
avec ce dangereux adversaire. S'il n'a pas sous la
main un éléphant exercé, il a d'ordinaire raison
de l'animal par le feu.

Quarante, cinquante individus attirent le caïman

à terre en hélant sur la chaîne avec des précautions infinies; la chaîne est passée entre deux branches d'arbre au-dessous desquelles on a amassé une grande quantité de paille, d'herbes et de bois sec que l'on enflamme dès que l'animal est amené de force au-dessus du bûcher.

Inutile de dire que la chaîne et la branche doivent être d'une solidité à toute épreuve.

Dans le détroit de Malacca, à Java, Bornéo, et dans les îles de la Sonde, les indigènes attirent le caïman dans une fosse et le tuent. Au Gabon, dans le centre de l'Afrique et à Madagascar, ils l'empoisonnent avec des appâts habilement préparés.

Nos éléphants mugissaient de fureur, tous voulaient se précipiter sur l'animal, mais nous ne pouvions leur permettre d'aller ainsi à l'aventure par crainte qu'ils ne se fissent, par inexpérience, blesser à la trompe, et Manjari, sous la conduite de Saverinaden, le chef des nilmakheia, fut chargé de mettre à mort le caïman.

Le vieil éléphant, pendant le cours de sa longue existence, un siècle et demi environ, avait acquis l'expérience des chasses les plus difficiles, et l'on pouvait sans danger le laisser se mesurer avec le caïman. Il était né en 1726 à la cour de Sri-Wedjaga-Singha, rajah de Ceylan, et avait appartenu à une série de gouverneurs hollandais et anglais, qui tous l'avaient mis à la tête de leurs équipages de chasse. Sir John possédait ses états de service et en était très-fier.

A peine Manjari eut-il reçu l'ordre de tuer le caïman, qu'il s'approcha de la rivière comme pour inspecter la position de son adversaire. En l'attaquant de face, il risquait, malgré toute son habileté, de se faire couper la trompe, et il ne pouvait l'écraser sous ses pieds, car il était entièrement plongé dans la vase ; il fallait qu'il pût soit l'attirer à terre, soit engager le combat dans la rivière.

Après quelques minutes d'attention, et Saverinaden l'encourageant de la voix et du geste, Manjari n'hésita plus. Remontant la rivière un peu au-dessus du point qu'il voulait atteindre, il se jeta résolûment à l'eau et revint en nageant sur le caïman, qui, le voyant approcher, renouvela ses bonds et ses efforts pour se débarrasser du crochet de fer qui l'empêchait de fuir. Tout à coup, comme la distance qui le séparait de l'éléphant diminuait à vue d'œil, l'animal s'élança hors de l'eau pour tenter à terre une fuite qu'il n'avait pu opérer dans la rivière.

La feinte de Manjari n'avait eu sans doute d'autre but, car gagnant la berge avec une étonnante rapidité, il se trouva juste en face de son adversaire, alors que ce dernier, ayant couru jusqu'au haut de la chaîne et convaincu de l'inutilité de sa tentative, revenait sur ses pas pour se plonger à nouveau dans le fleuve. L'éléphant l'aborda la trompe haute, pour mettre à l'abri la seule partie de son corps qui fût vulnérable, et, avec une agilité dont on ne croirait pas que ce colosse fût capable quand on ne l'a pas vu à l'œuvre, il se précipita sur lui, et, en deux coups de ses terribles défenses, lui cassa les reins et lui broya la tête, aux applaudissements de tout le village.

En deux coups de ses terribles défenses il lui cassa les reins... (Chetty-Colom, page 338.)

IMP. E. MARTINE

Ceci fait, Manjari vint reprendre la tête du cortége sans s'occuper davantage de l'acte qu'il venait d'accomplir. On voyait seulement au clignotement de ses petits yeux et aux mouvements précipités de ses longues oreilles, qu'il était content de lui.

Au moment où nous reprenions notre marche, les habitants du village lui firent cadeau d'un énorme paquet d'ananas liés ensemble avec des lianes, que les cornacs partagèrent immédiatement entre tous les éléphants de la troupe. Je ne sais pas ce que l'on ne ferait point faire à ces intelligents animaux, avec ces fruits dont ils sont friands au delà de toute expression.

Nous venions de perdre une bonne heure, et il fallait nous hâter si nous voulions arriver avant la nuit à notre destination.

Le jour déclinait rapidement lorsque nous mîmes pied à terre devant le bengalow de Talawa, où nous devions passer la nuit. Sir John avait bien fait les choses; les serviteurs de l'établissement avaient été avertis, nos chambres étaient préparées, les moustiquaires placés au-dessus des lits. Assis tout autour de la vérandah, les pankabohis n'attendaient qu'un signe pour lancer leurs pankahs à toute volée, les cuisines flamboyaient et embaumaient, le dîner était prêt.

Ce bengalow, situé sur le côté nord-ouest du lac Kandellé, loin de tout village, de toute habitation, de toute route fréquentée, ne servait guère qu'à des rendez-vous de chasse, et n'eût certainement point été entretenu aux frais du gouvernement anglais, s'il n'eût été occupé cinq ou six jours par an par l'ingénieur des travaux de la province, qui venait mesurer les crues du lac après les grandes pluies.

Les côtés est, sud-est et sud-ouest, bordés par les villages de Kandellé, de Permamadua, Ratna-Colom, Mahavellé, Chatnagam et Kandaverré, sont très-habités et des plus fertiles. Les champs de riz, de poddy, de menus grains, de tabac, de natchné, de wargo et de bétel sont arrosés par de nombreuses prises d'eau pratiquées dans le lac, et c'est pour décider du volume d'eau que chaque propriétaire pourra recevoir dans l'année, que l'ingénieur vient cuber la quantité d'eau donnée en plus par la saison des pluies : cette quantité seule, eu égard au niveau du lac, étant distribuable.

Avant d'entrer dans le bengalow, je jetai un rapide coup d'œil sur les lieux que nous devions explorer le lendemain.

Le soleil allait disparaître au loin derrière les plaines d'Anouradhapour, colorant légèrement de ses derniers rayons la surface des grands bois qui s'étendent dans le nord-ouest de Tamblegam et Kandellé, sur une longueur de soixante à quatre-vingts milles.

A moins d'une lieue du bengalow de Talawa commençaient les marais et la jungle, inabordables autrement qu'à dos d'éléphant. Là vivent en paix dans les tourbières et sur la terre ferme, au milieu de toutes les variétés connues de gibier, des milliers de crocodiles, de boas et de serpents, tous plus dangereux les uns que les autres, côte à côte avec la panthère noire, le jaguar et les éléphants sauvages, ces derniers d'autant plus dangereux

qu'ils ont l'intuition du danger, et n'abandonnent
la poursuite de leur ennemi que devant d'infranchissables obstacles. Ces contrées, par la nature
même de leurs terrains, ne peuvent être habitées.
Aussi, depuis des siècles, les fauves s'y déve-
loppent-ils avec sécurité, défiant toute attaque de
l'homme, du fond de leurs réduits protégés par des
marais sans fin et des forêts impénétrables.

Pendant les deux ou trois minutes que la nuit
mit à remplacer complétement le jour, le crépuscule n'existant pour ainsi dire pas dans les contrées
équatoriales, j'aperçus d'innombrables quantités de
chacals qui, sortant de tous les buissons, de tous
les fourrés, commençaient avec la chute du jour
la quête de leur nourriture, en poussant des cris
plaintifs et lugubres que l'on prendrait de loin
pour l'appel d'une créature humaine blessée à
mort.

Le chacal est le grand voyer de l'Inde; nulle part
on n'en rencontre d'aussi grandes quantités, et il
contribue certainement pour une grande part à
assainir cette contrée, en faisant disparaître rapidement tout corps en putréfaction.

J'étais sous la vérandah du bengalow, perdu dans
une rêverie profonde, regardant s'épaissir les
ombres qui estompaient les diverses perspectives
du paysage étrange que j'avais sous les yeux,
écoutant vaguement ces mille bruits de la nuit
qui s'élevaient de toutes parts : des eaux, du lac,
des marais, de la jungle et des bois, lorsque le
dobachy de sir John vint m'avertir que le dîner
était servi.

Le cuisinier, envoyé exprès la veille de Kattiaar, était un véritable artiste de l'école française, son maître l'avait fait venir de Pondichéry, où plusieurs générations de magistrats lui avaient inculqué ces principes du *bien manger* auxquels, suivant un gourmet célèbre, l'humanité devrait attacher plus de prix qu'à la conquête d'un royaume.

Je m'explique, pour qu'on ne croie pas à un conte des bords de la Garonne.

Pondichéry possède une cour d'appel et un tribunal de première instance. Que faire en dehors des heures consacrées à l'étude des dossiers et aux audiences? Les magistrats continuent les glorieuses traditions de Brillat-Savarin, *un des leurs*... Aussi les cuisiniers qui sortent de la capitale de nos possessions françaises, sont-ils très-estimés dans l'Inde entière.

J'ai connu là un procureur général, M. X... (voir l'Annuaire de 1864), homme d'un esprit délicat, fin causeur, au point de lui demander s'il ne s'était point formé en compagnie de Fontenelle dans les salons de Ninon. C'est lui qui commit un jour cette perle, expédiée en France par son substitut, qui avait des attaches boulevardières, et qui fit le tour de la presse légère.

C'était à une soirée du gouverneur, tout un essaim de jeunes femmes charmantes papillonnaient autour du grave chef de la magistrature, attendant de lui soit un de ces compliments dont il avait le secret, soit une de ces histoires qu'il savait si bien dire. Tout à coup, comme il ne répondait pas à ces avances, toutes en chœur se mirent à l'accabler de compliments sur un magnifique pantalon beurre frais, qui tranchait sur le noir des autres invités : « Mesdames, répond le procureur général, puisque » cet objet a le don de vous plaire, permettez-moi » de le déposer à vos pieds!... »

On ne saurait croire combien cet esprit-là, auquel l'étranger ne peut atteindre sans être graveleux, a fait jalouser la patrie de Rabelais par delà les monts et les mers... Conservons-le quoi qu'on en dise.

Eh bien, ce procureur général, que cela n'empêchait pas d'être un savant et un lettré, avait un tel talent pour ordonner un dîner et former ses cuisiniers, qu'il n'en pouvait garder aucun; l'or de la perfide Albion les séduisait tous dès qu'ils étaient initiés...

Je reviens aux jungles du lac Kandellé, qu'une capricieuse association d'idées m'a fait quitter sans m'en apercevoir.

Toutes les ressources de la cuisine européenne unies à celles de l'Inde avaient été mises en œuvre par le maître coq de sir John, qui avait voulu nous montrer ce que l'on pouvait faire au milieu des jungles. Il est vrai de dire aussi que nulle contrée au monde peut-être n'eût pu nous fournir du gibier en aussi grande quantité et d'espèces si variées.

Sur les neuf heures, sir John et les deux officiers, vaincus dans une lutte homérique avec Château-Laffite et Clicot, étaient transportés dans leurs lits.

Les Anglais ne comprennent la chasse dans

l'Inde qu'avec le confort et le luxe le plus in-
sensé. A chaque repas du soir et sous quelque
latitude que ce soit, leur champagne est frappé
artificiellement par des machines spéciales, et ils
mangent dans de la vaisselle plate. Aussi, avec des
traitements de cent à cent cinquante mille francs
par an, ces messieurs du *civilian service* trouvent-
ils le secret de faire des dettes.

Avant d'aller prendre quelques instants de repos,
je fus, sous la vérandah, respirer l'air frais que la
brise de nuit apportait du lac, avec les senteurs
âcres et pénétrantes dont elle s'était parfumée en
passant sur les forêts de cannelliers, de tamariniers
et d'acacias. De temps à autre, au milieu du
glapissement des chacals et des miaulements des
chats-tigres qui rôdaient autour de l'habitation, je
percevais les notes plus graves, plus sauvages du
buffle ou du jaguar qui quittaient la jungle pour
venir se désaltérer dans les eaux du lac, et auxquelles nos éléphants, parqués autour du bengalow, répondaient par des grondements sourds et
prolongés.

Pendant toute cette nuit, les nobles animaux furent inquiets, nerveux. A chaque instant on entendait la voix des cornacs qui s'élevait dans le
silence, sans parvenir à les apaiser complétement.
Ils se sentaient sur leur terrain, le vent leur apportait les émanations des fauves, ils auraient voulu
se précipiter au dehors et commencer la chasse.

Enfin l'aube parut. Levés avant le jour, les nilmakarheia avaient tout préparé. Dès la veille, les
Indous quêteurs et rabatteurs s'étaient glissés dans

la jungle pour reconnaître les pistes, et l'un d'eux, qui venait d'arriver couvert de sueur et de boue, nous apportait les meilleures nouvelles. A moins de douze milles du bengalow de Talawa, une petite troupe d'éléphants sauvages était campée sur les bords d'un cours d'eau du nom de Polliaar; d'épais fourrés allaient nous permettre de les approcher de très-près sans être aperçus, et d'assister presque sans danger aux émouvantes péripéties de cette chasse extraordinaire.

Nous nous mîmes en marche dans le même ordre que la veille, Manjari en tête avec son escouade. Lorsque nous commençâmes à pénétrer dans la jungle, je ne pus me défendre d'une profonde émotion. Dans les vastes plaines de Ceylan et de l'Indoustan, les chasses en apparence les plus inoffensives peuvent devenir tragiques malgré les extraordinaires précautions que l'on a coutume de prendre.

Je pourrais même affirmer, sans crainte d'être démenti par les voyageurs sérieux qui connaissent les marais de Ceylan, traîtreusement cachés sous une végétation sans pareille, les saunderbounds du Gange et les tourbières de Java et de Bornéo, que l'on ne peut quitter les centres habités et faire la moindre excursion, la plus petite chasse dans ces asiles des fauves, sans risquer sa vie. A chaque pas on est exposé à se trouver en face d'une panthère, d'un troupeau de buffles ou d'éléphants sauvages, ou d'un de ces tigres royaux tellement féroces qu'il n'est pas d'exemple qu'ils aient jamais épargné l'imprudent qui s'est trouvé sur leur chemin.

Et encore je ne parle ni des chats-tigres, ni des puma, qu'il ne faut attaquer qu'avec des armes de précision, ni des serpents, dont à part le boa, on ne peut se garder plus facilement, ni des caïmans, alligators et crocodiles qui vous guettent sur le bord des rivières ou dans la vase des étangs.

Aussi a-t-on dû demander sa sécurité à la protection d'un animal plus puissant à lui seul que tous ces hôtes féroces de la jungle et des bois.

A dos d'éléphants bien dressés, la plupart de ces dangers sont à peu près conjurés, et l'on a dans ces intelligents animaux des défenseurs en qui l'on peut mettre toute sa confiance. Malgré cela, il reste encore quelques graves accidents à redouter. L'éléphant peut entrer en fureur à la poursuite d'un tigre, ne plus écouter ni votre voix ni celle de son cornac, et briser le haoudah dans lequel vous êtes enfermé contre une branche d'arbre qui lui barre le chemin.

Il peut arriver encore, dans les chasses comme celle que nous allions faire, que l'éléphant qui vous porte, bien qu'il ne fasse point partie de l'escouade active, soit attaqué par un éléphant sauvage, et alors il est rare que pendant ce combat gigantesque des deux colosses, on ne soit point broyé avec le frêle haoudah qui vous sert d'abri. Aussi, pour diminuer le plus possible les chances de ce genre d'accident, les Européens ont-ils l'habitude de n'assister à la poursuite de l'éléphant sauvage que sur des éléphants femelles. Il n'est pas d'exemple que les mâles, même arrivés au paroxysme de la fureur, aient tourné leur rage contre elles.

Quoi qu'il en soit, toute appréhension est légitime au début de pareilles chasses dont on ne saurait prévoir toutes les péripéties.

Il me serait impossible de donner une description exacte des lieux que nous traversions. Nos montures avaient de l'herbe, de la broussaille et des joncs jusqu'au ventre ; l'horizon était complétement borné par d'énormes touffes de bambous qui s'élevaient à des hauteurs de quarante à cinquante pieds, et ces touffes étaient tellement nombreuses et si rapprochées les unes des autres, que parfois nos regards ne distinguaient pas à plus de quinze ou vingt mètres autour de nous. Le sol, dans les endroits où nous pouvions le voir, était parsemé d'ossements appartenant à toutes les espèces d'animaux, parmi lesquels les squelettes de crocodiles et de chacals paraissaient être en majorité.

A tout moment nous nous imaginions voir surgir quelques-uns des sauvages habitants de ces contrées, mais notre attente était déçue. Le soleil dardait ses rayons avec force sur la plaine, dissipant la buée nuageuse qui flottait sur les marécages ; tout était calme, silencieux dans la jungle ; et, à part une innombrable population de poules d'eau, de sarcelles, de gros canards brahmes, de hérons aux ailes roses, de martins-pêcheurs de toutes nuances, et de goîtreux qui nous regardaient passer, en pêchant philosophiquement leur déjeuner sur les bords des étangs, nous n'avions, au bout de trois heures de marche, rencontré aucun des nombreux hôtes de ces solitudes.

Enfin, le nilmakarheia Saverinaden vint nous

annoncer qu'on apercevait dans le lointain la
série de collines du Polliaar, qui coupent ces vastes
plaines dans la direction du nord, et que nous ap-
prochions du campement du troupeau d'éléphants
que ses hommes avaient reconnu la veille. A quelques pas de là, les rabatteurs avaient construit
dans un bosquet, avec des bambous et du feuillage,
une tente de verdure destinée à nous abriter pendant le déjeuner. Après avoir découvert les pistes,
ils s'étaient réunis dans cet endroit pour nous attendre, et avaient passé la nuit dans une espèce de
tour octogonale en briques, comme les anciens
rajahs de Ceylan en avaient fait construire de distance en distance dans ces vastes plaines, pour servir d'abri contre les fauves aux voyageurs obligés
de les traverser pour aller de Colom-Pattoé, Trinquemalé et Tamblegam à Anouradhapour et sur
la côte de Manaar.

Nous-mêmes devions nous y abriter, dans le cas
plus que probable où nous ne pourrions regagner
le bengalow de Talawa.

« Si nous couchons ici ce soir, me dit le major
Daly, mon compagnon de haoudah, vous n'ou-
blierez de votre vie ce que vous verrez et enten-
drez. N'est-ce pas, Elphinston, dit-il au jeune officier, qui, à notre exemple, venait de descendre de
sa monture, qu'une nuit dans les jungles, sur la
terrasse de ce bengalow indou, entouré d'étangs où
viennent s'abreuver les jaguars et les buffles, doit
être une des situations les plus émouvantes que
l'homme puisse rencontrer?

— Vous dites vrai, major, répondit le capitaine,

à tel point même que sans faire d'inutile forfanterie, je ne tiens à renouveler l'expérience que s'il nous est impossible de regagner le lac Kandellé ce soir.

— Il faut cependant en prendre votre parti, mon cher Elphinston, dit alors sir John en se mêlant à la conversation, nous ne pourrons à coup sûr rentrer à Talawa que demain. Ainsi faites provision de bonne volonté. »

Le major et le capitaine avaient déjà passé une nuit dans la jungle, dans la province de Girowé-Pattou, où abondent les forêts vierges et les éléphants, et, comme on le voit, ils n'en avaient point gardé un agréable souvenir.

Dans leur langage imagé, les Indous avaient nommé le lieu où nous nous trouvions : *Prasweda-Paléom*, textuellement, *les étangs de la peur*.

Après un rapide déjeuner, dont un délicieux carry de cinq à six espèces de gibier fit tous les frais, sir John ordonna le départ, malgré la chaleur qui devenait accablante.

La chasse allait commencer.

A deux milles environ de notre halte s'étendait une forêt qui contournait les collines du Polliaar et, d'après nos guides, couvrait toute la contrée supérieure sur un espace de près de quarante milles, jusqu'aux environs du lac Padwiel. A mesure que nous avancions, le terrain montait insensiblement; les roseaux, les bambous, et autres plantes marécageuses faisaient place à des arbustes d'espèces inconnues, couverts de fleurs de toutes nuances, qui embaumaient l'air, et reposaient ainsi notre odorat des senteurs fétides de la plaine.

Il pouvait être midi ; le soleil, dans toute sa force, faisait miroiter le sol, et, n'étaient quelques bouffées de brise de mer qui arrivaient jusqu'à nous et rafraîchissaient un peu nos poumons embrasés, nous eussions été obligés d'aller attendre sous bois les heures moins chaudes du soir pour continuer notre excursion.

Arrivés aux pieds de la première colline, le chef des nilmakarheia, qui guidait la marche avec l'éléphant Manjari, se replia vivement sur nous, et sir John commanda une halte générale.

« Eh bien, qu'y a-t-il, Saverinaden? lui dit son maître.

— Les éléphants sont là, répondit l'Indou.

— Loin de nous?

— A moins d'un mille. Je me suis replié sur vous en voyant les deux rabatteurs laissés en observation me faire signe de m'arrêter, et me montrer sur la lisière du bois deux magnifiques éléphants noirs et un petit, en train de se reposer sous l'ombre d'un gigantesque banian. »

L'endroit où nous nous trouvions, presque au sommet de la colline, était peut-être le mieux approprié que nous eussions pu trouver pour dominer la plaine qui s'étendait de chacun des côtés est et ouest, et suivre sans grand danger les moindres détails du spectacle extraordinaire qui allait se dérouler devant nous.

Il fut convenu que nous resterions avec Rohini et Balaja sur ce plateau, pendant que Manjari et quatre de ses compagnons seulement seraient lancés en avant, les autres devant rester sous la main de Saverinaden en cas de besoin. Pour plus de sûreté, et sur le conseil du chef des chasseurs indous, nous nous retirâmes tous au milieu d'une touffe d'arbustes assez élevés pour nous cacher complétement à la vue des éléphants sauvages qui se trouvaient au-dessous de nous dans la plaine, mais sans les voiler eux-mêmes à nos yeux.

Ce qu'il y a de plus extraordinaire dans cette chasse, c'est que les éléphants dressés, dès qu'ils sont lancés sur le terrain, n'ont plus d'autres guides que leurs propres inspirations. Si les éléphants sauvages qu'il s'agit de surprendre apercevaient la moindre forme humaine, ils se précipiteraient immédiatement dans le fourré, et toute poursuite deviendrait inutile, car elle aboutirait infailliblement à une catastrophe ; ou bien, s'ils se sentaient en force, ils aborderaient courageusement les éléphants privés et engageraient avec eux une lutte dont on ne peut jamais prévoir le résultat.

Dans les différentes péripéties de cette terrible chasse, une imprudence, un rien peuvent faire découvrir les hommes qui la dirigent de leur cachette ; aussi dois-je dire qu'on ne se hasarde jamais contre un troupeau d'éléphants qu'avec un nombre double au moins d'éléphants privés, et quand l'on a la certitude, par des battues intelligentes faites la veille par les rabatteurs, qu'à quarante ou cinquante milles à la ronde il n'y a pas de grands troupeaux de ces animaux, dans lesquels on serait exposé à

tomber, ou qui seraient à portée d'entendre les mugissements des éléphants surpris et de venir à leur
secours.

Comme il n'y a pas d'autre moyen de prendre
l'éléphant, les Indous nilmakarheia, dont c'est la
profession, abordent souvent ces animaux à forces
inférieures, mais on conçoit que l'Européen qui en
fait un plaisir doit entourer cette chasse de précautions.

A peine Manjari eut-il reçu les dernières in-
structions de son maître, qu'à la tête de sa petite
troupe il se mit à descendre à pas lents la colline
par le versant opposé à celui que nous venions de
gravir, sans trahir le moins du monde son intention
de rejoindre ceux dont il devait s'emparer. L'intelligent animal jouait son rôle à ravir; il allait, sans se
presser, droit au cours d'eau du Polliaar, qui ser-
pentait dans le fond du ravin, comme si, avec ses
compagnons il eût eu l'intention d'aller s'y désaltérer. Et, tout en descendant, il jouait avec les
branches et les arbustes qu'il rencontrait sur son
chemin, cueillant çà et là quelques touffes d'herbes
qu'il laissait tomber nonchalamment dans sa large
bouche.

Les éléphants qui reposaient dans le vallon les
avaient aperçus et les regardaient avec curiosité,
mais sans la moindre appréhension : on voyait parfaitement, au naturel de leurs mouvements, qu'ils
n'avaient pas le moindre soupçon à l'encontre des
intentions des nouveaux venus.

Tout à coup nous assistâmes au plus charmant
des épisodes.

Le jeune éléphant, qui se trouvait là en compagnie de sa mère, sans aucun doute, car c'est à peine s'il était âgé de plus de cinq ou six ans, apercevant Manjari et son escorte qui continuaient à s'avancer tranquillement vers la rivière, prit sa course en bondissant et vint faire connaissance avec les étrangers. La mère le rappela une ou deux fois, mais, voyant qu'elle n'était pas obéie, et rien ne mettant en éveil les inquiétudes de sa tendresse, elle cessa ses cris, et se contenta de surveiller de loin, pour se rendre compte, sans doute, de l'accueil qui allait être fait à son nourrisson.

L'éléphant, qui s'entend si bien à aimer et à protéger les enfants de son maître, a d'ineffables douceurs pour les jeunes animaux de sa race.

Aussi le vieil éléphant chasseur et sa troupe accueillirent-ils le nouveau venu par de petits cris de joie et des caresses dont la sincérité ne saurait être suspectée ; mais, les premiers instants d'expansion passés, sur un signe de Manjari, deux éléphants se placèrent de chaque côté du jeune animal et ne le quittèrent plus.

Arrivés sur les bords du Polliaar, nos chasseurs se désaltérèrent avec une avidité qui n'avait rien de joué, eu égard aux quarante degrés de chaleur que nous supportions en ce moment. Puis, sans la moindre hésitation, ils se dirigèrent avec la même allure insouciante vers les deux éléphants sauvages, qu'ils devaient ramener prisonniers. Le petit se mit à bondir d'aise, et à pousser mille cris joyeux, en voyant ses nouveaux amis se diriger avec lui du côté de sa mère, qui lui répondit, sans soupçonner davantage le danger qui la menaçait. Son compagnon broutillait de ci, de là, les hautes herbes odoriférantes et les jeunes pousses des arbres.

En moins de rien ils furent entourés, et quand ils s'aperçurent qu'ils avaient affaire à des ennemis, il était trop tard pour fuir; chacun des éléphants avait été saisi à la trompe par deux des compagnons de Manjari, et, le pressant entre eux deux, rendaient toute ruade et toute lutte impossibles. Après de vains efforts, et les captifs le comprirent si bien qu'ils cessèrent toute tentative de résistance, ils se mirent à ébranler la forêt de leurs rugissements et de leurs appels désespérés.

Saverinaden, jugeant le moment venu, lança les quatre éléphants qu'il tenait en réserve, et ceux-ci, tout joyeux, eurent atteint la petite troupe en un instant. L'appoint de leurs forces était inutile, deux éléphants suffisant toujours à en conduire un, mais en outre qu'on les récompensait de leurs fatigues, leur présence devait encore contribuer à enlever aux prisonniers leurs dernières illusions, et à les amener plus facilement à nous.

Tout ceci s'était accompli simplement, habilement, sans lutte apparente; on eût dit une parade, et personne n'eût pu se douter qu'au moment où les éléphants avaient été appréhendés, les trompes s'étaient roidies, les défenses s'étaient crochetées, et que les captifs avaient été pressés avec une telle violence entre leurs deux capteurs, qu'ils avaient immédiatement compris l'inutilité de leur résistance.

Quand on voulut les faire marcher, ils tentèrent

un effort suprême, mais une grêle de coups de trompe, administrés par Manjari, les décidèrent à se laisser conduire. Quand les pauvres bêtes nous aperçurent, elles parurent frappées d'épouvante et se mirent à trembler sur leurs grosses pattes. Nous autres chétifs avortons, nous produisions plus d'effet sur leur imagination que leurs vainqueurs.

Saverinaden se glissa alors derrière chacun d'eux, et, ayant commandé de les tenir ferme, leur passa aux pattes de derrière des entraves de fer fabriquées à cet effet et d'une solidité à toute épreuve. A partir de ce moment, un seul éléphant eût suffi à les garder; ils ne pouvaient plus marcher qu'à très-petits pas, et un enfant leur eût échappé à la course. Il ne restait plus qu'à les priver et à leur faire oublier, par de bons traitements, la liberté, leurs compagnons et les grands bois où ils étaient nés.

D'ordinaire, au bout de trois jours on peut s'approcher sans danger de l'éléphant ainsi capturé; au bout de huit, on lui enlève ses entraves, et un mois après il se promène tranquillement sur l'habitation où on l'a conduit avec ses compagnons, imitant tout ce qu'il leur voit faire, et s'offrant de lui-même à partager leurs travaux.

Quand on sait que ces énormes animaux ne peuvent être pris que par les leurs et que l'on voit avec quelle rapidité les prisonniers se civilisent, on reste confondu en face de la prodigieuse intelligence des uns et des autres. Je dois dire, pour l'avoir vu nombre de fois moi-même, que quelques heures après la chasse, vainqueurs et vaincus sont dans les meilleurs termes ensemble, et que parfois les chasseurs indous se hasardent à les détacher dès le troisième ou le quatrième jour.

Dès que l'intelligent animal a goûté de la vie de l'habitation, il ne retourne plus à la jungle, si ce n'est pour chasser à son tour, et il n'y apporte ni moins d'entrain ni moins de finesse que ses aînés.

Rien n'est intéressant comme d'assister au dressage de ces animaux par les nilmakarheia. Nous aurons occasion, au cours du voyage, de décrire ces curieux exercices en y assistant.

Cette chasse n'avait pas eu pour nous l'attrait du danger, nous n'avions point ressenti les poignantes émotions que suscitent parfois les luttes gigantesques qui s'engagent quand chasseurs et chassés viennent à se rencontrer égaux en forces et en nombre. Tranquillement assis sur nos paisibles montures — Rohini et Balaja n'avaient point fait un pas en dehors du bosquet où nous nous étions abrités, — nous avions assisté à un spectacle que nos rabatteurs nous avaient pour ainsi dire ménagé, en ne nous dirigeant point sur un groupe plus important d'éléphants qui eût donné à la chasse un tout autre aspect. Mais pour être moins terrible, notre excursion n'en avait été que plus attrayante, et pour ma part, c'est avec un intérêt extraordinaire que j'avais enregistré les nombreuses preuves de finesse et d'intelligence raisonnée que nos éléphants nous avaient données pendant les deux heures qu'avait duré l'aventure.

Pendant la lutte, le jeune éléphant n'avait point

quitté sa mère; il poussait des cris plaintifs et
l'accompagna également près de nous, sans qu'on
fût obligé de l'y contraindre. On ne lui posa pas
d'entraves, et il se familiarisa avec une telle rapidité que, le lendemain, il prenait délicatement au
bout de sa trompe le pain et les fruits que nous lui
offrions. Il était à peu près de la taille d'un pon-
ney de selle, mais deux ou trois fois plus gros.

Il était près de quatre heures quand tout fut
terminé. Le soleil déclinait rapidement, c'est à
peine s'il nous restait deux heures de jour, et il
nous en fallait huit ou dix pour rentrer au bengalow
du lac Kandellé. Ainsi que l'avait prévu sir John,
nous allions passer la nuit sur la terrasse de la tour
des rajahs.

Nous envoyâmes les domestiques, les rabatteurs
et leurs éléphants en avant, et, montés sur Rohini
et Balaja, nous résolûmes de rentrer au bengalow
indou en prenant le plus long, et en envoyant quelques coups de fusil aux innombrables oiseaux qui
s'agitaient dans les marais, ainsi qu'aux lièvres,
aux faisans, aux paons et aux dindons sauvages qui,
littéralement, partaient à chaque pas entre les
jambes de nos montures.

Nos deux cornacs connaissaient parfaitement la
contrée; en cas que nous vinssions à nous égarer,
nous avions toujours les collines du Polliaar, qui
dominaient la plaine, comme point de repère, et,
confiants dans la force de nos deux éléphants, nous
ne redoutions ni les tigres, ni les panthères, ni les
buffles. De toutes façons nous pouvions avec quiétude nous livrer à une paisible chasse aux canards

et aux sarcelles, au centre même du domaine des plus dangereux animaux de la création.

Pour ne point nous gêner mutuellement, nous nous séparâmes, et tandis que sir John et le capitaine, avec Balaja, remontaient tranquillement le cours du Pólliaar, pour essayer de surprendre quelques cerfs endormis dans les broussailles, le major Daly et moi, avec Rohini, nous prîmes par les marais, en suivant une courbe qui devait nous ramener au bengalow indigène.

On ne peut se figurer la quantité de gibier que recèlent ces solitudes : aussi fîmes-nous de ces pauvres animaux un massacre qui n'avait rien de flatteur pour un véritable chasseur. A chaque instant nous nous disions : Assez! mais nos fusils chargés partaient entre nos mains pour ainsi dire malgré nous, et sans la nuit qui approchait toutes nos munitions y eussent passé.

L'homme est mauvais et ne sait jamais se borner; c'est à peine si la satiété le satisfait.

Cependant le moment était venu de rentrer, et ayant mis nos fusils au repos dans un coin du haoudah, nous donnâmes l'ordre au cornac de reprendre le chemin du campement.

Au bout d'une demi-heure de marche, nous n'étions pas encore arrivés, et ce qu'il y a de plus grave, c'est que, aussi loin que nos regards pouvaient s'étendre, nous n'apercevions plus la tour des rajahs, cachée sans doute par un des innombrables bouquets de bambous qui parsemaient la plaine.

L'ombre croissait, le soleil allait disparaître à l'horizon, la jungle prenait déjà d'étranges as-

pects, les chacals commençaient à se montrer dans
le fourré, précurseurs d'animaux plus terribles;
quelques minutes encore et nous ne pouvions plus
faire un seul pas, par crainte de nous ensevelir
dans les marais. Allions-nous être condamnés à passer la nuit dans cet endroit, sur le dos de Rohini?

L'imprudence que nous avions eue de n'écouter
que le caprice du moment dans le choix de la direction que nous devions suivre pendant la chasse
allait nous coûter cher. Et nous ne pouvions nous
en prendre qu'à nous-mêmes, car, bien que le cornac eût parfaitement vu que nous nous éloignions
du lieu du rendez-vous, il ne nous avait pas avertis, les serviteurs indous n'adressant jamais la parole à leurs maîtres sans être interrogés.

A peine avions-nous eu le temps, le major et
moi, de nous communiquer nos impressions, que
nous sentîmes tressaillir notre monture, et, avant
que nous ayons pu nous rendre compte de ce qui
se passait, Rohini, après avoir poussé un effroyable
mugissement, s'élança au galop, la trompe relevée,
à travers la jungle, malgré les efforts de son cornac pour la retenir. Un jaguar! s'écria Amoudou.
Nous comprîmes tout; notre éléphant ayant rencontré son plus implacable ennemi, le poursuivait
avec un acharnement qui tenait de la rage. A trente
pas de nous, en effet, une masse noire, que la
chute du jour ne nous permettait pas de distinguer
parfaitement, bondissait par-dessus les broussailles
et cherchait à échapper à la terrible trompe qui la
menaçait.

« Nous sommes perdus, dit le major, la chasse va

finir au fond d'un marais. » La prédiction n'était pas achevée qu'elle s'accomplissait : notre éléphant, d'un bond, venait de tomber au milieu d'une tourbière, il avait de la boue jusqu'au ventre. Comprenant le danger, l'intelligent animal fit un effort désespéré et atteignit l'autre rive, du moins nous le croyions, et saisissant avec sa trompe une touffe d'énormes bambous qui se trouvait sur le bord, il essaya de prendre pied sur la terre ferme; mais ce fut en vain, il ne parvint qu'à poser ses deux pattes de devant sur les troncs des bambous et à s'y maintenir fortement à l'aide de sa trompe.

Un rapide examen des lieux nous dévoila la terrible situation dans laquelle nous nous trouvions : la touffe de bambous à laquelle Rohini s'était accroché était au centre même de la tourbière dans laquelle nous étions tombés, et ce frêle soutien ne pouvait tarder à nous manquer, le poids énorme de l'éléphant devant suffire à le déraciner en quelques heures.

Si nul secours ne nous arrivait rapidement, nous étions infailliblement perdus. Tout l'arrière-train de notre éléphant était plongé dans la vase, et si sa robuste trompe eût abandonné les bambous, nul doute que l'animal entier n'eût disparu dans la tourbière. Une chance de salut nous fut présentée par le cornac, nous la repoussâmes avec horreur : il s'agissait de tuer Rohini d'un coup de carabine dans l'oreille, pour lui faire lâcher prise, et de nous installer ensuite sur les troncs des bambous qui, débarrassés du poids de l'éléphant, eussent eu la force de nous supporter jusqu'au jour.

A cet instant, à notre gauche, nous aperçûmes
une flamme des plus intenses s'élever à deux milles
environ. C'était, sans aucun doute, un signal de sir
John pour nous guider dans la nuit. Nous ne pouvions, hélas! en profiter. De tous côtés les chacals
glapissaient, les yeux flamboyants des hyènes étin-
celaient dans les ténèbres, et, sur une touffe d'arbustes, un makara (espèce de hibou) nous envoyait,
à intervalles égaux, ses *hululements* plaintifs.

Que faire? Nous étions tous assis, cramponnés
sur le haoudah renversé, dont la moitié était en-
fouie dans la tourbière, et sur la tête de Rohini,
qui, la trompe enroulée autour d'une dizaine de
bambous, était aussi ferme, aussi solide qu'un roc.
Le feu brillait toujours du plus vif éclat, et les cris
des bêtes fauves formaient autour de nous un con-
cert qui ne s'arrêtait plus.

. Depuis le commencement de cette scène, Amoudou était resté pensif. Sans aucun doute, mon Nubien, se rappelant son enfance passée dans l'intérieur de l'Afrique, alors qu'il accompagnait les
caravanes, et les dangers qu'il avait courus et évi-
tés, cherchait les moyens de nous tirer de là.

Après avoir jeté un dernier regard sur la jungle,
il se pencha vers moi et me dit :

« Les bambous commencent à s'ébranler, saëb.

— Je le crains! lui répondis-je.

— Avant deux heures, le poids seul de Rohini
les aura déracinés, et nous nous en irons tous au
fond du marais... à moins que...

— Achève...

21

— A moins que nous ne suivions le conseil du cornac.

— Tuer notre brave éléphant?...

— La vie de quatre hommes excuse cette nécessité, fit le major Daly pensif.

— N'ayons recours à cet horrible moyen qu'à la dernière extrémité, dis-je aussitôt. Il me répugnait de devoir ma vie à celle de ce pauvre colosse, dont l'incroyable force nous soutenait en ce moment au-dessus de l'abîme.

— Eh bien, fit Amoudou, je vais essayer de vous sauver, ainsi que Rohini.

— Comment cela? fis-je avec une lueur d'espoir. Je connaissais Amoudou et le savais capable des plus grands dévouements.

— Si tu nous tires de là sains et saufs, dit le major Daly, foi d'Anglais, je te mettrai à même de ne plus servir que pour ton plaisir.

— Ecoutez-moi bien, saëbs, poursuivit mon fidèle serviteur. Avant que la nuit fût aussi profonde qu'en ce moment, j'ai inspecté les bords de la tourbière dans laquelle cette pauvre Rohini nous a jetés sans s'en douter, et j'ai pu me convaincre, par la différence de l'herbe, que de ce côté-ci, à notre gauche, la rive n'était guère éloignée de nous que de trente à quarante kalpas (coudées) au plus. Voici le projet que cela m'a suggéré. Dans la touffe de bambous qui nous sert de point d'appui en ce moment, il en est qui doivent certainement atteindre une hauteur de trente à trente-cinq coudées. Je vais grimper au sommet du plus gros d'entre ceux que Rohini n'a point saisis dans sa trompe, en m'appuyant sur les autres pour ne point le casser; dès que je serai au sommet, vous le couperez aisément par la base, avec la hachette à broussailles qui est dans le haoudah; alŏrs, me cramponnant à son extrémité, je le suivrai dans sa chute, et ce ne sera qu'un jeu pour moi, d'arriver à terre sans accident. Vingt fois, dans mon enfance, j'ai traversé ainsi des rivières que le courant ne me permettait pas de franchir à la nage, lorsqu'il s'agissait de porter sur l'autre rive le bout d'une corde en fil de coco, qui devait servir à établir un pont pour le passage des caravanes.

— Mais si le bambou se casse sous ton poids dans la courbe qu'il va décrire en tombant? dis-je à Amoudou.

— Que la volonté d'Allah soit faite.

— Mais si le bambou, tout en ne se brisant point, n'atteint pas l'autre rive?

— Au moment où le bambou s'inclinera vers le sol, d'un vigoureux élan, je tâcherai de gagner la terre ferme; si je n'y puis parvenir... que la volonté d'Allah soit faite!... Vous tuerez Rohini pour attendre les secours qui ne manqueront pas de vous arriver dès que le jour permettra d'explorer la campagne. »

J'essayai de dissuader Amoudou de son dangereux projet, en proposant de sacrifier de suite l'éléphant; mais il refusa net, et déclara qu'il était sûr du succès, si le bambou ne venait pas à rompre au moment où, s'inclinant pour tomber, il aurait à supporter tout le poids de son corps. Une fois à terre, guidé par le feu, il se rendrait au bengalow, en

ayant soin de marquer sa route par des branches
d'arbustes brisées, et reviendrait rapidement avec
du secours.

J'hésitais encore.

« Si nous tirions des coups de carabine, dis-je,
cela pourrait indiquer notre direction.

— Oui, me répondit le major, mais cela ne donnerait pas le moyen de nous rejoindre. Ah ! si
nous avions un fanal ?

— Si nous faisions un pont avec les bambous qui
nous entourent ?

— O saëb, me dit gravement Amoudou, nous
perdons beaucoup de temps à la recherche de
choses inutiles. C'est tout au plus si nous avons
quatre ou cinq bambous à notre disposition, les
autres sont saisis par Rohini qui ne les lâchera
pas, et ce n'est pas assez pour construire un pont
qui pût nous supporter.

Dans le sens vertical, les bambous ont quelque
résistance ; horizontalement, ils se brisent au
moindre poids dont on les charge. Nous supporte-
raient-ils, que nous ignorons s'ils sont assez longs
pour que leur extrémité puisse s'établir solidement
sur la terre ferme ; et, dans ce cas encore, fau-
drait-il que je passasse sur l'autre bord pour m'en
assurer et les assujettir. Cela n'est pas praticable,
saëb. »

Le temps pressait, il fallait nous rallier au projet
d'Amoudou.

Avec l'agilité d'un chat-tigre, le brave Nubien
grimpa le long des bambous, après nous avoir indiqué celui qu'il choisissait, et arrivé au sommet, il

Et sans que sa voix décelât la moindre émotion, il nous cria, en se servant d'un terme de marine :
« Larguez-tout !...» (Les Jungles du lac Kandellé, page 365.)

IMP. E. MARTINET.

nous cria, en se servant d'un terme de marine et sans que sa voix décelât la moindre émotion : Larguez tout !

En cinq ou six coups de hache, le bambou fut tranché par le pied, et Amoudou le sentant libre, lâcha la touffe à laquelle il s'accrochait, et se lança dans l'espace.

Quelle poignante anxiété étreignit nos cœurs pendant les quatre ou cinq secondes qui s'écoulèrent du départ à la chute. Nous ne pouvions rien distinguer, mais le bruit d'un corps tombant dans les broussailles vint nous apprendre que le fidèle serviteur ne s'était pas trompé dans ses calculs.

En se relevant, Amoudou s'écria : « Allah est grand ! Nous sommes sauvés.

— Prenez garde aux marais et aux jaguars, lui cria le major.

— Soyez sans crainte, saëb, je suis né dans les marais de la basse Nubie, » répondit-il.

A peine avait-il jeté ces mots, que nous entendîmes le froissement des broussailles qui lui livraient passage. Le feu brillait toujours de l'éclat le plus vif dans la direction de la tour des rajahs.

Pendant quatre à cinq minutes environ nous perçûmes le bruit que faisait Amoudou en s'ouvrant un chemin à travers la jungle. Puis tout retomba dans le silence, si toutefois on peut appeler ainsi les cris discordants, les glapissements et les hurlements des fauves qui nous arrivaient de tous côtés.

Une heure, un siècle ! s'écoula dans cette anxiété. En vain interrogions-nous le feu qui continuait à

brûler pour essayer de recueillir quelques signaux
favorables, rien ne venait nous rassurer, entretenir
notre espoir. Notre éléphant, toujours inébranlable,
commençait cependant à souffler un peu; allait-il
être bientôt à bout de forces. Le cornac nous
rassura, en nous disant que le colosse exprimait
ainsi à sa manière, sa colère de sentir rôder autour
de lui les chacals et les hyènes, qui d'ordinaire n'o-
sent point l'approcher.

Tout à coup, deux coups de carabine se font entendre dans le lointain. Amoudou était heureusement arrivé à la tour des rajahs... Tremblants d'é-
motion, nous répondîmes de la même manière au
signal. Jusqu'à ce moment, nous n'avions pas osé
nous servir de nos armes à feu pour indiquer notre
situation à sir John, par crainte de lui faire arriver
le même accident qu'à nous, dans une recherche à
l'aventure et sans guide.

A partir de ce moment, nous pûmes suivre toutes
les péripéties de notre sauvetage. En effet, nous
distinguâmes bientôt, dans la jungle, une série de
torches se dirigeant vers nous, que nous jugeâmes,
au mouvement, être portées à dos d'éléphant. Nous
comptâmes, il y en avait neuf, toute la troupe arrivait à notre secours. En moins d'une demi-heure,
Amoudou en tête, sir John, le capitaine Elphinston et toute la troupe des nilmakarheia étaient sur
les bords de la tourbière qui avait failli devenir
notre tombeau. Il était temps, car la touffe de bambous commençait à s'incliner. Lorsque Rohini
aperçut ses camarades, elle se mit à mugir de
plaisir, les nouveaux venus lui répondirent, et ce

fut pendant quelques minutes le plus étourdissant
de tous les concerts.

« Je vous ai crus perdus sans retour », nous cria
sir John.

Et, de fait, nous n'avions échappé à la mort que
par miracle.

Nous tirer de là fut l'affaire d'un instant. Un cocotier, coupé autour du bengalow et apporté à dos
d'éléphant, nous fit un pont naturel que nous nous
hâtâmes de traverser, et, en touchant terre, nous
recûmes un vigoureux *shake-hand* de sir John et de
son ami.

Le sauvetage de Rohini exigea plus de travail. Le
tronc du cocotier servant de point d'appui, on se
hâta d'entasser des branches d'arbres, des broussailles, des pierres, tant que la vase voulut en en-
gloutir ; de cette façon, on put faire un chemin artificiel au colosse, qui, d'un vigoureux élan, ayant
pour s'aider dans ses efforts une énorme corde en fil
de coco retenue de l'autre bord par deux éléphants,
parvint à sortir de la boue et à gagner la terre
ferme.

Tout l'honneur de ce projet si bien exécuté revenait à Amoudou ; par son sang-froid et son courage,
il nous avait sauvés. Après nous avoir quittés, il
avait mis plus d'une heure à gagner le campement,
guidé par le feu que sir John avait fait allumer.

Il ne suffisait pas d'aller, il fallait pouvoir revenir, et le brave Nubien s'était occupé avec un soin
particulier de bien indiquer sa route, en faisant
tous les dix pas, avec des branches d'arbre et des
pierres, une marque facile à reconnaître.

Nous étions restés cinq heures environ dans cette effroyable position.

Je laisse à penser si le dîner qui nous attendait à la tour des rajahs fut reçu avec bonheur, et si, à l'abri des murailles du bengalow, et gardés par nos éléphants, nous achevâmes avec quiétude dans nos hamacs cette nuit commencée sous de si terribles auspices.

Au point du jour, nous nous mettions en marche pour regagner Kattiaar, et laissant derrière nous les nilmakarheia avec les éléphants capturés et l'équipage de chasse, sans nous retarder par un arrêt à Chetty-Colom, nous arrivions sur le soir à l'habitation de sir John.

Ces accidents dans les tourbières des jungles de Ceylan, et surtout dans les marais des saunderbounds du Gange, sont des plus fréquents et ne se terminent point tous aussi heureusement. Si peu de gens en sont victimes, c'est que le nombre des voyageurs vraiment dignes de ce nom, parcourant l'Inde à pied, la carabine sur le dos, avec deux domestiques et une charrette à bœufs, est des plus restreint; mais la quantité de bêtes fauves, de bestiaux et d'Indous qu'engloutissent ces tourbières dissimulées sous une herbe verte et touffue, qui leur donne l'aspect d'une prairie, est incalculable.

Pendant mes voyages et les longues années que j'ai habité cette contrée, j'ai été cinq ou six fois en danger de mort sérieuse, et ç'a toujours été par ces tourbières.

Après un repos de vingt-quatre heures, je donnai l'ordre à Amoudou et au vindicara de faire leurs pré-

paratifs de départ, le temps me pressait, et l'époque
où je devais me trouver à Pondichéry était si rap-
prochée, que je pris la résolution de ne m'arrêter
que pour les repas et le sommeil, de Trinquemalé
à Jaffnapatnam.

En prenant congé de sir John et de sa sympa-
thique famille, mon aimable hôte voulut me faire
cadeau du jeune éléphant que nous avions capturé
et que les jeunes miss Hastley avaient déjà pris
sous leur protection. Je remerciai, ne voulant pas
avoir la cruauté de l'enlever à ces charmantes
jeunes filles.

Amoudou reçut du major Daly, qui exécuta ro-
yalement sa promesse, une traite de cinq cents
livres sur l'Agra-Bank de Calcutta (12,500 fr.); le
brave garçon pouvait retourner à Aden ou dans les
plaines de la Nubie, il avait de quoi vivre dans ces
deux pays jusqu'à la fin de ses jours.

Le lendemain matin, au lever du soleil, par les
soins de sir John, et pour m'éviter d'avoir à faire
le tour de l'immense baie de Tamblegam, un canot me transporta sur la pointe de Velloor, en face
de Kattiaar. Ma charrette à bœufs, Amoudou et le
vindicara firent le même trajet sur un radeau, et
après une étape insignifiante de quelques milles,
nous arrivions à Trinquemalé. Les environs de
cette ville abondent en sites charmants et pittoresques, et sont animés par une foule de *cottages* appartenant aux fonctionnaires et officiers anglais de
la station.

Trinquemalé possède le plus grand et le mieux
abrité de tous les ports connus; le goulet qui y

donne accès ne peut livrer passage à deux navires de front, et toutes les flottes du monde pourraient évoluer dans son bassin.

Le jour où l'Angleterre aura à soutenir une lutte gigantesque pour son empire des Indes, c'est peut-être ce port, où depuis de longues années elle amasse des munitions et des provisions de toute nature, qui la sauvera.

Quarante-cinq lieues environ séparent Trinquemalé de Jaffnapatnam, où conduit une route qui tantôt s'enfonce dans l'intérieur, par Nillavelé et le lac Padwiel, tantôt se rapproche de la côte pour rallier, dans le district de Kary-Katoé-Mollé, les deux forts de Kokelay et de Mollétivoé, situés au fond des deux baies du même nom, qui forment deux ports, plus larges d'entrée, moins sûrs, mais presque aussi grands que celui de Trinquemalé.

Cette route, œuvre des anciens rajahs qui avaient couvert cette île magnifique de chaussées, de lacs artificiels et de canaux d'arrosage, est assez bien entretenue par les Anglais. Elle est bordée d'arbres centenaires qui, réunis en berceau au-dessus de nos têtes, nous permirent de continuer à cheminer, même pendant les heures que la chaleur force d'ordinaire à consacrer à la sieste.

Malgré cela, nous mîmes quatorze jours pour atteindre Jaffnapatnam, chef-lieu de la province et de la péninsule de ce nom, arrêtés dans notre marche à chaque instant, surtout aux environs du lac Padwiel, par des inondations partielles et des cours d'eau dont il fallait chercher les gués.

La province du nord est des plus intéressantes à

visiter : habitée presque entièrement par des Indous de race malabare qui ont absorbé l'élément autochthone, elle offre à l'étude une variété de mœurs et de coutumes des plus étranges et des plus curieuses. Aussi est-ce avec les plus vifs regrets que je me vis obligé de quitter Ceylan sans avoir pu visiter en détail les provinces de Towansé, Kornawellépatoé, et les riches districts de la presqu'île; mais je me promis, aux premiers jours de loisir, de venir réparer cette lacune.

J'avais traversé cette belle île par Pointe-de-Galles, le pic d'Adam, Kandy, les plateaux de l'intérieur, Tamblegam, Trinquemalé et Jaffnapatnam; il me restait, pour compléter mes études sur Ceylan, à parcourir la presqu'île du nord et les districts que je n'avais fait qu'entrevoir, ainsi que les côtes nord-ouest par l'île de Manaar, Anouradhapoor, dans l'intérieur, la vieille capitale des rajahs de la première race, et les riches provinces qui l'entourent, puis à gagner Négombo, Colombo, Galle, Matoura, Kattragam, la province aux vieilles pagodes, et toutes les contrées du sud-sud-est, couvertes d'immenses et impénétrables forêts, asiles de boas gigantesques, inépuisables réserves d'éléphants sauvages, que les nilmakarheia chassent constamment pour les exporter dans l'intérieur de l'Indoustan, à Singapoor et jusqu'à Java et à Bornéo.

Mon séjour trop prolongé à Kaltna et dans les autres stations ne me permettait même pas un dernier arrêt de quarante-huit heures; d'impérieux devoirs, dont je ne pouvais retarder plus longtemps l'accomplissement, m'appelaient à Pondichéry.

A peine arrivé à Jaffnapatnam, je louai une embarcation choullah, avec ses rameurs en cas de calme plat, et après avoir vendu ma charrette à bœufs, et remercié Ramassamy le vindicara, je montai avec Amoudou, quelques heures avant la chute du jour, sur le *Pratisourya* (le plus beau sous le soleil), patron Tanapassary, qui, livrant sa grande voile goëlette à la brise qui chaque soir se lève du côté du golfe du Bengale, doubla en quelques heures la passe de Kare, et mit la barre sur Négapatam, ville assez importante du Karnatic, sur la côte de l'Indoustan, où je désirais aborder. Vingt-cinq à trente heures de navigation, suivant le vent, devaient nous y conduire.

Assis à l'arrière du petit navire, près du timonier cyngalais qui dirigeait la marche, les yeux fixés sur les côtes de cette île admirable qui fuyaient à l'horizon illuminées par les derniers rayons du soleil couchant, je ne pus me défendre d'une profonde émotion en songeant aux quatre mois que je venais de passer dans cette contrée où la nature semble s'être épuisée à réunir toutes ses richesses, sa végétation la plus luxuriante, ses sites les plus grandioses et les plus pittoresques, ses beautés les plus singulières.

A l'heure où l'antique Taprobane, la merveilleuse Lanka, que les vieux poëmes indous chantaient déjà il y a vingt mille ans, commença à disparaître dans la brume du couchant, je la saluai de la main en lui disant : *Au revoir*.

La brise avait fraîchi avec l'arrivée de la nuit ; les matelots malabares élevaient une bonnette pour en

profiter, en chantant sur un ton nasillard le refrain
d'une ballade populaire :

Ingué va,
Ingué po,
Teriman, teriman illé,
Samy couprenga.

« Viens ici, va là-bas, comprends ou ne comprends pas, c'est toujours Dieu qui te mène. »

Accroupi dans un coin, Amoudou pleurait.

FIN

TABLE DES MATIÈRES

———

Quatrième partie.

FIN DE LA TABLE DES MATIÈRES.

PARIS. — IMPRIMERIE DE E. MARTINET, RUE MIGNON, 2.

www.ingramcontent.com/pod-product-compliance
Lightning Source LLC
Chambersburg PA
CBHW072011270326
41928CB00009B/1616